国家自然科学基金项目研究成果（批准号：71303260

REGULATION OF RURAL-URBAN LAND
CONVERSION BASED ON THE NEGATIVE
EXTERNALITIES GOVERNANCE

基于负外部性治理的
农地城市流转管制研究

宋敏◎著

中国财经出版传媒集团
经济科学出版社
Economic Science Press

图书在版编目（CIP）数据

基于负外部性治理的农地城市流转管制研究/宋敏著 .
—北京：经济科学出版社，2018.9
ISBN 978 - 7 - 5141 - 9706 - 8

Ⅰ . ①基… Ⅱ . ①宋… Ⅲ . ①农村 - 土地流转 - 研究 -
中国 Ⅳ . ①F321. 1

中国版本图书馆 CIP 数据核字（2018）第 206639 号

责任编辑：李 雪 周胜婷
责任校对：隗立娜
责任印制：邱 天

基于负外部性治理的农地城市流转管制研究
宋 敏 著
经济科学出版社出版、发行 新华书店经销
社址：北京市海淀区阜成路甲 28 号 邮编：100142
总编部电话：010 - 88191217 发行部电话：010 - 88191522
网址：www. esp. com. cn
电子邮件：esp@ esp. com. cn
天猫网店：经济科学出版社旗舰店
网址：http: //jjkxcbs. tmall. com
固安华明印业有限公司印装
710 × 1000 16 开 18. 25 印张 250000 字
2018 年 9 月第 1 版 2018 年 9 月第 1 次印刷
ISBN 978 - 7 - 5141 - 9706 - 8 定价：66. 00 元
（图书出现印装问题，本社负责调换。电话：010 - 88191510）
（版权所有 侵权必究 打击盗版 举报热线：010 - 88191661
QQ：2242791300 营销中心电话：010 - 88191537
电子邮箱：dbts@ esp. com. cn）

前　言

农地城市流转外部性的客观存在是导致其社会成本收益与私人成本收益不一致的根本原因，从而致使土地资源配置偏离了社会福利最优的社会公共政策目标。许多过去被忽视的重要问题，例如粮食安全、生态安全以及城市快速扩张引发的环境恶化，都可以从外部性理论中得到解释。那么农地城市流转究竟引发了哪些负外部性且如何对社会经济产生影响？如何治理农地城市流转的负外部性？如何从负外部性治理的角度提出农地城市流转的管制措施和制度？这些问题可归结为一个科学问题，即：如何从负外部性治理的角度对土地资源配置这一经济活动实施管制？该问题的解决，不仅能够为农地城市流转负外部性的治理提供理论支持，也能够为农地城市流转管制的相关制度和政策的改进提供理论依据。从负外部性治理的视角，探讨适于我国国情的农地城市流转管制措施和制度框架，对于促使我国农地城市流转进入理性、有序和良性循环轨道，确立合理的环境经济利益关系和可持续发展经济利益关系，从而最终实现土地资源的可持续利用等目标具有重要的现实意义。

本研究围绕农地城市流转的负外部性测度及从该视角出发的农地城市流转管制问题开展了大量的实地调研和实证分析工作，力图实现三个具体的研究目标。一是分析当前农地城市流转的现状及规律；二是系统分析和量化农地城市流转的负外部性并提出治理措施；三是从负外部性治理的角度提出农地城市流转的管制措施和制度设计。鉴于各部分研究内容对研究区域的不同要求，本项目分别选取全国、区域、省域、市域等多个尺度范围的统计数据或实地调研数据展开实证研究。具体而言，从揭示农地城市流转的现状、规律出发，本书对农地城市流转的负外部性进行了系统分类及定量测度，从制度供给与需求的视角揭示了农地城市流转政府管制的理论依据、政府间的博弈关系及其经济效应，最后提出了基于负外部性治理视角的农地城市流转管制制度体系和相应的管制措施。

本书通过 7 个章节展开相关研究和讨论。第 1 章是研究背景、研究意义与研究目的、研究内容、研究方法与技术路线等的简要介绍。第 2 章首先对农地城市流转负外部性的定性研究与定量测度、负外部性治理与土地资源配置管制两个方面的相关研究进行梳理、归纳和评价；然后对外部性理论、管制理论、博弈论和委托代理理论等支撑本研究开展的基本理论进行简要介绍。第 3 章从农地城市流转规模及其影响因素的空间分异、农地城市流转的效率及其影响因素两个维度，运用统计数据揭示了农地城市流转的现状及规律。第 4 章为农地城市流转负外部性影响的理论分析，阐明农地城市流转负外部性产生的原因，并对农地城市流转负外部性进行系统分类。第 5 章对农地城市流转负外部性进行定量测度并提出相应的治理措施，具体包括农地城市流转社会性负外部性测度及其治理、农地城市流转生态性负外部性测度及其治理、基于不同流向的农地城市流转的综合负外部性测度及其治理三个方面的内容。第 6 章为基于负外部性治理的农地城市流转政府管制分析，包括从负外部性治理的视角对农地城市流转政府管制的供给与需求进行分析，以及基于负外部性治理的农地城市流转管制的政府间博弈关系及其经济效应分析两个方面的内容。第 7 章提出了基于负外部性治理的农地城市流转政府管制制度框架。

通过上述研究工作的开展，力图为抑制我国农地资源的过快和过度流失提供新的思路，这对于农地城市流转负外部性的治理及农地城市流转秩序的规制具有重要的理论与现实意义。但受限于作者自身能力和精力，本书中难免存在不足和欠缺，敬请各位读者不吝批评与指正。本书在撰写过程中参阅和引用了国内外很多同行专家、学者的文献资料和研究成果，在此特向他们致以敬意和感谢。

　　本书的出版得到了国家自然科学基金（71303260、71774174）的资助和支持，在此表达诚挚的谢意。

2018 年 6 月

目录

绪　　论

1.1　研究背景

农地城市流转是指在城市发展过程中，随着城市规模的扩大，城市土地需求量增加，城市土地需求者通过经济或行政的手段将城市附近的农村土地转变为城市土地，以满足城市土地需求的过程，它是城乡交互作用的必然结果（张安录，1999）。农地城市流转与农地非农化、耕地非农化虽有相似，但差异也十分显著。农地非农化指包括耕地、园地、林地、草地在内的各类农地变更用途为建设用地或其他土地等非农用途的土地，其中建设用地既可以是城市建设用地也可以是农村建设用地。如果将流转前农地的范畴局限在耕地这一用途上，即为耕地非农化。如果将流转后的用途限定为城镇建设用地，即为农地城市流转。可见，三个概念既有联系又有区别。农地城市流转的过程涉及三方面内容：一是土地用途的转换，即由依靠土地产出功能为主的农业用途转换为以土地承载功能为主的城市建设用地；二是土地产权的变更，即由农村集体经济组织所有变更为国家所有；三是土地景观及生态系统的变化，即土地用途的变化导致地表景观由以自然营造物为主变化为以人工建筑物为主。目前，农地城市流转的实现方式可分为合法途径与非法途径两种。前者指按照《中华人民共和国土地管理法》的规定，为满足公共利益需要而依法办理农地征收手续，将农村集体经济组织的农地变更为国家所有，并在土地一级市场上将土地划拨或出让给用地需求者的过程；后者则指城镇用地需求者与农地产权主体在经济利益驱使下私自达成协议而变更土地用途的过程。

农地城市流转实质上是土地利用竞争的表现，作为一种经济活动，其在社会、生态方面的外部效应非常显著，进而会对社会公众的福祉产生影响，因而需要对其流转速度、规模等方面加以管制。

1.1.1 土地利用竞争的社会生态影响显著

土地用途的不同可被视为土地利用方式竞争的结果（Liu et al.，2015）。当不同的主体需要从某一区域获得相同的物品或服务时就会产生土地竞争，即当一个主体获取了稀缺的土地，则参与竞争的其他主体就几乎没有了资源（Haberl，2015）。土地资源是支撑社会经济发展不可或缺的自然资源基础，其稀缺性决定了不同用途、不同部门对土地的需求存在激烈的竞争，从而导致不同的资源配置状态。农地城市流转是城镇化的表现形式之一，实质上是农地与建设用地之间竞争的结果。西方发达国家的经验表明，经济增长会导致城市部门的相对快速扩张，并对与蔓延中的大都市毗邻的现存农地带来压力和威胁（Veseth，1979）。1981～2012 年间，我国城市建设用地面积由 6.72×10^3 平方千米增至 45.75×10^3 平方千米，扩大了 6.81 倍，年均扩张速率高达 6.38%（钟海玥，2014）。我国自然资源部于 2015 年 12 月 29 日发布的《全国城镇土地利用数据汇总成果分析报告》显示，截至 2014 年 12 月 31 日，全国城镇土地总面积为 890.0 万公顷（13350 万亩），其中：城市面积占

46.8%，建制镇面积占 53.2%①。截至 2017 年年底，我国的城镇化率已达 58.52%，处于诺瑟姆（Ray M. Northam）所划定的城镇化加速阶段，且根据国家新型城镇化规划（2014～2020 年）的预测，我国城镇化率将在 2020 年达到 60% 左右。农地城市流转是城市化的依托，不断加快的城市化步伐意味着更多原有城市的扩张和新兴城市的崛起，从而导致农业与非农业部门对土地的竞争将更加激烈。

由于土地利用竞争的后果具有显著的社会性，因此它在农业和非农业部门之间配置的合理性对一个国家或区域社会经济的可持续发展水平至关重要。农地城市流转的一个直接表现是土地景观及生态系统的变化，即土地用途的变化导致地表景观由以自然营造物为主变化为以人工建筑物为主，这直接导致了土地原有的生态系统服务功能丧失，从而对整个生态系统的正常运转和生态环境的维持产生影响。生态环境一旦遭到破坏，便会以水土流失、土地沙化、雾霾和频繁的自然灾害等多种形式危及国家生态安全。哈伯尔（Haberl，2015）认为，日益增加的土地利用竞争所产生的可能的负效应包括对生物多样性的压力、食品价格的上涨以及温室气体的排放等。事实上，农地城市流转的负外部性显而易见：一方面，由于农地流失，农地的固有生态系统消失，它在气候调节、水源涵养、生物多样性保护以及娱乐文化等方面的功能大幅下降；另一方面，城市扩张使城市中心日益远离农地，加之城市内部建筑密度持续增大，大部分城市正渐渐远离绿色，其大气循环和水循环等生态功能正在逐渐弱化，内外部的共同影响使我们所处的生态环境日渐脆弱。从最终结果看，要么是通过农地资源过度消耗、生态环境持续恶化换取城镇化的快速发展与城市经济的繁荣，要么是以牺牲部分地区或后代人的生态福祉换取其他地区或当代人的生态福祉。

此外，农地城市流转的发生也不同程度地影响着周边的土地利用活

---

① 资料来源：全国城镇土地利用数据汇总成果分析报告. 中华人民共和国自然资源部，http://www.mlr.gov.cn/sjpd/qtsj/201512/t20151229_1393418.htm. 2015－12－29.

动。韦瑟斯（Veseth，1979）的研究表明，快速的城市用地扩张严重打乱了城乡交错区的土地利用方式，对附近的农地带来越来越多的开发压力，从而影响农地使用者的农地经营行为。而此类影响也因未能通过市场或价格的形式予以体现而具有典型的外部性特征，容易被农地城市流转的决策者忽视，从而对农地城市流转的社会经济影响做出过高评价，不利于土地资源的合理配置、农业生产效率的提高和社会经济的可持续发展。

由此可见，不同利益主体竞争的资源通常不是土地资源本身，而是它所具有的各种功能。与日俱增的土地利用竞争或许能刺激效率提升，但是很可能因缺乏对负的环境效应的关注和治理而影响社会公共福祉，引起"自然—经济—社会"三元结构发展的失衡。因此，为实现人与自然的和谐共处以及生态环境的可持续发展，就必须更为慎重地配置土地资源，既要满足城市建设对土地的需求，又要兼顾生态环境对保护农地提出的要求。

1.1.2 社会福利目标的实现需要更多管制措施

早在1964年，韦斯布罗德（Weisbrod，1964）就指出，某些个人（私人）消费物品有着集体消费的良好特性，在个人消费该物品而不能盈利的情况下，它可能会因其能够提供的公共服务而成为社会福利，受益者将有可能资助该物品的生产。农地就是这样一种物品，它所具备的各项服务功能看似是农户的个人消费品，但是由于它在经济产出功能之外还具有重要的生态功能而使它具有了公共物品的特性。对于直接使用土地的农村居民来说，使用农地获得的直接经济收益可能无法为其保护农地提供足够的驱动力，但由于农地能够提供生态服务与社会福利，作为受益者的社会公众对其很可能有支付意愿，以避免农地的过度流失（宋敏和韩曼曼，2016），这为政府管制农地城市流转提供了现实基础。

农地流失意味着农地生态服务功能的丧失，因其无法在正常的市场价格体系运行中得到反映，而是表现为一种溢出效应，即农地城市流转负外部性的重要构成（李霜和张安录，2014；Nguyen，2016）。因此，为了保持社会福利不下降，必须对农地城市流转的规模和速度进行调节。然而，如果由只考虑经济效率的私人市场来配置土地资源，那么城市建设用地与农地之间的巨大经济利差会使决策者做出将农地流转为城市建设用地的决策，因为这符合资源配置经济效率最大化的目标。但如果以社会公共福利为目标时，土地资源配置的结果就可能大不相同。由于私人市场缺乏将农地的生态功能纳入农地城市流转决策的实际机制，因此，政府作为社会公共利益的代表就需要适时介入，通过一系列管制手段对农地城市流转的规模和速度进行控制，以确保农地的生态功能得以维持，即减少农地城市流转负外部性的产生（宋敏和刘一鸣，2015）。

管制经济学认为外部性是使市场偏离完全竞争市场模型的影响因素之一，市场体系无法有效解决外部性问题。我国目前的农地城市流转决策由于忽视了其负外部效应而呈现出以经济利益最大化为目标的典型的私人决策特征，存在一定程度的扭曲。管制经济学中的公共利益理论把管制者假设为社会福利最大化的追求者，并将管制限定在政府的"限制行为"上，政府管制代表全社会的公共利益，促使农地城市流转的结果倾向社会偏好的资源配置状态。

当前我国农地城市流转所处的社会经济背景与欧美等国在 20 世纪六七十年代所处的环境非常相似，但由于土地制度和国情迥异，在借鉴他国经验的基础上，选择并设计符合我国制度背景和经济社会发展阶段特征的农地城市流转管制措施及制度，从而扭转农地过度过快流失、土地资源低效配置的态势已迫在眉睫，而外部性的存在是导致公共物品过度消耗、资源低效利用的重要原因。因此，从负外部性治理的角度研究适合我国的农地城市流转管制的措施与制度，具有重要的理论和现实意义。

1.2　研究意义及目的

1.2.1　研究意义

从理论层面看，经济行为主体的效率决策总是会忽视或故意逃避时间、空间和非市场价值所体现出来的社会成本，从而导致经济决策与社会最优状态的偏离（曲福田和谭荣，2010）。可持续的发展观要求我们必须将资源环境问题作为经济发展的内生变量进行考虑，自 20 世纪 70 年代以来，外部性理论开始与生态经济学、环境经济学接轨，外部性治理成为环境经济学和环境政策学的最主要目标之一（金书秦，2010）。农地城市流转外部性的客观存在是导致其社会成本收益与私人成本收益不一致的根本原因，从而致使土地资源配置偏离了社会福利最优的社会公共政策目标。许多过去被忽略的重要问题，例如粮食安全、生态安全以及城市快速扩张引发的环境恶化，都可以从外部性理论中得到解释。农地城市流转究竟存在哪些负外部性且如何对社会经济产生影响？如何治理农地城市流转的负外部性？如何从负外部性治理的角度提出农地城市流转的管制措施和制度？这些问题可归结为一个科学问题，即：如何从负外部性治理的角度对土地资源配置这一经济活动实施管制？该问题的解决，一方面能够为农地城市流转负外部性的治理提供理论支持，另一方面能够为农地城市流转规制的相关制度和政策的改进提供理论依据。

从现实需求层面看，发展与保护是资源优化配置难以回避的棘手问题，也是我国农地城市流转管制必须面对的挑战。然而伴随着我国城镇化、工业化的快速发展和经济的高速增长，农地尤其是耕地却表现出向城市建设用地加速流转的失控态势，呈现规模大、效率低的显著特征。

尤其是对农地城市流转负外部性的忽视导致生态环境退化、社会问题频发，严重威胁区域生态环境和社会稳定。尽管20世纪80年代中后期以来，我国采取了诸如制定《中华人民共和国土地管理法》、《基本农田保护条例》等法律法规，实施耕地总量动态平衡、土地用途管制、农地征收管制等一系列实践行动来缓解经济发展与农地保护之间的矛盾，但事实表明，依靠单一的数量或指标措施来管制农地城市流转，不仅难以达到预期效果，反而有可能蜕变为滋生寻租的土壤（金晶和曲福田，2010；张蔚文和李学文，2011）。因此，从负外部性治理的视角探讨适于我国国情的农地城市流转管制措施和制度框架，对于促使我国农地城市流转进入理性、有序和良性循环轨道，确立合理的环境经济利益关系和可持续发展经济利益关系，以最终实现土地资源的可持续利用等目标具有重要的现实意义。

1.2.2 研究目的

开展本研究的目的主要有三个。

其一，剖析农地城市流转现状及规律。从农地城市流转规模及其影响因素的空间分异规律、农地城市流转的效率及其影响因素两个维度，运用统计数据较为全面地揭示农地城市流转的现状及规律。

其二，系统分析评价农地城市流转的负外部性并提出治理措施。对农地城市流转负外部性的表现、分类、特征及产生根源进行系统分析，定量测度农地城市流转的各类负外部性并提出针对性的治理措施，为基于负外部性治理的农地城市流转管制奠定基础。

其三，从负外部性治理的角度提出农地城市流转的管制措施和制度设计。阐明农地城市流转政府管制的必要性、管制措施及其经济效应，以确定适度的管制幅度，在此基础上，从委托代理和利益相关者视角提出可行的农地城市流转管制制度。

1.3　研究内容及方法

1.3.1　主要研究内容

本研究围绕农地城市流转的负外部性测度及从该视角出发的农地城市流转管制问题开展大量的实地调研和实证分析工作，主要包括以下研究内容：

（1）从农地城市流转规模及其影响因素的空间分异规律、农地城市流转的效率及其影响因素两个维度，运用统计数据较为全面地揭示了农地城市流转的现状及规律。

（2）从定性和定量的角度研究了农地城市流转的负外部性及其治理问题。首先，对农地城市流转的负外部效应进行系统分类，将农地城市流转的负外部效应分为社会性负外部性和生态性负外部性两大类，前者包括农地城市流转对毗邻区土地利用的影响以及对农村居民社会福利水平的影响，后者主要涉及农地城市流转对居民生态福祉的影响，揭示了其产生的微观机理。然后，在获取大量调研数据的基础上，通过实证分析实现对上述负外部性的定量测度。

（3）从供给和需求的视角解释基于负外部性治理的农地城市流转政府管制的必要性，为农地城市流转政府管制提供理论依据，并阐释政府间的博弈关系及其经济效应。

（4）从负外部性治理的角度对农地城市流转政府管制的体系框架进行较为系统的设计，提出包括价格结构管制和公共特许分配在内的经济性管制与包括信息管制、进入管制、经济工具管制在内的社会性管制并举的农地城市流转政府管制框架，提出相应的管制措施。

1.3.2　研究方法

围绕研究目的和研究内容，本书运用以下方法展开研究：

（1）采用空间分析与计量分析相结合的方法分析农地城市流转的规模、效率。首先，运用探索性空间数据分析（ESDA）方法揭示我国农地城市流转规模在经度、纬度方向上的变化趋势，并采用 GWR 等空间分析方法分析农地城市流转规模及其影响因素的空间分异；其次，运用数据包络分析法（DEA）和随机前沿分析法（SFA）测度农地城市流转的效率及其影响因素，并借助 DEA 投影理论，提出研究区农地城市流转效率的优化方案。

（2）采用定性与定量分析相结合的方法对农地城市流转负外部性进行分类和测度。第一，采用文献归纳与调研数据分析相结合的方法对农地城市流转的负外部性进行定性研究。一方面，采用文献研究法对已有研究做进一步梳理，从农地流失所引起的生态效益丧失和农地转为城市建设用地导致的社会及环境状况恶化两个方面归纳学术界有关外部性性质、类别及含义的现有研究结论，以定性分析为主；另一方面，通过面向农户和城镇居民的随机抽样调查获取其对农地城市流转外部性的认知和态度，通过面向部门的访谈和资料收集获取农地城市流转引起的社会经济变化、生态与环境变化的相关数据与资料，从而定性地系统剖析农地城市流转负外部性的表现、分类及特征。第二，采用计量经济学分析方法和非市场价值评估技术对上述农地城市流转的各类负外部性进行定量研究。即：运用多分类 logistic 回归模型揭示农地城市流转对毗邻区农地承包经营权稳定性产生的弱化作用；采用模糊积分评价法量化农地城市流转对农村居民社会福利的影响程度；利用选择实验法（choice experiment，CE）对农村居民、城镇居民两个群体的生态福祉损失量进行测度；运用选择实验法以及多元 Logit 模型（multinomial logit model，MNL）识别受访者对于农地城市流转负外部效应治理方案的偏好，从而间接测度了不同流向下农地城市流转负外部效应的经济总量。

（3）综合运用文献和政策回顾法以及博弈论的分析方法从负外部性治理的视角对农地城市流转的政府管制进行分析。首先，基于管制理论中的公共利益理论，通过对已有文献和近三十年相关政策的回顾，从负外部性治理的视角进行农地城市流转政府管制的供需分析。继而，通过构建地方政府农地城市流转负外部性管制与补偿博弈模型，揭示基于负外部性治理的农地城市流转管制的地方政府间博弈关系及其经济效应。

1.3.3　技术路线

本书总体研究方案如本书第 11 页的图 1 - 1 所示。

1.4　可能的贡献与创新之处

自 20 世纪六七十年代以来，农地城市流转问题就引起了国内外学者的共同关注，并相继出现了大量研究成果。已有成果主要集中在农地城市流转的特征、规律、规模、方式、驱动力、机理、影响因素、收益分配、失地农村居民权益保障等方面。在农地城市流转的管制方面，系统的研究非常少见，特别是较少有学者从外部性治理的视角研究农地城市流转的管制问题。外部性是导致公共物品过度消耗、资源低效利用的重要原因。因此，从负外部性治理的视角研究农地城市流转的管制问题并提出管制措施，能够为控制农地的过快和过度流失提供一个新的思路。

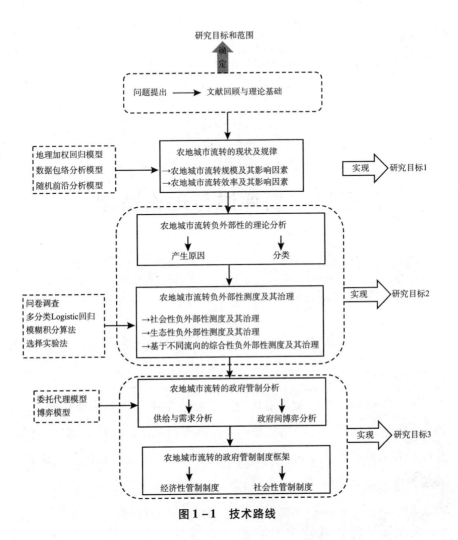

图 1–1　技术路线

研究进展评述与理论基础

2.1　国内外研究进展评述

经济活动的外部性及其治理一直是经济学研究中的重要议题之一，国内外学者虽然对土地利用活动的外部性有所关注，但从外部性治理的角度对农地城市流转管制进行系统性研究却不多见。目前的相关研究主要包括以下几个方面。

2.1.1　农地城市流转中的负外部性

2.1.1.1　农地城市流转负外部性的定性研究

有关农地城市流转对社会及生态环境方面的不良影响是国内外学者进行农地城市流转外部性相关研究的重点之一。早在 20 世纪 80 年代柯夫林（Coughlin，1980）就指出，农地城市流转存在着自然外溢、法律与政治外溢、经济外溢；之后，班尼特（Bennett，2004）、斯托贝（Stobbe，2008）等学者也提出，可将城市边缘区的"外部性"划分为外部效应及公共物品两大类，其性质和大小与个体偏好密切相关。农地城市流转从表象上看，是土地用途的彻底改变，实质上是对农地的过度破坏，意味着原来处在农地状态下的外部效益的不可逆性消散，这可视为农地城市流转负外部性的重要组成部分，卡希尔（Cahill，2001）、梅西纳和博塞蒂（Messina and Bosetti，2006）、卡拉斯（Kallas，2007）、霍吉（Hodge，2010）、伯努斯（Bernués，2015）等众多学者都对此类问题进行了探讨，但他们通常将其称为农地非市场价值的损失；韦瑟斯（1979）、维斯滕（Veisten，2007）、丁成日（Ding，2007）、楚世勋（Cho，2009）、阿图（Atu，2012）等学者则更关注农地城市流转的另一类负外部性，如交通拥挤造成的时间价值损失、交通噪声及尾气过度排放造成的环境污染、周边农户对农地开发产生预期而导致放弃耕作、社会稳定下降等外部成本。

我国学者有关农地城市流转负外部性的关注起步较晚。喻燕（2007）、蔡银莺等（2008）、牛海鹏（2009）、宋敏（2012）、李霜和张安录（2014）、陈竹等（2017）等学者认为农地（尤其是耕地）利用效益体系中的生态和社会效益具有强烈的外部性，而农地流转为城市建设用地时，并未考虑这一损失。李晓云（2007）提出农地城市流转决策应考虑社会群体福利的改善和代际内、代际间资源的分配与延续，主张对农地城市流转的负外部性予以量化，并应用于决策。宋敏（2009）认为农地城市流转存在额外交通成本损失、污水排放、对周边农村居民农业经营行为产生负面影响等负外部性，对其的忽视降低了土地资源的配置效率。陈竹等（2010）在前人的研究基础上将农地城市流转的负外部性分为治安状况变差、自然景观破坏等7类，并提出应区分农地城市流转外部性的发出区域和接受区域。李霜和张安录（2014）认为农地城市流转存在空气质量下降、噪声污染、水质污染、社会治安下降、垃圾堆积、生态环境破坏、农田污染七个方面的外部成本。陈伟和王喆（2014）则从价值构成的角度，将粮食安全价值、生态保护价值、社会保障价值等归纳为农地的外部性价值。

2.1.1.2　农地城市流转负外部性的测度

准确地量化农地转用的负外部性能够为促进外部性内化、调控农地城市流转规模的相关政策提供参考。国外学者较早地将资源与环境经济学的许多评估技术运用到了农地城市流转某一方面的外部性测度中。弗莱舍和楚尔（Fleischer and Tsur，2008）、奎拉蒂等（Queslati et al.，2008）、罗姆斯塔德（Romstad，2010）、高冢等（Takatsuka et al.，2009）、贝努埃斯（Bernues，2014）、诺维可瓦（Novikova，2017）等运用特征价格法（HPM）、旅行费用法（TCM）、意愿调查法（CVM）、选择实验法（CE）和潜在分类模型等评估技术量化了农地在生态保育、提供景观等方面的价值，农地城市流转导致的这些价值损失量可视为负外部性造成的环境损害量。而关于如何处理外部性的加总和分解等问题的探讨也在持续，自20世纪八九十年代起，霍恩和兰达尔（Hoehn and Randall，1989）、霍恩（Hoehn，1991）、马登（Madden，1991）、兰达尔和霍恩（Randall and Hoehn，2002）等学者就讨论了有关环境物品评估的非线性效用函数的作用，并证明了环境复合物品的需求中存在替代效应和互补效应，认为这将可能导致对最高支付意愿（WTP）的结果做出过高或过低估计；但亚当莫维兹等（Adamowicz et al.，1998）、金建军等（Jin et al.，2006）、格伦克和科伦坡（Glenk and Colombo，2013）却倾向性于支持相反观点，他们的研究结果证明，可以将线性相加的函数形式作为评估环境物品价值的真实效用函数的一种可靠的替代方法。

我国学者对农地城市流转负外部性测度的系统研究较为滞后，较常见的是对农地农用状态下的生态效益和社会效益的分别评估，间接为评估农地流失的负外部损失提供量化依据。如谢高地等（2003，2008，2015）、陈娟和南灵（2013）、武江民等（2015）、史洋洋等（2017）、牛海鹏和王坤鹏（2017）等运用价值当量法、市场价值法、替代工程法、影子价格法、重置成本法、田间试验、单边界二分式 CVM 等方法针对不同研究区域从农地生态系统服务价值及其外部性的角度进行了实证研究。牛海鹏和王坤鹏（2017）研究了不同样本方案下基于单边界二分式 CVM 的耕地保护外部性的差异；而宋敏（2009）、杨欣等（2010）则在小尺度范围内对农地城市流转在交通拥挤、噪声、社会稳定性下降等方面的负外部性进行了初步分析和量化。陈竹（2010）应用 CVM、AHP 等方法测算和分解了农地城市流转外部成本。近年来，部分学者尝试从研究尺度和研究视角方面拓展和深化农地城市流转负外部性的定量研究，如陈竹（2017）从地块尺度界定了外部性的作用范围，并运用概率模型对 2006～2014 年天津市静海区农地转用的外部性进行了测度，以此为基础剖析了地块特征对农地转用概率的作用。

2.1.2 负外部性治理与土地资源配置管制

管制（regulation），也称"规制"或"监管"。许多学者都定义过"管制"一词（Kahn，1976；Shepherd and Wilcox，1979；Joskow and Noll，1981），但影响最大的应是诺贝尔经济学奖获得者斯蒂格勒（Stigler，1971）的定义："作为一种法规，管制是产业所需要的并主要为其利益设计和操作的"。许多学者认为，管制是解决因外部性存在而导致的资源配置失序的重要途径。其理论渊源可以追溯至庇古（Pigou，1920）等对社会成本与私人成本之间差异的分析，并首倡对产生负外部性的单位收费或征税。而托马斯·思德纳系统研究了管制工具在环境与自然资源管理中的运用，他将管制工具分为六大类：环境的直接规制；可交易的许可证；税收；补贴、押金；产权、法律工具和信息政策；国家政策和规划（Harrington et al.，2004）。尽管在早已完成城镇化与工业化的欧美发达国家，土地利用结构急剧变动的时期已经过去，农地与建设用地之间的矛盾相对缓和，土地利用系统处于相对稳定状态，但一些学者认为在农地城市流转仍然频发的城乡交错区，对管制农地流失的公共政策或措施的需求依然强烈（Bergstrom et al.，1985；Roe et al.，2004）。在管制措施的具体运用方面，由于欧美国家关于农地保护的法律法规比较完善，因而管制措施多以经济性规制和社会性规制为主，以达到保护农地、维护土地生态景观的目的。

（1）经济性规制。如：林奇等（Lynch et al.，2001）、张参仁等（Chang et al.，2009）提出利用强制税、影响费（impacting fee）及减免条令（mitigation ordinances）等市场化政策工具加强对农地的保护，以限制农地的过度流失；库滕（Kooten，1993）认为征收可转让税（transfer tax）对于解决土地利用冲突是有效的；吴俊杰等（Wu et al.，2004）认为优惠税收评估（preferential tax assessments）和增加公共基金（public funding）等法律或政策措施的实施对保护北美地区农地资源的作用非常显著；楚世勋（2009）则分析了地价税（land value tax）对土地开发和城市扩张的影响。

（2）社会性规制。弗利斯特（Vlist，1998）、哈伦和赖希（Haaren and Reich，2006）分析了荷兰与德国政府如何通过土地规划将农地的非市场价值内化到现有的市场体系；斯托贝（Stobbe，2008）研究了省际区划体系（provincial-wide zoning system）这种管制工具在城市近郊区农地城市流转调控中的运用。相对来讲，在人地矛盾问题突出的亚洲，经济发展水平较高的日本、韩国等国也已开始关注农地资源过度损失所导致的生态环境退化和社会问题，继而采取了购买农地保持权（野口悠纪雄，1997）、税收分享政策（Atcham and Patel，1999；Firman，2000）等一系列市场化方式对农地城市流转进行管制。

我国最早关于"规制"的翻译是著名经济学家朱绍文（1992）翻译的日本经济学家植草益所著的《微观规制经济学》，将"regulation"或"regulation constraint"译成"规制"，强调的是按照规则进行管制、制约。王俊豪等（2007）将"管制"定义为："具有法律地位的、相对独立的管制者，依照一定的法规对被管制者所采取的一系列行政管理与监督行为"。具体到对土地资源配置的管制，尤其是对农地城市流转的管制，我国学者的相关研究并不多。早期以宏观的定性分析为主，如孙远太（2006）、王迎春和陈祖海（2007）、曾军荣（2008）、邓江波（2009）、赵海霞等（2009）、金书秦等（2010）、张学刚与王玉婧（2010）等学者讨论了利益相关者视角下的政策执行、各类管制政策的特点以及环境保护与外部性的相关问题。近年来，已有文献多集中在农地（耕地）生态补偿机制和农地（耕地）保护的外部性内部化问题两方面，如陈瑞主和吴佩瑛（2005）、牛海鹏和张安录（2009）、苑全治等（2010）、蔡银莺和张安录（2010）、李霜和张安录（2014）等。乔荣锋（2008）提出可将规划管控和土地用途管制制度作为农地城市流转的调控手段，但并未作深入研究；张良悦（2008）认为，土地利用外部性的存在对政府干预提出了要求，但其前提条件必须是以土地的市场价值为基础。值得注意的是，金晶和曲福田（2010）基于中国农地非农化配置中市场失灵与政府失灵并存的现状，建设性地提出应分别以内生性政策（行政性规制、经济性规制和政策性规制）和外生性政策（激励性规制和放松规制）来调控和解决市场失灵问题和政府失灵问题，他们在反思我国现行调控运行体系的基础上，提出了改良现行政策框架的设计路径，具有重要的理论意义。李霜和张安录（2014）研究发现，农地城市流转导致社会的外部性损失，且损失大小取决于征地用途和周围环境，而从源头入手控制农地城市流转面积、改变需求导向的土地供应模式是减少该社会损失的途径之一。陈竹和黄凌翔（2017）指出农地转用外部性量化是农地保护和开发管理中的难点，并在划分外部性内外区域的基础上用概率模型对农地转用外部性进行了量化，能够为政府决策提供依据。

2.1.3　研究进展评述

综上所述，已有研究在农地城市流转负外部性的定性分析和定量评价以及土地资源配置的管制研究方面取得了一定进展，但针对农地城市流转的负外部性及其社会经济影响尚缺乏系统全面的评价，从外部性治理的角度对农地城市流转进行管制尚存在诸多值得探讨的问题。具体而言，有以下两个方面问题有待进一步讨论和发展：

一方面是农地城市流转负外部性及其影响的系统评价。目前国外学者对农地城市流转某一个或几个方面负外部性的孤立或分散探讨较多，研究的系统性不足，国内更显匮乏。具体而言，农地城市流转负外部性的内涵、分类与边界等尚未得到严格的界定与划分，常与相关概念发生交叉或混淆（如农地流失导致的外部效益损失常与农地的非市场价值损失混淆），这有可能导致相关研究的理论框架存在缺陷，极易导致实证结果出现偏误。这些问题的进一步研究和探讨，是治理农地城市流转的负外部性并以此为途径对农地城市流转进行管制必须解决的基础性问题，因此需要付诸更多努力。

另一方面是基于负外部性治理的农地城市流转管制制度设计。目前国内外有关管制工具在农地城市流转管制中的相关研究虽有一些探讨，但大多是沿用产权学派或制度变迁学派的分析思路进行，或仅以某一利益主体的私人经济成本收益为管制标准展开，且多以规范和定性分析为主，只是笼统地提出一些政策建议，较少从负外部性治理的角度探讨农地城市流转的管制措施。新古典经济学和传统的资源与环境经济学等相关理论都肯定了外部性治理在调节资源利用效率方面的重要意义。但由于对农地城市流转的外部性缺乏系统而全面的认识，导致现有的管制措施不能有针对性地治理农地城市流转出现的诸多外部性尤其是负外部性问题，因而在提高土地资源配置效率方面的管制绩效并不理想。这无疑也是需要我们通过进一步研究来完善和探讨的。

2.2　研究的理论基础

2.2.1　外部性理论

2.2.1.1　外部性的定性研究

"外部性"又称外部效应或溢出效应，可追溯至 1890 年马歇尔在其发表的《经济学原理》中首次提出的"外部经济"和"内部经济"这一对概念。对外部性的研究大致可划分为福利经济学对外部性的研究及新制度经济学对外部性的研究。

（1）福利经济学对外部性的研究。福利经济学创始人庇古在马歇尔的基础上最先系统论述了外部性理论，提出了"外部不经济"和"内部不经济"这一对概念，运用边际分析方法建立了静态技术外部性理论的基本框架，认为边际社会净产值与边际私人净产值的差异产生了或正或负的外部性，导致帕累托最优难以实现。其中，若经济活动中的边际社会净产值低于私人边际净产值，则意味着存在负的外部性。庇古认为，市场并非万能，需要政府的宏观调控予以调节，从而提出著名的"庇古税"来解决外部性问题。但由于对政府行为过于严苛的假设（如政府行为以提高社会福利为唯一目标、政府行为不存在成本等）以及征税额度难以计量、代际外部性问题无法解决、信息不对称等问题的存在，使庇古的外部性理论受到诸多挑战和质疑，但仍可被视为对古典主义经济学的一次革新。A. A. 扬（Allyn A. Young，1928）、鲍莫尔（Baumol，1952）分别通过系统阐述动态外部经济思想和考察垄断条件下的外部性问题、社会福利与外部性问题等极大地推动了外部性理论的发展。

（2）新制度经济学对外部性的研究。科斯创建的产权理论认为处理外部性的最好方法是在不损害双方当事人的条件下实现总福利的最大化，即通过界定产权解决外部性问题，斯蒂格勒（1971）谓之"科斯定理"，它提供了一种通过市场机制解决外部性问题的一种新的思路和方法。科斯定理指出，只要产权界定清晰，同时交易成本为零或足够低，那么产权在开始时无论配置给谁，市场均衡的最终结果都是有效率的（初始的产权界定无关紧要），外部性问题可以通过市场交易的方式自行谈判解决，其核心问题是产权的界定问题（科斯第一定理）。进一步推论，交易成本不为零或不足够低时，不同产权界定导致不同的资源导向和效率（科斯第二定理）。因此，在交易费用为零时，解决外部性问题无须"庇古税"；在交易费用（界定产权的交易费用与产权界定后谈判的交易费用）不为零时，外部性问题的解决要视"成本—收益"的比较而定，庇古和科斯的方法都可能有效。

外部性概念在无数学者的拓展下产生了多种表述，基本可概括为社会成员（包括组织和个人）从事经济活动时，其成本与后果不完全由该行为人承担，也即行为举动与行为后果的不一致性的情形。人类对外部性的认知、评估和处理直接影响公共物品的配置效率及相应的制度安排。通常，如果外部影响给他人带来福利增加（收益）而无须其支付费用，则可称之为"外部效益（正外部性）"；反之，如果给他人带来福利损失（成本）却并未就此作出补偿，则可称之为"外部成本（负外部性）"；个体在经济活动中支付的成本和获取的收益可称之为"个体（私人）成本"和"个体（私人）收益"，如果加上该活动带给他人的额外成本和额外收益就可称之为"社会成本"和"社会收益"。

通常，外部性是由人为活动导致的，是在一定的经济活动目的之外派生出来的与社会福利和生态环境有关的所有生物或者非生物影响，从而影响资源的配置效率。外部效应的属性直接对供给产生影响，一般地说，相较于正外部性而言，负外部性的供应量通常更大。作为行政管理机关，政府的重要职责之一就是纠正私人利益与社会利益的不一致，特别是要把负外部性的供应量减少至最优的社会福利状态。作为一项社会经济活动，农地城市流转会产生一定的负外部性，从而对社会福利产生负面影响，因此，对其负外部效应进行定量测度，并以此为基础对农地城市流转进行管制，是社会管理者不可推卸的职责。

2.2.1.2 外部性的定量评估

分解求和法是目前学术界评估外部性之综合影响的常用方法，即将复杂的外部效应划分为若干可独立予以评估的部分，然后选取适当的环境物品评估方法对各个单项进行估算，最后将各个部分的评估值加总，即得到外部影响的货币化价值。确保分解过程中各个部分的"独立性"和"穷尽性"是实施该方法的关键，从而尽量避免重复计算或有漏失项而导致的结果偏差（杨志新，2006）。对分解出的各个部分外部性价值的定量评估方法有很多，可根据具体对象予以选择。按照外部性的分类，可将外部性的定量评估分为外部成本评估和外部效益评估两类，它们都属于非市场状态下的物品价值评估范畴，可借鉴环境与自然资源经济学中关于环境物品的评价方法。

按照市场信息的完全与否可以将环境物品评估方法分为市场价值法、替代市场价值法和假想市场法三类。

（1）顾名思义，市场价值法是使用市场价格来确定环境或者资源的价值的。而其隐含前提在于，该市场价格是一种有效价格，即能够反映资源的稀缺程度；当由于补贴、税收或受管制的利率等影响而造成价格扭曲时，就必须对现有价格予以调整。生产率变动法、疾病成本法、人力资本法、机会成本法、有效成本法、预防性支出法、置换成本法及重新选址成本法，是常用的市场价值测算方法。

（2）当研究对象没有市场价格且难以直接衡量而采用其替代物的市场价格来衡量时，称之为替代市场法；主要包括旅行费用法和资产价值法。

（3）当替代市场都难以找到时，只能通过建立假想市场的方法来解决环境物品的评估问题，意愿调查法是假想市场法的代表方法，通过引导受访者的支付意愿达到评估目的，任何无法通过市场价值法和替代市场价值法解决的环境物品评估方法都可以通过假想市场法解决。

2.2.2 管制理论

管制，源于英文"regulation"或"regulatory constraint"，又称"规制""监管"。即政府运用公共权力，通过制定一定的规则和市场激励机制，对个人或组织等私人经济部门或微观主体的经济行为进行限制与干预，多用于处理因垄断、外部性和信息不对称因素而引起的对完全竞争市场的偏离。它是公共政策的一种形式，也是社会管理的一种方式，处于政府所有制和自由放任的市场两个极端之间，目的是实现经济增长和经济发展。目前在理论界和实际生产生活中，对一些基本概念仍存在一定的分歧，如"管制""规制"与"监管"的混用就是典型例证，使用哪种仅取决于学者们的偏好和理解，并不存在实质区别。

管制一般起源于市场失灵，但市场失灵的存在仅为管制提供了必要条件，而并非管制的充分条件。管制已经成为政府一项重要的经济职能，用来修正市场制度的缺陷，避免市场经济可能带来的一些社会弊端。导致管制产生的市场失灵大致有三个方面：一是存在市场进入壁垒与市场势力，即存在垄断行为。市场势力引起了"配置非效率"和"生产无效率"。二是存在外部性问题。完全竞争市场的价格信号无法完全反映商品生产的社会成本和社会收益，市场均衡并非社会最优。三是存在内部性，其根本原因在于市场交易中广泛存在信息不对称或不完全。

管制理论的发展大致经历了管制公共利益理论、管制俘虏理论和管制经济理论三个主要阶段，其中管制经济理论首次尝试运用经济学的基本范畴和需求—供给的标准分析方法来分析管制问题，是管制理论的重大进步。

依据规制性质的不同，可将管制分为间接管制和直接管制两大类，后者又包括经济管制和社会管制。间接管制主要是指对不公平竞争的管制，如通过反垄断法等相关立法间接制约垄断等不公平竞争行为；直接管制则由行政机关和立法机关直接实施干预，其中的经济规制是对具有自然垄断产业在进入、价格、退出、投资等方面实行制约，社会规制主要对应于外部性、非价值性物品等问题（植益草，1992），它是近年来在各国逐渐施行的，主要通过设立相应标准、发放许可证、收取各种费用等方式进行。一般情况下，管制范围与市场失灵范围存在正相关关系。

作为一项经济活动，农地城市流转过程中存在着显著的负外部性。在农地流转为城市建设用地的过程中，土地用途由农业用途转变为建设用地，由此而损失的不仅是农地所能提供的经济产出，还有农地所具有的一系列社会和生态效用，如空气和水的净化、生物多样性的支持、景观的提供以及社会安全与稳定等。这部分损失并没有体现在农地城市流转各微观利益主体的成本—收益核算体系中，造成私人成本收益与社会成本收益不一致，由此导致了负外部性问题的产生，以致市场失灵，从而偏离了社会福利最优的资源配置目标。根据管制理论中的公共利益论，在农地城市流转过程中，政府（包括社会公共机构及行政机关）管制代表了全社会的公共利益，在负外部性存在的情况下，通过增加对负外部性的税收征收等管制手段，可以实现倾向社会偏好的资源配置状态，从而带来社会福利的提高。

2.2.3　博弈论

博弈论，又称对策论或赛局理论，研究对象为特定条件约束下的多个个体或团队相互利用并实施应对的相关策略。具体来说，在一定环境和条件约束下，具有竞争或对抗性质的行为活动中，各利益主体基于不同的利益和行为目的，会理性考虑其他竞争方的行为特征并预测其可能采取的行动方案，从而做出应对方案以使竞争局面达到对自己最为有利的状态。而博弈论就是研究竞争各方的行为方案及用以找到这些行为方案的数学推导过程和理论。1944 年冯·诺依曼和摩根斯坦恩合作的《博弈论和经济行为》第一次系统地将博弈论引入经济学，目前已成为经济分析的重要工具之一。

传统的博弈理论认为，完整的博弈过程至少应包含四个要素：一是局中人，即博弈制约关系中进行独立决策并有能力独立承担博弈决策后果的参加者，其目的在于通过自身的策略或行动实现自己的最大利益，局中人可为个人或组织；二是策略，即局中人参与博弈活动的行为规则、方案或者依据；三是给定信息，即参与者所掌握的关于其他参加者的并对自身决策选择有意义的信息资料和博弈方可选择的策略的集合；四是收益，即局中人可量化的根据策略行动而可得到的确定效用水平或期望效用水平，与博弈方选择策略后的收益和损失相关，它是所有参与博弈的局中人策略的函数，即不仅取决于局中人自己的行动策略，也要受制于局中其他人的行动策略。结合这四个要素，可以将博弈论分为完全信息静态博弈、完全信息动态博弈、不完全信息静态博弈和不完全信息动态博弈。

不同博弈类型对应不同的均衡。

（1）与完全信息静态博弈相应的概念是纳什均衡。完全信息静态博弈是指特定条件约束下的每个博弈者对其他局中人的特征（包括其他局中人可选择的策略集合和决定其损益得失的因素）完全了解，而且全部博弈者仅有一次选择机会且须同时进行。与其对应的纳什均衡认为，在其他局中人策略既定的前提下，每个博弈者都会选择最有利于自己的策略，即每个局中人的策略选择都依赖于其他局中人的选择，而所有博弈者的最优策略的集合就是纳什均衡。

（2）与完全信息动态博弈相应的概念是子博弈精练纳什均衡，它是泽尔腾于 1965 年对纳什均衡的完善。完全信息动态博弈是指博弈中的每个参与者都对其他参与者的特征完全了解，但其行动有先后之分。子博弈精练纳什均衡将纳什均衡中包含的不可置信策略威胁（因局中人不考虑自身的策略选择对别人的影响而形成）剔除，要求博弈者的策略选择要能适应时间条件变化，保持最优。

（3）与不完全信息静态博弈相应的是贝叶斯—纳什均衡，它由约翰·C. 海萨尼提出。不完全信息静态博弈是指在博弈中被选中的局中人只知道自身特征而并不清楚其他人的真实特征，但是知道各种特征发生的概率。在博弈中各种特征的分布概率是完全信息。贝叶斯—纳什均衡就是指每个局中人在给定自身特征和别人选择策略的分布概率时，使其期望效益达到最大化所形成的一种依赖策略组合。

（4）与不完全信息动态博弈对应的是精练贝叶斯—纳什均衡，它由弗得伯格和泰勒尔对贝叶斯—纳什均衡进行改进得到。不完全信息动态博弈中，至少有一个参与者不知道其他参与者的分布函数，但由于他们的策略选择行动有先后之分，所以后行动者可以通过观察得到先行动者相关特征，然后选择最利于自己的行动方案。精练贝叶斯—纳什均衡的主要观点就是选中的局中人能根据自己观察到的其他局中人的行为来进行自我修正从而选择行动方案。

农地城市流转管制同其他管制一样，其管制对象并不是某一利益主体，而是涉及农户、农村集体经济组织、城市用地需求者等多个利益主体。在农地城市流转的管制过程中，中央政府、地方政府作为管制者，城市用地需求者、农村集体经济组织和农户作为被管制者均为局中人，都有着各自追求的利益点和最优行动方案，而每个利益主体的行动方案又会形成相互制约从而形成均衡的局面。在研究农地城市流转的管制问题时，必须充分考虑各博弈者的利益相关性及其行动方案间的依赖性，建立博弈关系模型，合理预测各参与者在博弈模型下的决策选择和期望变化，从而探讨均衡格局。

2.2.4 委托代理理论

委托代理理论是制度经济学契约理论的一个重要内容，由信息经济学的分支之一——非对称条件下的经济分析发展而来，最初研究的是在利益冲突和信息不对称情形下的企业激励问题。现代意义的委托代理由罗斯（Ross，1973）提出：如果当事人双方，其中代理人一方代表委托人一方的利益行使某些决策权，则代理关系随之产生。通过委托代理关系联系起来的双方分别为委托人和代理人，委托人通常授予代理人一定的决策权使其为自己服务，并根据代理人的劳动成果或提供的服务支付相应的报酬；代理人则有义务根据明示或隐含的契约为委托人完成规定的任务。

委托人与代理人的利益通常是不一致的、所拥有的信息是不均衡的，这是委托代理问题产生的原因所在。委托人追求其拥有的权利资本利润最大化，而代理人更关心自身得到的利益，如薪资报酬，这就导致委托人与代理人利益上的不一致。而且双方信息不对称的特征使得代理人在行动方案上可能偏离委托人的目标路径，而委托人无法对代理人的决策行为进行有效的监督和管理，就会出现代理人为追求自身利益的最大化而损害委托人利益的问题。委托代理理论就是研究如何利用合理契约或有效机制使委托人和代理人之间关系达到均衡状态。"状态空间模型化方法"、由"分布函数的参数化法"和"一阶化"方法构建的"标准委托代理人模型"、"一般分布方法"是委托代理理论的三种基本模型。

在农地城市流转的管制过程中，中央政府与地方政府就分别担任着委托人和代理人的角色，也就存在地方政府政策执行力的问题，即地方政府是否会完全执行中央政府政策的问题。法伊纳曼（Feinerman，1998）认为，中国中央与地方政府的财政分权使中央政府的行政资源与经济资源减少，这意味着它不再能够充分的对地方政府实施控制。黄亚生（Huang，2002）也指出，中央政府对地方政府的各种监管并不能使管制措施真正落实，二者之间的信息不对称程度越高，地方政府就越有违背中央政府行使的倾向，这事关农地城市流转管制的有效执行问题。

3

农地城市流转规模、效率及其
影响因素分析

3.1　农地城市流转及其特点概述

国内学者关于农地城市流转的研究最早始于张安录和杨钢桥（1998）对美国城市化过程中农地城市流转与农地保护问题的研究，随后在 1999 年首次完整地给出了农地城市流转（rural – urban land conversion）的概念，把它定义为"在城市发展过程中，随着城市规模的扩大，城市土地需求量增大，城市土地需求者通过经济的手段或者行政的手段将城市附近农村土地转变为城市土地，以满足城市土地需求的过程"（张安录，1999）。同时还指出农地城市流转多发于城乡生态经济交错区（张安录，1999）。它具有以下特点：

一是流转驱动力的双重性。一方面，土地用于农业生产的机会成本很高，而农业生产相比其他行业比较利益低，所以"资本追逐利润"的基本原理使得土地作为一种特殊的生产要素总是有从农业部门流向非农部门的潜在动机；另一方面，城镇化和工业化的加速发展对农地伸出了需求之"手"，拉动农地向城市建设用地流转，促使农地城市流转由潜在动机变为现实供给。

二是产权的过渡性。农地城市流转伴随着农地所有权的过渡，即土地所有权由农村集体所有转变为国家所有。它必将对国家、农村集体经济组织、农户、用地单位等相关权益主体在所有和使用农地方面的地位及其间的社会经济关系产生深远影响。在我国现行的土地制度下，实现农地城市流转产权过渡的唯一有效合法途径为土地征收。

三是利用方式的不可逆性。农地不仅仅是一种重要的农业生产要素，同时也是一种最基本的自然生态环境要素。农地城市流转意味着土地利用方式由农用地向建设用地转变。如此一来，基于农地自然特性的保障粮食安全、净化空气、改善气候、防风固沙、保持生物多样性等功能将随之消失殆尽且不可逆转，或者说这种逆转从经济上讲是不可行的。

四是土地的增值性。在我国，由于土地征收制度的存在，农地的取得成本并不像一般商品那样由市场供求关系决定，而是由政府垄断定价的，然后通过招标、拍卖、挂牌等市场方式供给用地需求者。目前，我国的征地价格通常是以各地制定的征地统一年产值标准和区片综合地价为依据进行测算的，由此得到的农地价格与转用后作为建设用地投入使用的土地价格之间相差悬殊，存在巨大的剪刀差。因此，农地具有潜在的增值性。

五是影响的复杂性和外溢性。土地既是生产要素，也是各种自然资源和人类活动的重要载体，因此农地城市流转对社会、经济和生态的影响是极为复杂的，并且常常具有外溢的特征，如柯夫林（1980）通过问卷调查归纳了美国东北部 5 个城乡生态经济交错区农地城市流转的影响，包括自然外溢（破坏行为、交通拥挤、水源供给、空气污染）、法律与政治外溢（社区地位下降、限制性的环境条例）、经济外溢（房地产税、土地成本即可获得性、农场的供给）三个方面。霍吉（1984）、卡希尔（2001）、马利尼克斯（Mullinix，2010）、弗朗西斯（Francis，

2012）、斯科格（Skog，2016）等认为农地城市流转会对自然环境、生态系统及其服务功能带来较大冲击。

3.2 农地城市流转规模及其影响因素分析

学者们对农地城市流转规律的现有研究集中在对城市扩张的情景（动态）模拟、时空特征分析（张修芳等，2014；肖琳等，2014）、耕地非农化的空间过程描述、空间非均衡分析（张孝宇，2014；任平等，2015；李涛，2016）等方面；对其影响因素的研究多以对其驱动机制的定性或定量分析为主，主要从要素禀赋（张孝宇，2015）、社会经济条件（蔡运龙等，2002；田玉忠和石志恒，2007；苑韶峰等，2013）、政策制度因素（张良悦等，2008）等角度运用传统计量经济模型展开讨论，较少将空间地理因素纳入对社会、经济现象的考虑。而实际上，作为自然和社会经济的综合体，土地资源具有高度分化的特征，区域土地数量、质量、结构等特征具有显著的空间异质性（张俊峰，2016）。那么，农地城市流转规模在空间上是否存在一定规律，农地城市流转规模诸多影响因素的作用程度是否会因空间位置不同而存在差异？对这些问题的关注不足是导致当前我国土地管理制度和政策针对性较弱、有效性不足的主要原因之一。因此，从空间异质的视角研究农地城市流转规模的变化规律及其影响因素作用程度的变化规律，有助于进一步揭示农地城市流转的复杂性和多样性，对于差别化的、有针对性的控制农地城市流转规模，进而有效保护有限的耕地资源具有重要意义。基于此，本研究以2014年为时间断面，力图揭示省域尺度下我国农地城市流转规模的空间分异规律，并进一步探讨省域农地城市流转规模影响因素作用程度的空间异质性。本书的研究结果可以为国家制定相关的土地利用规划及土地用途管制政策，控制农地城市流转规模提供一定的理论参考和实践依据。

3.2.1 模型构建

3.2.1.1 农地城市流转规模的空间异质性分析模型

（1）全域空间自相关。

全域关联程度多通过莫兰指数（Moran's I）来评价在地理位置上临近区域观测点属性的相似程度，即衡量空间自相关的程度，并以此探究该现象在空间地理上是否具有空间集聚和空间分异的特征，见式（3-1）。

$$I = \frac{n \sum_{i=1}^{n} \sum_{j=1}^{n} w_{ij}(x_i - \bar{x})(x_j - \bar{x})}{\sum_{i=1}^{n} \sum_{j=1}^{n} w_{ij} \sum_{i=1}^{n} (x_i - \bar{x})^2} = \frac{\sum_{i=1}^{n} \sum_{j \neq 1}^{n} w_{ij}(x_i - \bar{x})(x_j - \bar{x})}{S^2 \sum_{i=1}^{n} \sum_{j=1}^{n} w_{ij}}$$

$$(3-1)$$

式中，n 为研究区内观测样本点的数量，w_{ij} 为空间权重（根据区域是否相邻设定权重：如区域 i 和区域 j 相邻时，$w_{ij}=1$；区域 i 和区域 j 不相邻时，$w_{ij}=0$）；x_i 和 x_j 分别为区域 i 和区域 j 的属性；$\bar{x} = \frac{1}{n} \sum_{i=1}^{n} x_i$ 为属性的平均值；$S^2 = \frac{1}{n} \sum_{i} (x_i - \bar{x})^2$ 为属性的方差。

莫兰指数取值一般在 $-1 \sim 1$ 之间，大于 0 表示正相关，其值接近 1 时表明高值聚类或低值聚类，小于 0 时表示负相关，接近 -1 时表明高低值聚类。如果莫兰指数的值为 0，则表示随机分布，即不存在空间相关性。标准化的 Z 统计量常用来判断其显著性，见式（3-2）。

$$Z(I) = \frac{I - E(I)}{S(I)} \qquad (3-2)$$

式中，$E(I)$ 为均值；$S(I)$ 为标准方差，且 $S(I) = \sqrt{var(I)}$。

（2）局域空间自相关。

全域空间自相关分析只能在整体上体现出具有空间地理位置的某要

素是否呈现出空间集聚或分异的特征，却无法体现局部观测要素的空间集聚特征，该问题可通过局域空间自相关模型（local indicators of spatial association，LISA）描述观测要素在某空间位置上与相邻空间位置属性的相似程度来解决。局域莫兰指数的高值说明单元属性相似的空间观测点存在集聚特征，见式（3-3）。

$$I_i = Z_i \sum_i W_{ij} Z_j \qquad (3-3)$$

式中，$Z_i = (X_i - \overline{X})/\delta$，$\delta$ 为 X_i 的标准差。

LISA 的 Z 值检验为：

$$Z(I_i) = \frac{I_i - E(I_i)}{S(I_i)} \qquad (3-4)$$

式中：$E(I_i)$ 为均值；$S(I_i)$ 是标准方差，$S(I_i) = \sqrt{var(I_i)}$。

3.2.1.2 农地城市流转影响因素选取及其空间异质性分析模型

（1）影响因素选取。

回顾已有研究（苑韶峰等，2013；钟海玥和张安录，2014；魏倩倩和任志远，2016）并结合我国农地城市流转现状发现，影响农地城市流转规模的因素一般包括供给、需求、经济发展和制度政策等方面。供给影响因素包括耕地资源禀赋、农地城市流转收益分配比、不同用途下土地收益差等；需求影响因素涉及导致流转需求增加的因素，包括人口和投资等；而制度和经济因素包括土地流转政策、耕地保护制度和土地交易市场的建设等。基于对数据可获得性的考虑，本书以农地城市流转规模（y）为因变量，选取以下七个影响因素展开研究：城镇人口比重（x_1）、人均地区生产总值（x_2）、全社会固定资产投资额（x_3）、年初耕地面积（x_4）、第三产业比重（x_5）、居民人均可支配收入（x_6）、城市人口密度（x_7）。具体而言：年初耕地面积属于供给影响因素，耕地资源禀赋越丰富，则人地关系的紧张程度相对较低，农地非农化比例相对较小。城镇人口比重、人均国内生产总值、居民可支配收入、城市人口密度和全社会固定资产投资额则代表需求影响因素中的人口和投资因素，其中：城镇人口比重是城市化水平的表征，城市人口密度对农地城市流转产生需求压力，二者是农地城市流转的直接推动力；人均国内生产总值、居民可支配收入是衡量经济发展水平重要指标，全社会固定资产投资额的高低表征了城市和工业基础设施的建设以及场地购买的数量水平，由于我国仍处于经济增长主要依靠要素投入的增加来支撑的社会经济发展阶段，因此上述因素对农地城市流转规模产生重要影响。第三产业比重则代表农地城市流转在经济方面的影响因素。此外，耕地保护制度、农地转用政策和土地市场运行等构成了影响农地城市流转的制度因素：从宏观政策层面看，我国实行的土地利用总体规划制度、土地用途管制制度、永久性基本农田划定制度等对各省区市农地城市流转规模具有全局影响；而从中观政策层面看，各省区市的农地城市流转政策存在一定地区差异，如重庆、成都等地实施的"地票"制度实际上对农地城市流转有正向推动作用。但考虑到政策因素难以通过数据进行量化，且本书旨在对省域农地城市流转规模的截面数据进行研究，而"地票"交易等制度仅在部分城市展开，因此本研究假定短期内国家宏观政策制度环境不变，从而侧重研究影响全国农地城市流转规模的上述因素作用程度的空间分异。

（2）空间异质性分析模型。

①一般线性回归模型（GLM）构建。

一般线性回归模型用于定量化描述因变量与多个自变量间的线性关系，本书用它描述农地城市流转规模与诸多影响因素之间的关系。线性回归在参数估计上使各回归估计值到拟合直线之间距离的平方和最小，以得到最能从整体上反映各变量间线性关系的线性回归方程。本书建立多元线性回归模型以定量化描述农地城市流转规模与各影响因素间的线性关系，表示如下：

$$y = \beta_0 + \beta_1 x_1 + \beta_2 x_2 + \beta_3 x_3 + \beta_4 x_4$$
$$+ \beta_5 x_5 + \beta_6 x_6 + \beta_7 x_7 + \varepsilon_i \qquad (3-5)$$

为保证模型运行结果的科学性与可信度，需对线性回归模型运行结果进行如下统计检验：

第一，显著性检验。通过联合 F 统计量和联合卡方统计量评估该模型在统计学上是否显著。"联合卡方统计量"一般用来确定整个模型的显著性，当其并不具备统计学上的显著性时，转而通过"联合 F 统计量"来判断其显著性。

第二，残差分布检验。Jarque – Bera 统计量用于指示残差是否服从正态分布。残差分布检验设置的零假设为残差服从正态分布。当检验结果表明回归估计的残差并不呈正态分布时，说明模型指定错误，且对数据的估计有偏。同时使用全局空间自相关分析检验残差是否随机分布，当高残差或低残差在统计学上的显著聚类表明模型指定错误，普通最小二乘法（OLS）估计结果不可信。

第三，多重共线性。只有当模型变量间呈现不相关关系时，模型对数据的回归估计结果才具有准确性，使模型具有预测功能。方差膨胀因子（variance inflation factor，VIF）常用于计算当前变量对其他变量的复相关系数，即检测模型变量间是否具有多重共线性。VIF 值过高则说明模型变量中存在冗余变量，即因子间存在多重共线性。一般来说，VIF 大于 7.5 则可判定为冗余变量，应从回归模型中剔除。

第四，模型拟合度。统计学常用 R^2 和校正 R^2 来估算自变量的方差能被模型解释估算的程度，以判断模型是否具有良好的拟合度，模型指定是否正确。R^2 和校正 R^2 的数值应在 0 ~ 1 之间，其值越大，则表示模型对变量具有越高的拟合度。

由于涉及空间数据，因此本书通过科恩克（Koenker）统计量及相应 p 值测试模型自变量与因素量是否具有空间非平稳性。

②地理加权回归模型（GWR）构建。

农地城市流转规模数据作为空间数据，包含其所在空间位置的特征，而特定空间位置之间的相异特征会引起农地城市流转规模随空间变化，即导致农地城市流转规模在空间位置上产生分异。地理加权回归（GWR）模型能够描述变量在空间地理位置上的变化情况，使得回归参数估算更注重局部而非全局，且能够通过引入"权重"来刻画观测对象在局部区域内所受的影响；此外，该模型能通过各观测点的回归系数描述自变量与因变量间随地理位置变化的规律，从而实现对农地城市流转各影响因素在不同空间地理位置上的空间非平稳性的描述，以及对不同因素影响作用叠加下各区域农地城市流转规模的量化。因此，GWR 模型的应用特性与农地城市流转的特性较为吻合，该模型在研究农地城市流转规模影响因素作用程度的空间异质性方面具有较强的适宜性。

空间权重函数是地理加权回归模型的核心，对参数估计结果有重要影响（Broundon et al., 1996）。高斯（Gauss）函数和 bi-square 函数是 GWR 模型常用的权重函数（Fortheringham，1996）。考虑到我国各省份土地面积悬殊，采用 bi-square 函数有可能因带宽设置不当而导致 GWR 模型估计产生误差，因此选取能够将所有观测样本的空间权重都纳入模型的高斯函数作为该模型的权重函数。选择带宽时，采用调整型空间核（adaptive）以保持对当前考察省份农地城市流转产生影响的周边省份数量不变，即带宽可随省份分布的疏密程度而自行调节，带宽为不定值，即各省份的观测值对当前考察省份观测值的空间权重根据自行调整的带宽长度确定。本书依据 Akaike 准则（即观测 AICc 值）获取最优带宽，在指定调整型空间核的基础上自动查找最佳距离/近邻参数。

GWR 模型表达农地城市流转影响因素的影响程度随空间位置改变而产生的变化，回归系数随回归点而变化。本书 GWR 模型见式（3 - 6），省域 i 的农地城市流转规模 y_i 表达为第 j 个自变量（第 0 个自变量为常数，其余自变量的含义见本章表 3 - 3）与相应系数 β_{ij} 乘积的总和，ε 为残差。

$$y_i = \beta_{i0} + \beta_{i1}x_{i1} + \beta_{i2}x_{i2} + \beta_{i3}x_{i3} + \beta_{i4}x_{i4} + \beta_{i5}x_{i5} + \beta_{i6}x_{i6} + \beta_{i7}x_{i7} + \varepsilon_i \quad (3-6)$$

在 GWR 模型中，运用权重的高斯函数量化描述各样本点对第 i 个省份农地城市流转规模的影响：

$$w_{ij} = e^{-\left(\frac{d_{ij}}{b}\right)^2} \quad (3-7)$$

3.2.2 结果与分析

3.2.2.1 数据来源及其描述性统计

本书选取我国 31 个省、自治区和直辖市为研究区域，在西安 80 坐标系下划定上述省份的行政界限，在省域尺度上为农地城市流转规模以及城镇人口比重、人均地区生产总值、全社会固定资产投资额、年初耕地面积、第三产业比重、居民人均可支配收入、城市人口密度七个影响因素建立相应的图形文件，分层录入其空间位置和属性信息。其中，当年征收土地面积和年初耕地面积来源于《中国国土资源统计年鉴》（2015），城镇人口比重、人均地区生产总值、全社会固定资产投资额、第三产业比重、居民人均可支配收入、城市人口密度数据来源于《中国统计年鉴》（2015）。

由表 3－1 可知，省域农地城市流转规模中位数为 36.74 平方公里，平均值为 47.70 平方公里，一半以上省份的农地城市流转规模在平均值以下；标准差为 37.23 平方公里，表明样本农地城市流转数据离散程度较大；偏度系数为正（0.90），表明样本农地城市流转数据分布具有正偏离，数据分布右侧有较长的尾部，即右偏态；峰度为 3.02，说明数据分布比标准正态分布更陡峭，分布更集中。《中国国土资源统计年鉴》（2015）的数据显示，2014 年各省份农地城市流转规模的空间差异明显，整体呈现由东部沿海发达省份向中部省份再向西南省份及东北、西北地区省份逐渐降低的趋势。

表 3－1　　　　　省域农地城市流转规模的描述性统计

最大值 （平方公里）	最小值 （平方公里）	平均值 （平方公里）	标准差 （平方公里）	峰度 （平方公里）	偏度 （平方公里）	中位数 （平方公里）
146.88	2.82	47.70	37.23	3.02	0.90	36.74

3.2.2.2 农地城市流转规模的空间异质性分析结果

探索性空间数据分析（ESDA）可以初步分析观测对象的空间信息并描述其在空间上的集聚和分异现象。本书使用该方法对 2014 年省域农地城市流转规模数据进行全局趋势描述以及空间异质性分析。

（1）全局趋势分析。

农地城市流转规模的全局趋势分析是将数据投影到经度与纬度的正交平面上，观察其在经度方向和纬度方向上的变化规律，本书利用 Arc-GIS 中 Geostatistical Analyst 模块的 ESDA 工具生成 31 个省域农地城市流转规模趋势图。全局趋势分析在一定程度上揭示了全国农地城市流转规模随空间位置改变而产生的变化趋势，即：在 X 方向上（经度趋势），省域农地城市流转规模呈不断上升趋势且尚未达到拐点，表明我国农地城市流转规模从西向东呈现单调上升的趋势；且上升曲线平缓，说明省域农地城市流转规模由西向东上升幅度稳定，变化较小。在 Y 方向上（纬度趋势），流转规模变化呈倒 U 形，说明省域农地城市流转规模在我国中部地区省份达到最大值，并分别沿着南北方向的省份递减（见图 3-1 及图 3-2）。

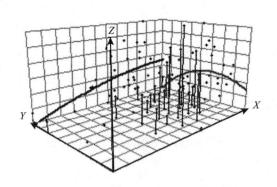

图 3-1　省域农地城市流转规模全局趋势

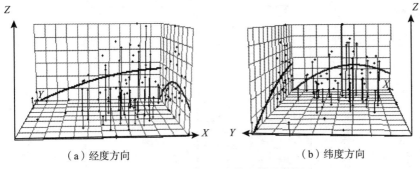

（a）经度方向　　　　　　　　　　　（b）纬度方向

图 3 - 2　农地城市流转规模分解图

（2）空间异质性分析。

①全局自相关分析。

对省域农地城市流转规模进行全局空间自相关分析，结果显示莫兰指数的值为0.14，表明全国省域农地城市流转规模存在正的空间自相关，即高值或低值集聚。显著性检验结果显示，标准化 Z 值为2.91，大于正态分布99%置信区间双侧检验阈值2.58，这表明"全国农地城市流转规模在空间上随机分布"这一假设成立的可能性小于1%，即我国省域农地城市流转规模在0.01的显著性水平上呈现出明显的空间自相关。由此可见，全国省域农地城市流转规模在空间上并非随机分布，相邻省份农地城市流转规模在整体上呈现空间集聚特征。

②局部自相关分析。

进一步地，运用 GeoDa 空间分析工具进行局域自相关分析，即测算省域农地城市流转规模的局部莫兰指数。莫兰散点图的四个象限Ⅰ、Ⅱ、Ⅲ、Ⅳ分别表示"高—高自相关（HH）""低—高自相关（LH）""低—低自相关（LL）""高—低自相关（HL）"。图3-3表明，我国大部分省域的局部莫兰指数值位于第Ⅰ、Ⅲ象限内，大部分省域的农地城市流转规模与其临近省份存在正向相关性，即"高—高关联"或"低—低关联"。

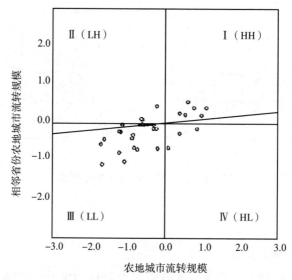

图 3 - 3   农地城市流转规模局部空间自相关 Moran 散点图

为进一步明确集聚发生的区域，本书采用 GeoDa 中的局部空间自相关分析功能揭示各省份农地城市流转规模的空间联系的局部指标（LISA）。表 3 - 2 显示了我国农地城市流转规模的局部自相关随空间位置变化的情况，我国农地城市流转规模并非随机分布，具有明显的空间集聚现象。

表 3 - 2   农地城市流转规模 LISA Cluster 分析结果

空间集聚类型	省级行政区
高—高聚类	山东、安徽、江苏、浙江、福建、湖北、江西
低—高聚类	北京、天津、上海、重庆、河北、辽宁、湖南、广西、广东
低—低聚类	新疆、西藏

● 高—高聚类：包括我国东中部的山东、安徽、江苏、浙江、福建、湖北、江西七省，其共同特点是经济发展水平高，城市建设速度快，用地需求强烈，迫切要求大量农地转为城市用地以满足日益增长的

建设用地需求。这部分省域农地城市流转规模呈现"高—高关联"，是农地城市流转的"热点"区域。

• 低—高聚类：包括北京、天津、上海、重庆、河北、辽宁、湖南、广西、广东九省区市。其中：河北、辽宁、重庆、湖南、广西、广东农地城市流转规模较中部沿海省份低，较内陆地区又相对高，这部分农地城市流转规模呈现"低—高关联"。而北京、天津和上海的城市发展进程长，城市规模和发展模式较稳定、合理，土地需求较发展中的沿海地区低。

• 低—低聚类：主要包括新疆、西藏为代表的我国西北部地区。新疆、西藏经济发展缓慢，因城市扩张而产生的农地转用需求较小。其周边省域也被相似的状况影响而呈现相似规律，农地城市流转规模较小，这些省域呈现出"低—低关联"现象，这部分省份为全国农地城市流转的"冷点"。

综上所述，我国农地城市流转并非随机分布，在总体上体现出明显的空间集聚现象。而就局部区域而言，从纬度方向来看，我国东、中、西地区的农地城市流转显示出明显的空间异质性；从经度方向来看，我国北方、中部及南部沿海区域在农地城市流转上也体现出明显的差异性。总而言之，我国各省域农地城市流转规模在空间上具有较明显的分异特征。

3.2.2.3 农地城市流转影响因素作用程度的空间异质性分析结果

（1）一般线性回归模型（GLM）分析结果。

线性回归结果如下所示：

$$y = 18.1780 + 0.7971x_1 - 0.1241x_2 + 0.2734x_3 - 0.1662x_4$$
$$- 18.4371x_5 + 0.2614x_6 - 0.7849x_7 + 0.2213$$

因此，根据模型运行结果中各变量的回归系数及显著性检验结果（见表 3 - 3），可将影响因素分为三类。

表 3 - 3 线性回归模型参数估计

序号	影响因子	标准差	t 观测值	p 值
β_0	常数	18.1780	0.5369	0.0000
x_1	城镇人口比重	0.7971	0.7516	0.3230
x_2	人均地区生产总值	- 0.1241	- 1.8718	0.0117
x_3	固定资产投资额	0.2734	2.8762	0.0022
x_4	年初耕地面积	- 0.1662	- 0.6978	0.0419
x_5	第三产业比重	- 18.4371	- 1.3528	0.0263
x_6	居民人均可支配收入	0.2614	1.2322	0.0334
x_7	城市人口密度	- 0.7849	- 1.7025	0.3518

第一类是与农地城市流转规模负相关的因素。与农地城市流转规模存在负向相关性的影响因素主要包括：人均地区生产总值、第三产业比重。"人均地区生产总值"因子系数为 - 0.1241，表明随着人均地区生产总值的提高，农地城市流转规模会有较小幅度的降低。人均地区生产总值作为评价区域经济发展状况的重要指标，较高的人均地区生产总值表明该区域较成熟的经济发展模式和较高的经济发展水平。也说明该区域经济增长对增加土地资源供给的依赖性也较小，因而其农地城市流转规模也相应较小。"第三产业比重"因子系数为 - 18.4371，表明农地城市流转规模受到第三产业比重显著的负面影响，书中"第三产业比重"数值为第三产业所占份额/第二产业所占份额，用以表示当地产业结构升级情况。线性回归结果表明，地区产业结构升级对当地农用地城市流转规模有显著的负向影响。地区产业结构表明各产业对该地区经济增长的贡献份额，地区产业结构升级就是指逐步提高第三产业占比，减少第一、第二产业占比，以改善地区经济在三大产业的结构分布。第一、第二产业对土地资源要求高，土地需求量大，合理降低第一、第二产业结构比重，控制产业对土地资源的需求，能显著抑制农地城市流转规模的扩张。

第二类是与农地城市流转规模正相关的因素。与农地城市流转规模存在正向相关性的影响因素为全社会固定资产投资额。模型运行结果显示，"固定资产投资额"因子估计回归系数为 0.2734，且 p 值为 0.0022，与农地城市流转规模之间存在显著的正向相关性。社会固定资产投资主要用于城市建设，社会固定资产投资额的增加必然导致土地需求增加，促使更大规模的农用地流转为城市建设用地。

第三类是与农地城市流转规模相关关系不显著的因子。与农地城市流转规模不存在显著相关性的因子包括城镇人口比重、城市人口密度。模型分析结果表明，城镇人口比重回归系数为正，城市人口密度因子回归系数为负，这两个因子回归系数的正负表明其与农地城市流转规模间存在正向或负向的相关性，但模型显著性检验的结果中 p 值大于 0.05，表明，这两个因子与因变量农地城市流转规模间并不存在明显的线性关系。

一般线性回归模型的可信度检验结果如下：

①显著性检验。

Koender（BP）统计量为 10.7798，p 值为 0.2144，在统计上不具有显著性，故通过"联合 F 统计量"来判断模型显著性。"联合 F"统计量为 5.8531，p 值为 0.0005，在统计上具有显著性。这表明在整体上，模型的自变量与因变量间存在显著的线性关系。

②残差分布检验。

Jarque – Bera 统计量观测值为 0.6714，p 值为 0.7148，表明模型回归估计的残差服从正态分布。同时空间自相关分析结果表明，模型回归估计残差呈空间随机分布，即并不存在空间自相关，也进一步验证了线性回归模型残差服从正态分布。

③多重共线性检验。

多重共线性检验结果（见表 3 – 4）表明模型解释变量间存在一定的相关关系，会大大降低模型估计的准确性。因此，将方差膨胀因子 VIF 值 > 7.5 的城镇人口比重、人均地区生产总值、城市人口密度三个因素作为冗余变量排除。

表 3 – 4 多重共线性分析结果

变量	城镇人口比重 x_1	人均地区生产总值 x_2	固定资产投资额 x_3	年初耕地面积 x_4	第三产业比重 x_5	居民人均可支配收入 x_6	城市人口密度 x_7
VIF	10.0859	10.1657	5.0323	3.8054	3.0654	4.9447	11.4501

④模型拟合度。

一般线性回归模型的 R^2 值为 0.68，调整 R^2 值为 0.56，这说明模型的拟合度并不算高。同时 Koender（BP）统计量为 10.7798，p 值为 0.2144，这表明线性回归模型中因变量与自变量间存在空间非平稳性，这与 OLS 估计参数设置的模型不存在异方差的前提假设相矛盾。因此，用线性回归模型拟合农地城市流转规模及其影响因素间的关系准确性不高。

线性回归模型的可信度检验揭示了 OLS 在解释农地城市流转影响因素的空间异质性方面的局限性，这点可以从模型的拟合度和自变量的多重共线性上得到证实。各省域农地城市流转影响因素存在空间不稳定性导致了一般线性回归模型对农地城市流转影响因素的空间异质性的解释能力大大降低，为进一步探索农地城市流转影响因素的空间异质性现象，需要建立可处理空间不稳定性的模型。

（2）地理加权回归模型（GWR）分析结果。

运用 GWR4.09 对数据处理后显示，局部分析模型的 AICc 值下降为 305.6964，R^2 和 Adjusted R^2 值分别达到了 0.8718 和 0.7989（见表 3 – 5）。表明局部回归对研究农地城市流转规模空间非平稳性有较高的拟合度。

表 3 – 5 模型拟合统计结果

Residual Squares	Sigma	AICc	R^2	Adjusted R^2
1353.8032	25.5529	305.6964	0.8718	0.7989

对模型回归残差进行空间自相关分析可检验回归残差是否为随机分布，如果存在高值或低值的显著聚类则表明错误地指定了地理加权回归模型。表 3 - 6 表明，残差在空间上随机分布，这也验证了模型选取的正确性。

表 3 - 6　　　　　　　　　　回归残差空间分布统计结果

标准差范围	省级行政区
- 2.5 ~ - 1.5	山东、重庆、安徽、湖北
- 1.5 ~ - 0.5	内蒙古、辽宁、青海、宁夏、贵州、陕西、河南、北京、天津
- 0.5 ~ 0.5	新疆、四川、山西、广西、江西、福建、上海、吉林、海南
0.5 ~ 1.5	甘肃、西藏、云南、湖南、广东、黑龙江、河北、江苏、浙江

条件数（cond）可用于评估局部是否存在多重共线性，若局部存在较强的多重共线性，则会大大降低模型结果的稳定性；Local 值则用于评估模型局部的解释功能，Local 值过低则表明该模型的局部拟合功能不佳。结果表明，31 个样本点（省份）的条件数均低于 30，表明并不存在局部共线性，系数估计结果可靠，同时 31 个样本点的 Local 值均处于 0.75 ~ 0.91 之间，表明局部模拟性能良好。

（3）影响因素作用程度的空间异质性分析。

解释变量系数随样本点的空间位置而变化，通过 GWR 模型输出解释变量系数空间分布图可揭示各影响因子在不同空间位置上作用程度的差异。

①全社会固定资产投资额。

表 3 - 7 揭示了全社会固定资产投资额对农地城市流转规模的影响程度在空间上的差异。31 个省份"固定资产投资额"因子的系数全部为正，数值在 0.2400 ~ 0.2926 之间。这表明全国范围内各省域的全社会固定资产投资额越高，农地城市流转规模就越大，且存在空间异质性：从水平方向上来看，西部省份全社会固定资产投资额对农地城市流

转规模的正向影响高于中部地区、中部地区又高于东部地区。这一特点
与东、西部省份在经济投资上的差异密切相关，从全社会固定资产投资
总额上看，东部地区经济发展水平较高，经济投入高且稳定，东部地区
省份的全社会固定资产投资额要高于西部地区；从投资结构上看，2014
年在东部地区省份的全社会固定资产投资额中，批发零售业、交通运输
业、仓储和邮政业、住宿和餐饮业、信息传输、软件和信息技术服务
业、金融业、租赁和商务服务业、科学研究和技术服务业的投资比重高
达37.85%，仅24.29%的部分用于建筑业和房地产业投资。相较而言，
西部地区的固定资产投资额中则有超过32.43%的部分用于建筑业和房
地产业投资。结合投资的边际效用递减规律、投资的结构以及我国国情
和经济发展的特点，西部省份城市建设起步较晚、发展水平较低，对于
全社会固定资产投资的敏感度更高。因此，相对于东部省份而言，西部
省份因全社会固定资产投资总额增加而引起的农地城市流转规模增幅更
为明显，该因子在西部省份对农地城市流转的正向拉动作用明显高于其
在东部地区的作用。

表3-7　　全社会固定资产投资额对农地城市流转规模影响的空间异质性

因子系数范围	省级行政区（因子系数值）
0.2400～0.2560	内蒙古（0.2512）、黑龙江（0.2435）、吉林（0.2465）、辽宁（0.2517）、河北（0.2526）、北京（0.2476）、天津（0.2492）、山东（0.2534）、江苏（0.2541）、安徽（0.2400）、上海（0.2425）、浙江（0.2560）、福建（0.2543）
0.2561～0.2773	甘肃（0.2616）、宁夏（0.2587）、陕西（0.2672）、山西（0.2679）、河南（0.2711）、湖北（0.2598）、重庆（0.2729）、贵州（0.2569）、湖南（0.2735）、江西（0.2716）、广西（0.2658）、广东（0.2773）、海南（0.2693）
0.2774～0.2926	新疆（0.2843）、西藏（0.2912）、青海（0.2795）、四川（0.2926）、云南（0.2876）

②年初耕地面积。

表 3-8 揭示了年初耕地面积对农地城市流转规模的影响程度在空间上的差异。31 个省份"年初耕地面积"因子的系数均为负，数值在 -0.4386 ~ -0.0828 之间，这表明全国范围内各省域年初耕地面积与农地城市流转规模呈负向相关性。年初耕地面积对农地城市流转规模的负向影响作用在中部省份表现得最为显著，并向东、西两个方向的省份递减。这一现象可以从近年来政府对农地城市流转愈加严格的管制中得到一定的解释。我国于 2011 年正式启动永久基本农田划定工作，并于同年 6 月发布了《全国主体功能区规划》，通过划分优化开发、重点开发、限制开发和禁止开发四类区域严控农地城市流转，避免城市规模的无序扩张。我国中部地区省份多为农业大省或国家粮食主产区，具有耕地资源丰富、耕地质量较高、农业生产总值占比大的特点，当地政府必须采取更为严格的措施控制耕地流转规模以确保当地农业的可持续发展，如河南省政府就曾于 2015 年 12 月专门出台《河南省人民政府关于进一步落实最严格耕地保护制度的若干意见》，以更好地落实最严格的耕地保

表 3-8   年初耕地面积对农地城市流转规模影响的空间异质性

因子系数范围	省级行政区（因子系数值）
-0.4386 ~ -0.3118	宁夏（-0.3827）、陕西（-0.3956）、山西（-0.4057）、河南（-0.3879）、湖北（-0.4386）、湖南（-0.4191）、江西（-0.3118）
-0.3119 ~ -0.2247	甘肃（-0.2657）、四川（-0.2873）、重庆（-0.3102）、贵州（-0.2715）、广西（-0.2491）、广东（-0.2826）、河北（-0.2247）、安徽（-0.3014）、福建（-0.2373）、海南（-0.2709）
-0.2248 ~ -0.1585	内蒙古（-0.1823）、青海（-0.1718）、云南（-0.2134）、黑龙江（-0.2067）、吉林（-0.1596）、辽宁（-0.1585）、北京（-0.1937）、天津（-0.1849）、山东（-0.1993）、江苏（-0.2063）、上海（-0.1792）、浙江（-0.2104）
-0.1586 ~ -0.0828	新疆（-0.1402）、西藏（-0.0828）

护制度。已有研究（魏倩倩，2016；曲福田等，2005）认为，年初耕地面积作为农地城市流转的自然供给因素，通常对其产生正向拉动作用，而本书通过 GWR 模型分析耕地面积因素在全国范围内对农地城市流转的影响程度发现，随着近年来永久性基本农田划定工作的持续推进，以及中央、地方政府对耕地资源保护力度的不断增强使得耕地资源丰度与农地城市流转规模之间并非正向关系，且其影响程度存在明显的空间异质。

③第三产业比重。

表 3-9 表明，31 个省份"第三产业比重"因子的系数均为负，数值在 -18.7348 ~ -1.7828 之间，这意味着各省份第三产业在产业结构中比重越高，农地城市流转规模越小。该因子对于农地城市流转规模的影响也呈现很明显的空间异质性，影响程度由我国东南部省份向西北部省份递减，即相比西北部省域，第三产业比重相同幅度的上升在东南部省份将会引起农地城市流转规模较大幅度的减小。我国东南部省份第三产业占比较高是我国近年来产业结构不断升级的重要体现，国民经济的重心向第二产业，进而向第三产业转移，产业结构不断优化升级。土地资源作为产业发展的基本要素，其利用结构必然会随产业结构的调整发生相应变化。我国现阶段的经济增长还处于依赖要素投入阶段，在工业用地利用模式相对粗放的背景下，产业结构升级势必能够减少对产业（建设）用地的需求，缓解农地城市流转压力。东南部省份作为我国产业调整升级的先驱，其加快产业结构升级、提高第三产业比重的趋势正在逐步改变依靠过度消耗资源换取增长的经济发展方式，对土地的需求逐渐降低，农地城市流转规模得到抑制。相比之下，西北地区由于其自然资源禀赋和社会经济发展特点，第一、第二产业占比仍居高不下，第三产业发展滞后，产业结构升级步伐缓慢，产业结构升级因子对农地城市流转规模的影响程度相对较弱。

表 3 - 9   第三产业比重对农地城市流转规模影响的空间异质性

因子系数范围	省级行政区（因子系数值）
- 18.7348 ~ - 12.8771	江苏（- 16.2367）、上海（- 13.6528）、浙江（- 12.8771）、江西（- 13.2361）、福建（- 18.7348）、广东（- 15.0908）、海南（- 17.3263）
- 12.8770 ~ - 9.5044	吉林（- 10.8925）、辽宁（- 9.6439）、河北（- 9.6326）、北京（- 11.8160）、天津（- 9.5044）、山东（- 12.0127）、山西（- 10.6721）、陕西（- 9.9108）、河南（- 10.7624）、安徽（- 10.5327）、重庆（- 11.6529）、湖北（- 10.2253）、湖南（- 9.7652）、贵州（- 10.7061）、广西（- 11.2673）
- 9.5043 ~ - 5.9543	黑龙江（- 8.2016）、内蒙古（- 6.8602）、甘肃（- 6.7642）、宁夏（- 6.7738）、四川（- 5.9543）、云南（- 7.6269）
- 5.9542 ~ - 1.7828	新疆（- 1.7828）、青海（- 3.6529）、西藏（- 4.7132）

④居民人均可支配收入。

表 3 - 10 表明，31 个省份居民人均可支配收入与农地城市流转规模间呈正向相关关系，即该省份人均可支配收入越高，农地城市流转规模越大，因子系数在 0.4103 ~ 1.6612 之间，差异较大。现有研究通常将居民人均可支配收入作为衡量经济发展水平的一项重要指标。根据《中国统计年鉴》的数据测算，我国居民人均年可支配收入在 2000 ~ 2015 年间增长了 5.92 倍。土地需求是一种引致需求，居民收入的大幅增加、经济发展水平的提高刺激了人们对各类建设用地的需求，必然导致更大规模的农用地向城市建设用地流转。由表 3 - 10 可知，居民人均可支配收入对于农地城市流转规模的影响呈现明显的空间异质性，影响程度由东南部向西北部省份递减。东南部沿海省份居民人均可支配收入对农地城市流转规模的影响程度均高于内陆省份。原因可能在于，东部沿海省份人均可支配收入相对较高，较高的消费水平使得居民更偏向于投资房地产，改善居住条件，或是购买交通代步工具，增加对交通用地的需求，因此东部沿海省份人均可支配收入对住宅用地和交通运输用地的增加有较大幅度的推动作用。

表 3 – 10　　　　居民人均可支配收入对农地城市流转规模影响的空间异质性

因子系数范围	省级行政区（因子系数值）
0.4103 ~ 0.8957	新疆（0.6289）、青海（0.5632）、甘肃（0.4103）、内蒙古（0.8957）、宁夏（0.8176）
0.8958 ~ 1.2878	西藏（0.8957）、四川（0.9231）、重庆（1.1782）、陕西（1.0976）、山西（1.1073）、河南（0.8972）、湖北（1.1525）、河北（1.1271）、北京（1.2878）、天津（1.2056）、吉林（1.1467）、黑龙江（1.1413）
1.2879 ~ 1.6612	辽宁（1.5628）、山东（1.5335）、江苏（1.6401）、安徽（1.4651）、上海（1.6612）、浙江（1.6552）、江西（1.4401）、福建（1.6204）、湖南（1.5201）、贵州（1.2903）、云南（1.3263）、广西（1.3518）、广东（1.6376）、海南（1.4916）

3.2.3　结论与讨论

3.2.3.1　主要结论

本书在揭示我国 31 个省（自治区、直辖市）农地城市流转规模在经度及纬度方向上的变化趋势的基础上，运用全域及局域自相关模型分析了我国农地城市流转规模的空间异质性，并进一步采用地理加权回归模型揭示了省域农地城市流转规模各影响因素作用程度的空间异质性，得到以下主要结论：

第一，31 个省（自治区、直辖市）的农地城市流转规模在经度及纬度方向上呈现不同变化趋势：在经度方向上，我国省域农地城市流转规模自西向东呈缓慢稳定上升趋势；在纬度方向上，农地城市流转规模则呈倒 U 形，即在我国中部省份达到最高值并分别向南北两个方向省份逐渐下降。

第二，全国范围内的省域农地城市流转规模呈现出一定程度的空间关联特征，且省域农地城市流转的局部自相关随区域而变化，呈现空间异质性，其中：我国东中部的山东、安徽、江苏、浙江、福建、湖北、江西省七个省份为农地城市流转的"热点"；以新疆、西藏为代表的西北部为农地城市流转的"冷点";我国东部向内陆过渡的河北、广东、广西、湖南、重庆所在区域呈"低—高关联";其余区域省份未呈现出显著的空间关联。

第三,省域农地城市流转规模受到诸多因素影响,且这些因素对农地城市流转的影响程度因空间位置不同而变化,具有空间异质性。全社会固定资产投资额、居民人均可支配收入及年初耕地面积、第三产业比重是影响省域农地城市流转规模的重要因素。从影响方向看,其中前两者为正向作用,后两者为负向作用;从影响程度看,全社会固定资产投资对省域农地城市流转规模的影响程度在全国范围内空间分布较均匀,空间异质性较小(系数在 0.2400 ~ 0.2926 之间),而年初耕地资源(系数在 -0.4386 ~ -0.0828 之间)、第三产业比重(系数在 -18.7348 ~ -1.7828 之间)和居民人均可支配收入(系数在 0.4103 ~ 1.6612 之间)对各省份农地城市流转规模的影响程度存在较大的空间异质性。

以上研究结果意味着,对农地城市流转规模的规划和管制应充分考虑空间异质性的特征,提高规划方案或管制措施的有效性和针对性。首先,土地利用总体规划是国家实行土地用途管制的基础,按照我国行政区划分为全国、省(自治区、直辖市)、市(地)、县(市)和乡(镇)五级,其中《全国土地利用总体规划纲要》的任务之一是明确全国各区域土地利用的主要方向,对省级土地开发利用进行调控和管理。鉴于我国相邻省份农地城市流转规模在全局上呈现空间集聚特征,在局部区域表现出差异性的空间关联,因此,在制定和实施全国土地利用总体规划的过程中,应着眼于区域整体治理的视角,明确区域性的规划目标和规划指标,进而通过差别化的指标约束和用途管制实现对不同区域内相关省份土地利用的合理规划与管理。其次,需采用差异性的、综合性的经济和政策调控措施控制农地城市流转规模。具体而言:应优化全社会固定资产投资规模以实现对不同区域内各省份农地城市流转规模的有效控制;继续坚持实施最为严格的耕地保护政策,严格控制各省份尤其是中部地区农业大省的农地城市流转规模;加快我国东南部省份的产业结构升级，通过合理优化产业结构降低农地城市流转压力；在确保经济快速发展的前提下，逐步转变原有的依靠过度消耗土地资源换取经济增长的发展方式。

3.2.3.2 讨论

由于数据获取的限制，本书仅在省域尺度上对一个特定年度内的农地城市流转规模及其影响因素作用程度的空间异质性进行了研究。在今后的研究中，应结合多个年份的面板数据在市域、县域、地块等多种尺度上展开研究，通过将时间和空间信息同时纳入模型实现对农地城市流转规模及其影响因素空间异质性的动态研究，以丰富该领域的研究成果。在传统地理加权回归模型的基础上加入时间效应的时空地理加权回归模型（GTWR），能够在时间和空间两个维度上对不同空间单元的参数变异进行捕捉，因此可作为一种可行的尝试。

3.3 农地城市流转效率及其影响因素分析

农地城市流转效率是农地资源转变为城市建设用地过程中土地资源配置状态及管理水平的综合体现。由于土地资源的有限性和土地用途改变的不可逆性，效率低下的农地城市流转将会带来土地资源利用的不可持续问题。农地城市流转的实际效率如何且受到哪些因素的影响以及如何对其进行优化，这一问题的解答对于提高农地城市流转效率，保护有限的农地资源具有重要的理论和现实意义。本书以西方经济学对效率的定义以及萨缪尔森基于对企业最优生产状态的界定所提出的效率的度量方法（Samuelson，1967）为基础，将农地城市流转过程模拟为"企业"生产过程，从而将"农地城市流转效率"定义为在外界各影响因素维持不变的情况下，将一定数量的农地资源（即投入）用于该"企业"生产而得到的以满足城市建设和产业发展需求为目的的城市建设用地（即产出）的效率。

现有研究从农地城市流转和经济增长的关系（Muth，1961）、碳排放（董捷等，2015；崔玮等，2016）等视角研究土地资源的配置效率；研究方法也不断演化和丰富，涉及 C‒D 生产函数模型（陈江龙和曲福田，2004）、边际效益模型（谭荣和曲福田，2006）、数据包络分析方法（DEA）和 Malmquist TFP 指数模型法（赵云泰，2011）、三阶段 DEA 与 Tobit 模型（黄珂，2015）等诸多方法。在土地资源的配置效率的影响因素方面，盖维亚和法夫尚（Gavian and Fafchamps，1996）、勒鲁与克里迪（Leroux and Creedy，2007）、钟海玥（2014）、李春林等（2014）的研究分别探讨了劳动力要素投入、土地制度、管理经营因素和代际因素、对风险和贴现率的认知度、不同空间尺度因子、邻域因子等因素对土地资源配置效率的影响。在上述研究的基础上，本书以河南省为例，运用数据包络分析法（DEA）和随机前沿分析法（SFA）对该省2005~2014 年间的农地城市流转效率进行测度并揭示其影响因素，继而借助 DEA 投影理论，提出该省农地城市流转效率的优化方案，最后给出相应的政策建议，力图为区域土地资源的优化配置提供理论依据，为区域农地城市流转的宏观调控、社会经济的可持续发展提供决策参考。

3.3.1　研究方法与数据来源

3.3.1.1　研究方法

（1）DEA 评价模型构建。

如前所述，农地城市流转可视作特殊的"企业"生产活动，因此本书借鉴萨缪尔森提出的效率计算思路，选取多投入和多产出指标的数据包络分析模型（data envelopment analysis，DEA）测度河南省及其下辖各城市的农地城市流转效率。本研究将查恩斯提出的 DEA‒C^2R 模型（Charnes et al.，1978）用于农地城市流转综合效率 CE 的分析，并将 DEA‒BC^2 模型用于分析其纯技术效率 PTE 和规模效率 SE。

①农地城市流转综合效率测度模型。

对农地城市流转区域进行决策单元细分，以 DMU_k $(k = 1, 2, \cdots, q)$ 表示第 k 个区域每年有 i 类农地发生流转，且流转后可得到 j 类城市建设用地。假设 (x_{ip}, y_{ip}) 为该区域农地城市流转 DMU_p 的农地投入与城市建设用地产出组合，得到下述评价 DMU_0 效率的 C^2R 初始模型：

$$
\begin{cases}
\max E_p = \dfrac{\sum\limits_{j=1}^{n} \mu_j Y_{jp}}{\sum\limits_{i=1}^{m} v_i X_{ip}} \\[4mm]
\text{s. t.} \quad \dfrac{\sum\limits_{j=1}^{n} \mu_j Y_{jk}}{\sum\limits_{i=1}^{m} v_i X_{ik}} \leqslant 1, \forall k, \ k = 1, 2, \cdots, q \\[4mm]
\mu_j \geqslant \varepsilon > 0 \quad \forall j, \ j = 1, 2, \cdots, n \\[2mm]
v_i \geqslant \varepsilon > 0 \quad \forall i, \ i = 1, 2, \cdots, m
\end{cases}
\tag{3-8}
$$

式中，X_{ik}、Y_{ik} 分别表示农地城市流转 DMU_k 的第 i 类农用地要素投入和第 j 类城市建设用地产出；v_i、μ_j 分别是第 i 类农用地要素投入权重和第 j 类城镇建设用地产出权重；E_p 是第 p 个农地城市流转 DMU 的效率值；ε 是非阿基米德无穷小量。经线性规划模型转换和对偶转换，得到其对偶模型如下：

$$
\begin{cases}
\min \lambda_p - \varepsilon \Big[\sum\limits_{i=1}^{n} S_i^- + \sum\limits_{i=1}^{n} S_j^+ \Big] \\[4mm]
\text{s. t.} \quad \lambda_p X_{ip} - \sum\limits_{k=1}^{q} \theta_k X_{ik} = S_i^- \\[4mm]
\sum\limits_{k=1}^{q} \theta_k Y_{jk} - Y_{jp} = S_i^+ \\[4mm]
\theta_k \geqslant 0, \ k = 1, 2, \cdots, q \\[2mm]
S_i^- \geqslant 0, \ i = 1, 2, \cdots, m \\[2mm]
S_j^+ \geqslant 0, \ j = 1, 2, \cdots, n
\end{cases}
\tag{3-9}
$$

式中 S_i^-、S_j^+ 是投入指标的松弛变量；λ_p 是第 p 个农地城市流转 DMU 的乘数；θ_k 是第 k 个 DMU 的参考集权重。

②农地城市流转纯技术效率及规模效率测度模型。

用 $\mathrm{DMU}_j(j=1, 2, \cdots, n)$ 表示农地城市流转区域的决策单元划分；第 j 个地区每年有 m 类农地进行了农地城市流转，且流转后获得 s 类城市建设用地。设有 $n+1$ 个地区进行了农地城市流转，$X_j=(x_{1j}, x_{2j}, \cdots, x_{mj})^T$ 是第 j 个区域农用地资源的投入向量，$Y_j=(y_{1j}, y_{2j}, \cdots, y_{mj})^T$ 是第 j 个区域城市建设用地产出向量，$X_j>0$，$Y_j>0$，$j=0, 1, \cdots, n$，则评价该地区 DMU_0 的 BC^2 初始模型为：

$$P_{BC^2}\begin{cases} \max\mu^T Y_0 + \mu_0 \\ \text{s. t.}\begin{cases} w^T X_j - \mu^T Y_j - \mu_0 \geqslant 0, j=0, 1, \cdots, n \\ w^T X_0 = 1 \\ \mu \geqslant 0, w \geqslant 0, \mu_0 \in \forall \end{cases}\end{cases} \quad (3-10)$$

式中，$\mu=(\mu_1, \mu_2, \cdots, \mu_s)^T$ 是该区域城市建设用地产出的权重向量；$w=(w_1, w_2, \cdots, w_s)^T$ 是该区域农地资源投入的权重向量。其对偶规划为：

$$D_{BC^2}\,\text{s. t.}\begin{cases} \min\theta \\ \sum_{j=0}^{n} X_j\lambda_j \leqslant \theta X_0 \\ \sum_{j=0}^{n} Y_j\lambda_j \geqslant Y \\ \sum_{j=0}^{n} \lambda_j = 1 \\ \lambda_j \geqslant 0, j=0, 1, \cdots, n \end{cases} \quad \text{s. t.}\begin{cases} \min\theta \\ \sum_{j=0}^{n} X_j\lambda_j + S^- \leqslant \theta X_0 \\ \sum_{j=1}^{n} Y_j\lambda_j - S^+ \geqslant Y_0 \\ \sum_{j=0}^{n} \lambda_j = 1 \\ S^-, S^+, \lambda_j \geqslant 0, j=0, 1, \cdots, n \end{cases}$$

$$(3-11)$$

式中 S_i^-、S_j^+ 是投入指标的松弛变量；λ_j 是第 j 个农地城市流转 DMU 的乘数；θ 是农地城市流转 DMU 的效率值。若式中最优解 $\theta=1$，且每一个最优值均满足 $S_i^- = 0$，$S_j^+ = 0$，则说明该 DMU 有效；如果 $\theta = 1$，$S_i^- > 0$，$S_j^+ > 0$，则称该 DMU 弱有效；如果 $\theta < 1$，则称该 DMU 无效；当 $\sum\limits_{}^{n} \lambda_j = 1$ 时，该 DMU 为技术有效，反之无效。

BC^2 模型在 C^{2}R 模型的基础上增加了约束条件 $\sum\limits_{}^{n} \lambda_j = 1$，此时生产可能集转换为：

$$T_P = \left\{ (X, Y) \mid \sum_{j=1}^{n} X_j \lambda_j \leqslant X, \ \sum_{j=1}^{n} Y_j \lambda_j \leqslant Y, \ \sum_{j=1}^{n} \lambda_j = 1, \ \lambda_j \geqslant 1, 2, \cdots, n \right\}$$

$$(3-12)$$

C^{2}R 模型测算的是农地城市流转的综合效率 CE，BC^2 模型测算的是其纯技术效率 PTE，则其规模效率 SE 可以表示为：

$$SE = \frac{CE}{PTE} \qquad (3-13)$$

其中 $SE \in (0, 1]$。当 $SE = 1$ 时，表明农地城市流转的纯技术效率无效导致了其综合效率损失；当 $SE < 1$ 时，则表明农地城市流转纯技术效率和规模效率无效一同造成其综合效率损失（Charnes，1978；张雄，2013）。

（2）SFA 分析模型构建。

农地城市流转过程的主要组合要素投入包括资本要素投入、劳动力要素投入和资源要素投入；产出可用区域第二、第三产业国内生产总值表示。基于研究需要和数据的可得性，选取如表 3-11 所示的农地城市流转效率影响因素纳入分析。

表 3-11　　　　　农地城市流转效率影响因素相关变量定义

符号	变量	变量释义
Y	区域农地城市流转产出	区域第二、第三产业 GDP 值（$\times 10^8$ 元）
K	区域农地城市流转资本要素投入	区域全社会固定资产投资额（$\times 10^8$ 元）

符号	变量	变量释义
L	区域农地城市流转劳动力要素投入	区域第二、第三产业从业人数（$\times 10^4$ 人）
UI	区域农地城市流转资源要素投入	区域年度耕地减少面积（公顷）
ALP	人均耕地面积	区域耕地总面积与区域总人口之比（公顷/人）
GP	人均 GDP	区域国内生产总值与区域总人口之比（元）
UR	人口城镇化率	区域城镇人口数与区域总人口之比（%）
LCR	土地利用比较利益	区域单位面积耕地的农业总产值与单位面积城镇建设用地的第二、第三产业总产值之比（%）
ISU	区域产业结构	区域第三产业产值与区域第二产业产值之比（%）

本研究采用随机前沿分析法（SFA）分析农地城市流转效率的影响因素。现有研究采用的 SFA 生产函数形式多为柯布—道格拉斯生产函数或超越对数生产函数。相较而言，后者是一种易估计和包容性很强的变弹性生产函数模型，能够更好地研究生产函数投入要素的影响及它们之间的相互影响，且可以看作是多种生产函数模型的近似，理论上具有明显的优越性，因此本研究选取该模型研究农地城市流转效率的影响因素，模型构建如下：

$$\ln(Y_{it}) = \beta_0 + \beta_1 \ln K_{it} + \beta_2 \ln L_{it} + \beta_3 \ln UI_{it} + \beta_4 \ln(K_{it})^2 + \beta_5 \ln(L_{it})^2$$
$$+ \beta_6 \ln(UI_{it})^2 + \beta_7 \ln(K_{it})\ln(L_{it}) + \beta_8 \ln(K_{it})\ln(UI_{it})$$
$$+ \beta_9 \ln(L_{it})\ln(UI_{it}) + (V_{it} - U_{it}) \qquad (3-14)$$

$$m_{it} = \delta_0 + \delta_1 ALP + \delta_2 GP + \delta_3 UR + \delta_4 LCR + \delta_5 ISU + \varepsilon_{it} \qquad (3-15)$$

式（3-14）中，Y 为研究区域农地城市流转产出；β_0，…，β_9 为弹性函数，即待估参数；K、L、UI 分别为资本要素、劳动力要素、资源要素投入。式（3-15）是对农地城市流转效率影响因素的进一步分解，包括区域人均耕地面积（ALP）、人均 GDP（GP）、人口城镇化率

（*UR*）、土地利用比较效益（*LCR*）和区域产业结构升级（*ISU*）；m_{it}为可能影响区域农地城市流转效率各影响因素的向量组合；δ_0，…，δ_5为可能的农地城市流转效率各影响因素待估参数；ε_{it}代表随机扰动项。

（3）DEA 投影分析方法。

DEA 的原理是以投入和产出数据构造出生产可能集的生产前沿面，根据 C^2R 模型的相对有效性准则观察决策单元的"投入""产出"观测值，若观测值落在生产前沿面上，则可判定其为 DEA 有效，否则为 DEA 无效。即若最优值 $\theta_k = 1$，且每一个最优解 S_i^-、S_j^+、λ_p、θ_k 都满足 $S_i^- = 0$，$S_j^+ = 0$，则说明该农地城市流转 DMU 为 DEA 综合效率有效；若仅 $\theta_k = 1$，而 $S_i^- \neq 0$，$S_j^+ \neq 0$，则称 DEA 弱有效；若 $\theta_k < 1$，则称 DEA 无效。当出现 DEA 无效情形时，可运用 DEA 投影分析测算出 DEA 无效的决策单元的投入产出与其理想值的差距，对其投入或产出要素进行调整，从而得到研究区域农地城市流转效率的优化方案。具体方法为：设 $\hat{x}_0 = \hat{\theta}_0 x_0 - S_1^{0-}$，$\hat{y}_0 = y_0 + S_1^{0+}$，其中：$\theta_0$、$S_1^{0-}$、$S_1^{0+}$ 是决策单元 k 对应的线性规划最优解，$(\hat{x}, \hat{y})$ 是 DMU_k 对应的 (x_0, y_0) 在数据包络分析有效前沿面上的投影，它被视为 DEA 有效。

3.3.1.2 研究区域与数据来源

河南省位于我国中部，黄河中下游，全省总人口约 1.0662×10^8 人，土地总面积 16.70×10^4 平方公里，占全国土地总面积的 1.74%，位居全国各省（自治区、直辖市）的第 17 位。该省现辖 17 个地级市、1 个省直辖县级行政单位、52 个市辖区、20 个县级市，分为豫中（郑州、许昌、漯河）、豫北（安阳、鹤壁、新乡、焦作、濮阳、济源）、豫南（南阳、信阳、驻马店）、豫东（开封、商丘、周口）、豫西（平顶山、洛阳、三门峡）五个地理综合区。该省是我国传统的农业大省和粮食生产核心区，其人口、农业、粮食转化加工、劳动力输出占比均居全国第一位，同时资源和经济总量也在全国居于重要地位。2005~2014 年，河南省城市人口年均增加 127.1×10^4 人，城镇化率年均增长 1.45%，城市建设用地需求旺盛，农地城市流转形势严峻。

对于河南省农地城市流转效率测度，本书所使用的投入要素指标数据和产出要素中的区域第二、第三产业总产值指标数据来源于《中国统计年鉴》（2006～2015）、《河南统计年鉴》（2006～2015），产出要素中的期末新增建设用地供应总量指标数据来源于《中国国土资源年鉴》（2006～2015）。此外，对于农地城市流转影响因素的分析，各指标数据均来自《河南统计年鉴》（2005～2014）或由《河南统计年鉴》（2005～2014）统计数据计算得到。

3.3.2 结果与分析

3.3.2.1 河南省农地城市流转效率

运用 DEAP2.1 对 2005～2014 年间河南省全省、各区域及下辖 18 个城市的农地城市流转纯技术效率、规模效率和综合效率值进行测算，得到下述结果。

（1）纯技术效率。

河南省总体的农地城市流转纯技术效率在 2005～2014 年始终保持最优状态。从区域看，豫中、豫北、豫西区域虽有小幅波动，但基本处于效率较高或一般状态（保持在 0.56～0.99 之间）；豫东、豫南的农地城市流转纯技术效率波动较大，且大多处于效率较低状态（＜0.55）。从各城市来看，郑州和济源的农地城市流转纯技术效率一直保持最优状态（效率值为 1），而其他城市均呈波动状态。总体而言，鹤壁、新乡、焦作、洛阳、平顶山的效率值基本上都在 0.56～0.99 之间，达到了效率较高状态，其他城市的效率值多低于 0.55，仍处于效率一般状态或效率较低状态（见表 3－12）。

表 3 - 12　　　　2005～2014 年河南省及其各城市农地城市流转纯技术效率值

地区		2005 年	2006 年	2007 年	2008 年	2009 年	2010 年	2011 年	2012 年	2013 年	2014 年
河南省		1.000	1.000	1.000	1.000	1.000	1.000	1.000	1.000	1.000	1.000
豫中	郑州	1.000	1.000	1.000	1.000	1.000	1.000	1.000	1.000	1.000	1.000
	许昌	1.000	0.782	0.324	0.702	0.745	0.763	0.359	0.391	0.686	0.634
	漯河	0.530	0.382	0.892	0.805	0.894	0.633	0.581	1.000	0.740	0.761
豫北	安阳	0.645	0.474	1.000	1.000	1.000	0.541	0.863	0.635	0.633	0.543
	鹤壁	1.000	0.439	1.000	1.000	1.000	1.000	0.952	0.751	0.898	1.000
	新乡	0.232	0.384	0.677	0.749	0.851	1.000	1.000	0.542	0.943	0.754
	焦作	1.000	0.721	0.692	0.699	1.000	1.000	0.619	0.860	0.925	1.000
	濮阳	0.822	0.474	1.000	1.0000	1.000	0.854	0.570	0.523	0.647	0.705
	济源	1.000	1.000	1.000	1.000	1.000	1.000	1.000	1.000	1.000	1.000
豫南	南阳	0.344	0.452	0.634	1.000	0.594	0.270	0.463	0.357	0.232	0.319
	信阳	0.226	0.644	0.937	0.500	0.346	0.243	0.563	0.245	0.259	0.233
	驻马店	1.000	0.397	0.616	0.284	0.905	1.000	0.203	0.244	0.331	0.234
豫东	开封	0.215	0.223	0.390	0.763	0.598	0.994	0.382	0.404	0.366	0.231
	商丘	0.232	1.000	0.326	0.315	0.919	0.421	0.999	0.984	0.275	0.215
	周口	0.328	1.000	0.282	0.983	0.703	0.206	0.224	0.237	0.213	0.232
豫西	平顶山	0.899	1.000	1.000	1.000	0.810	0.826	1.000	1.000	1.000	1.000
	洛阳	1.000	0.783	0.927	0.741	1.000	1.000	1.000	1.000	1.000	1.000
	三门峡	0.450	0.481	0.512	0.793	0.972	1.000	0.688	0.638	0.978	0.895

注：效率值在 0～0.55 之间为效率低下，在 0.56～0.85 之间为效率一般，在 0.86～0.99 之间为效率较高；效率值为 1 时为效率最优状态。

　　对 2005～2014 年间河南省各区域的情况做进一步分析（见图 3 - 4），区域间农地城市流转纯技术效率存在较大差异。豫西纯技术效率均值基本上保持在较高状态且稳中有升，仅在 2011 年、2012 年小幅下降。豫北、豫中地区在 2009 年分别达到各自区域的最高值 0.975 和 0.880 后开始逐年下降，但在 2013 年和 2014 年又都有所回升，效率值恢复至一般状态。豫东和豫南地区各城市农地城市流转纯技术效率总体处于较低

状态，且在波动中呈下降趋势。各区域中，变动幅度最大和最小的区域
分别是豫东（0.515）和豫西（0.238）。

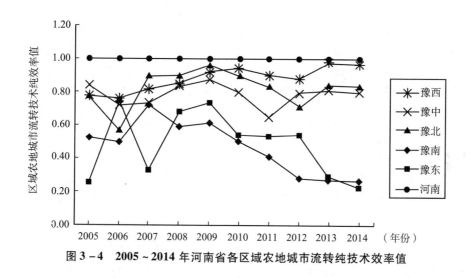

图3－4   2005～2014年河南省各区域农地城市流转纯技术效率值

对各城市进行横向比较可知（见图3－5），2005～2014年河南省18
个主要城市中农地城市流转纯技术效率处于最优状态的城市个数每年保
持在6个左右，在2010年达到最多，增长至8个；农地城市流转纯技
术效率较高状态的城市数量总体上较少，仅在2009年和2013年达到4
个，其余年份都在2个左右，2006年为0个；农地城市流转纯技术效率
较高状态的城市数量总体上呈先上升后下降的趋势，在2008年达到最
多，城市个数为7个；农地城市流转纯技术效率较低状态的城市数量占
城市总数的比重较大，2006年达到最多，城市数量为9个，虽在随后几
年有所下降，但是2012年又有大幅度增加。从整体看，2005～2014年
河南省18个主要城市的农地城市流转纯技术效率最优状态和效率低下
状态的城市数量基本持平，这说明虽然一部分城市的农地城市流转纯技
术效率有一定的进步，甚至达到了最优水平，但是大部分城市仍处于效
率一般甚至效率低下状态。

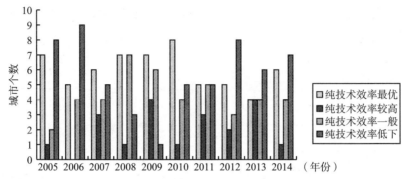

图 3-5　2005～2014 年河南省农地城市流转纯技术效率的城市个数统计

（2）规模效率。

河南省全省整体上农地城市流转规模效率在近几年呈现逐年下降的趋势，从 2009 年的最高值 0.658 下降为 2014 年的 0.402，下降幅度达到 38.91%。从区域上看，豫中和豫北地区的农地城市流转规模效率均值虽在 2006 年以后有所上升，但是又分别在 2011 年和 2010 年后又开始逐年下降，其中豫中地区的下降幅度为 0.171，豫北地区的下降幅度为 0.161；豫南地区的农地城市流转规模效率值均值在 2007～2008 年间大幅上升，之后基本稳定在规模效率较高状态；豫东和豫西地区的农地城市流转规模效率均值在 2005～2014 年间均有所波动，且在近几年整体上呈缓慢下降趋势（见表 3-13、图 3-6）。

表 3-13　　　　2005～2014 年河南省及其各城市农地城市

流转规模效率值及规模变化

地区		2005 年	2006 年	2007 年	2008 年	2009 年	2010 年	2011 年	2012 年	2013 年	2014 年
河南省		0.410*	0.337*	0.403*	0.625*	0.658*	0.541*	0.488*	0.443*	0.448*	0.402*
豫中	郑州	1.000⁻	1.000⁻	1.000⁻	1.000⁻	1.000*	1.000⁻	1.000⁻	1.000⁻	1.000⁻	1.000⁻
	许昌	1.000⁻	0.750*	0.789*	1.000⁻	0.976*	0.932*	0.995*	0.875*	0.951**	0.845*
	漯河	0.920**	0.733*	0.904*	0.893**	0.934**	0.963**	0.999*	0.949*	0.700*	0.637*

续表

地区		2005 年	2006 年	2007 年	2008 年	2009 年	2010 年	2011 年	2012 年	2013 年	2014 年
豫北	安阳	0.999 −	0.615 *	0.731 *	1.000 −	0.875 *	0.997 **	0.998 *	0.977 *	0.981 *	0.959 *
	鹤壁	1.000 −	0.997 **	1.000 −	1.000 −	1.000 −	1.000 −	0.788 *	0.590 *	0.689 **	0.798 **
	新乡	0.907 **	0.698 *	0.622 *	0.981 *	0.972 *	1.000 −	1.000 −	0.983 *	0.941 *	0.961 *
	焦作	1.000 −	0.708 *	0.838 *	0.986 *	1.000 −	0.994 *	0.986 **	0.972 *	0.962 *	1.000 −
	濮阳	0.892 *	0.690 *	0.954 *	1.000 −	1.000 −	0.938 **	0.868 *	0.790 *	0.851 *	0.641 *
	济源	1.000 −	1.000 −	1.000 −	1.000 −	1.000 −	1.000 −	1.000 −	0.694 *	0.608 *	0.604 *
豫南	南阳	0.838 *	0.553 *	0.593 *	0.778 *	0.772 *	0.957 *	0.835 *	0.923 *	0.927 **	0.982 **
	信阳	0.947 **	0.406 *	0.774 *	0.996 *	0.992 *	0.937 *	0.835 *	0.893 **	0.705 *	0.821 **
	驻马店	0.992 *	0.912 *	0.425 *	0.998 *	0.843 *	0.760 *	0.997 **	0.930 *	0.969 **	0.938 *
豫东	开封	0.920 **	0.895 *	0.904 *	0.999 **	0.966 *	0.767 *	0.778 *	0.822 *	0.939 **	0.837 *
	商丘	0.932 *	1.000 −	0.871 *	0.999 *	0.708 *	0.977 *	0.872 *	0.610 *	0.921 **	0.828 *
	周口	0.930 *	1.000 −	0.758 *	0.755 *	0.750 *	0.976 *	0.883 *	0.990 *	0.905 *	0.896 *
豫西	平顶山	0.991 **	0.868 *	0.823 *	1.000 −	0.935 *	0.956 *	1.000 −	1.000 −	1.000 −	1.000 −
	洛阳	1.000 −	0.587 *	0.617 *	0.949 *	0.952 *	1.000 −	0.989 *	0.998 *	1.000 −	1.000 −
	三门峡	0.836 **	0.787 *	0.862 *	0.998 **	0.983 *	1.000 −	0.999 *	0.852 *	0.652 *	0.668 **

注：* 表示规模递减，** 表示规模递增，− 表示规模报酬不变。效率值在 0～0.55 之间为效率低下，在 0.56～0.85 之间为效率一般，在 0.86～0.99 之间为效率较高；效率值为 1 时为效率最优状态。

从各城市的情况看（见表 3 - 13、图 3 - 7），除信阳、驻马店两个城市分别在 2006 年和 2007 年出现了规模效率低下的情况外，其他城市十年间的规模效率均为一般及以上。2005 年河南省各城市农地城市流转规模效率水平较高，其中达到最优状态的城市有 6 个，其余 12 个城市全都处于效率较高状态，其中有 6 个城市呈规模效率递增趋势，5 个城市呈规模效率递减趋势。2006 年和 2007 年，河南省农地城市流转规模效率出现下降趋势，具体表现为规模效率最优和较高状态的城市分别减少 5 个以下，规模效率一般的城市增长为 9 个，并且开始出现规模效率低下的城市，在 18 个城市中规模效率递减的城市增长为 14 个之多，

2006 年仅有一个城市呈现规模效率递增趋势，2007 年甚至没有城市呈现规模效率递增趋势。2008 年，河南省各城市的农地城市流转规模效率有所回升，大部分城市都处于规模效率较高或最优状态，其余城市也都处于规模效率一般状态，但在 2009 年规模效率递增的城市仅为 1 个，而规模效率递减的城市多达 13 个，之后规模效率递减趋势的城市虽有所减少，但相对于规模效率递增的城市个数仍然较少，在 2014 年规模效率递减的城市达到了 10 个，仅有 4 个城市呈现规模效率递增的趋势。

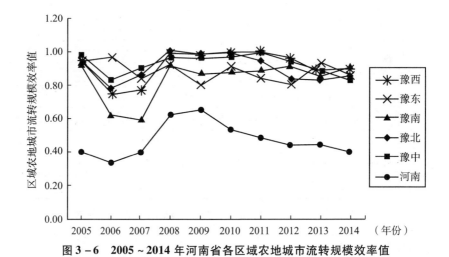

图 3 - 6　2005 ~ 2014 年河南省各区域农地城市流转规模效率值

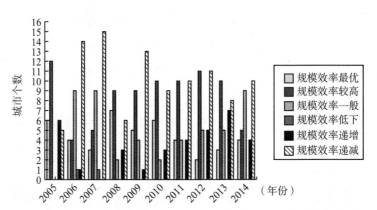

图 3 - 7　2005 ~ 2014 年河南省农地城市流转规模效率的城市个数统计

近年来，随着河南省城市化、工业化推进速度加快，河南省农地城市流转规模效率出现下降趋势，规模效率递减的城市个数陡增。但是随着农地资源大量流失，国家开始加强管控以保护农地资源，限制城市无序扩张。2011 年，我国正式启动了永久基本农田划定工作，并于同年 6 月，又发布了《全国主体功能区规划》，将我国国土空间划分为优化开发、重点开发、限制开发和禁止开发四类，这实际上明确了禁止、限制、允许农地城市流转的区域，从而在空间上有效地限制了农地城市流转的规模，避免了城市规模的无序扩张。2012 年，我国《关于严格土地利用总体规划实施管理的通知》要求落实建设用地管制边界和管制区域，避免城镇建设用地无序蔓延。2014 年，《关于进一步做好永久基本农田划定工作的通知》要求进一步做好永久基本农田划定工作，结合划定城市开发边界、生态保护红线，科学控制城镇规模，推进耕地保护和节约集约用地。以上政策的出台对农地城市流转起到了约束作用，限制其规模不断扩大，因此在一定程度上也对河南省及各城市的农地城市流转的规模效率产生了积极的影响。

（3）综合效率。

河南省全省的农地城市流转综合效率在 2005～2014 年间呈先上升后下降的趋势，除 2008 年、2009 年处于效率一般状态外，其余年份都处于效率低下的状态，河南省农地城市流转综合效率的最高值出现在 2009 年，但也仅为 0.658（见表 3－14）。

表 3－14　　　2005～2014 年河南省及其所辖各城市农地城市流转综合效率值

地区		2005 年	2006 年	2007 年	2008 年	2009 年	2010 年	2011 年	2012 年	2013 年	2014 年
河南省		0.410	0.337	0.403	0.625	0.658	0.541	0.488	0.443	0.448	0.402
豫中	郑州	1.000	1.000	1.000	1.000	1.000	1.000	1.000	1.000	1.000	1.000
	许昌	1.000	0.586	0.256	0.702	0.728	0.711	0.358	0.342	0.652	0.535
	漯河	0.487	0.280	0.807	0.719	0.834	0.609	0.581	0.949	0.518	0.485

地区		2005 年	2006 年	2007 年	2008 年	2009 年	2010 年	2011 年	2012 年	2013 年	2014 年
豫北	安阳	0.645	0.292	0.731	1.000	0.875	0.539	0.862	0.620	0.621	0.521
	鹤壁	1.000	0.437	1.000	1.000	1.000	1.000	0.750	0.444	0.619	0.798
	新乡	0.210	0.268	0.421	0.735	0.827	1.000	1.000	0.533	0.888	0.724
	焦作	1.000	0.511	0.580	0.689	1.000	0.994	0.610	0.836	0.889	1.000
	濮阳	0.733	0.327	0.954	1.000	1.000	0.800	0.495	0.413	0.551	0.452
	济源	1.000	1.000	1.000	1.000	1.000	1.000	1.000	0.694	0.608	0.604
豫南	南阳	0.288	0.250	0.376	0.778	0.458	0.258	0.386	0.330	0.215	0.314
	信阳	0.214	0.261	0.726	0.498	0.343	0.228	0.470	0.218	0.182	0.191
	驻马店	0.992	0.362	0.262	0.284	0.762	0.760	0.203	0.227	0.321	0.220
豫东	开封	0.198	0.200	0.353	0.763	0.578	0.762	0.297	0.332	0.344	0.194
	商丘	0.216	1.000	0.284	0.315	0.651	0.411	0.871	0.600	0.253	0.178
	周口	0.305	1.000	0.214	0.742	0.527	0.201	0.198	0.235	0.192	0.208
豫西	平顶山	0.891	0.868	0.823	1.000	0.757	0.790	1.000	1.000	1.000	1.000
	洛阳	1.000	0.460	0.572	0.703	0.952	1.000	0.989	0.998	1.000	1.000
	三门峡	0.376	0.378	0.442	0.792	0.955	1.000	0.687	0.544	0.637	0.597

注：效率值在 0～0.55 之间为效率低下，在 0.56～0.85 之间为效率一般，在 0.86～0.99 之间为效率较高，效率值为 1 时为效率最优状态。

从区域情况来看，豫西、豫中和豫北 3 个区域的综合效率均值总体水平较高，基本上处于效率一般或效率较高状态，其中豫西地区在 2008 年有大幅增长之后的每年基本上都保持在效率较高的状态，波动幅度相对较小。相较而言，豫中和豫北地区的农地城市流转综合效率均值波动幅度较大，均在 2009 年达到峰值（分别为 0.854、0.950）后出现下降趋势（分别降至 2014 年的 0.673、0.683）。豫南和豫东的农地城市流转综合效率处于较低水平，且从 2009 年之后有下降趋势，豫东地区的农地城市流转综合效率均值仅在 2006 年和 2008 年达到效率一般状态，其余年份都处于效率低下状态，而豫南地区则一直处于效率低下状态（见图 3-8）。

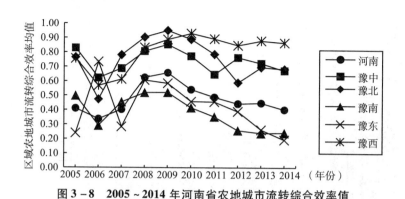

图 3-8　2005～2014 年河南省农地城市流转综合效率值

横向比较可知，各城市 2005～2014 年间的农地城市流转综合效率水平总体较低，综合效率一般和低下的城市基本占半数以上。其中 2006 年，综合效率低下的城市个数最多，达到 12 个，虽然 2009 年综合效率低下的城市数量降至 3 个，但从 2010 年又转而增加，至 2014 年又增至 10 个。总体情况不容乐观（见表 3-14、图 3-9）。

综合河南省全省、各区域及其下辖 18 个城市的农地城市流转纯技术效率和规模效率对其综合效率进行分析发现，2005～2014 年间，河南省的农地城市流转纯技术效率值有多个城市连续几年达到了最优状态，并且从整体上来看呈小幅上升状态。但河南省的农地城市流转综合效率值从总体来看近几年呈下降趋势，并且大多数城市处于效率一般的水平，这与河南省农地城市流转规模效率的变化基本吻合，说明规模效率无效是导致其综合效率低下的主要原因。数据显示，2005～2014 年间，河南省每年的新增建设用地面积不断扩大，2014 年年末的新增建设用地面积已达到 11504.09 公顷，是 2005 年末该指标的 6.78 倍，这在一定程度上反映了农地城市流转规模的无序和不合理扩大对其综合效率的不利影响。

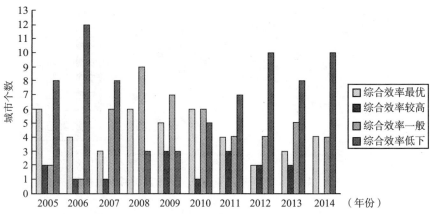

图 3 - 9　2005~2014 年河南省农地城市流转综合效率的城市个数统计

3.3.2.2　河南省农地城市流转的影响因素

运用 FRONTIER4.1 运算得到表 3 - 15 所示结果。超越对数生产函数模型中 $\lambda = 0.9398$，在 $\alpha = 0.01$ 的水平下显著，且模型的最大似然比检验通过，说明该模型有效。整体而言，该模型拟合度较为理想，大多数参数估计均在 $\alpha = 0.01$ 和 $\alpha = 0.05$ 的水平下显著。

表 3 - 15　　　　　　　　　　模型参数估计结果

变量参数	参数估计	标准差	T 统计量	变量参数	参数估计	标准差	T 统计量
β_0	2.9402	1.4917	1.9771 ***	β_9	0.4594	0.0231	1.9901 **
β_1	0.4427	0.1604	2.7630 ***	δ_0	1.2893	0.3784	3.4132 ***
β_2	3.4566	0.5446	6.3512 ***	δ_1	- 0.7870	0.2365	- 3.3321
β_3	0.0618	0.0914	0.6843 **	δ_2	0.2123	0.0366	2.2180 ***
β_4	0.1155	0.3555	0.0917 *	δ_3	- 0.2101	0.0038	- 3.1400 **
β_5	- 1.7744	0.6248	- 0.0132	δ_4	0.9012	2.2891	0.3926 **
β_6	0.0028	0.0055	0.5145 **	δ_5	0.0173	0.0893	1.9880 *
β_7	- 1.6669	0.6991	- 0.0756	λ	0.9398	0.0048	613.2017 ***
β_8	- 0.2557	0.0134	- 1.9098 **				
LR test of the one-sided error = 32.9618							

注：* 、** 、*** 分别表示在 10%、5%、1% 水平下显著；LR 服从单边卡方分布。

从参数估计来看，参数 β_5 和 β_7 值为负，且不显著，β_5 代表的是投入要素中的第二、第三产业劳动力人数的二次方，β_7 代表的是全社会固定投资额和第二、第三产业劳动力人数的乘积，该结果为负数的原因可能是统计年鉴中没有将第二、第三产业的临时从业人数剔除，所以造成劳动力投入相对过多。对影响因素的分析结果表明，除人均耕地面积外，其他四个因素均对农地城市流转效率影响因素有显著影响。从作用方向看，人均 GDP、土地利用比较效益和区域产业结构升级三个因素对农地城市流转效率具有正向作用，人口城镇化率则对农地城市流转效率产生负向作用。从作用强度看，以上四个因素对农地城市流转效率影响的程度由强至弱依次为人口城镇化率、人均 GDP、区域产业结构升级、土地利用比较效益。具体分析如下：

人均 GDP 是一个地区经济发展程度的体现，该因素在 $\alpha = 0.01$ 的水平下显著，且与农地城市流转效率呈正相关关系。人均 GDP 每增加 1 个单位，农地城市流转效率增加 0.2%。

人口城镇化率在 $\alpha = 0.05$ 的水平下显著，且参数估计为负值。城市人口的增加是刺激城市用地需求增加的重要因素之一。近年来，河南省积极推进城镇化发展，大量农村劳动力向城市流动，但人口城镇化与土地城镇化的非均衡发展却导致农地城市流转效率下降。研究表明，当人口城镇化率增长 1% 时，将会导致农地城市流转效率下降 0.2%。

土地利用比较效益也在 $\alpha = 0.05$ 的水平下显著，且该因素对农地城市流转有正向影响。土地利用比较效益反映了农地和城市建设用地利用效益的差距。农地城市流转过度的一个重要原因就是农用地收益低于城市建设用地收益，因此，以土地利用比较效益的提升在一定程度上能够限制农地向城市建设用地过度流转。提高土地利用比较效益有利于控制农地城市流转规模和速度，进而提高农地城市流转效率。研究表明该因素每提升 1%，农地城市流转效率相应提高 0.9%。

区域产业结构升级在 $\alpha = 0.1$ 的水平下显著，且参数估计为正值。一般而言，第二产业的用地效率低于第三产业，所以产业结构升级有利于提高农地城市流转效率。近年来，河南省大力推进产业结构调整，产业转型升级取得明显成效，农业基础地位不断加强，第二、第三产业比重逐年提升，但是全省产业结构仍然存在不合理之处，有待于进一步优化升级。研究表明，区域产业结构优化1%，农地城市流转效率提升0.0173%。

3.3.2.3 河南省农地城市流转效率的优化

以上研究结果显示，河南省及其18个主要城市在2005～2014年间的大部分年份的农地城市流转综合效率为非DEA有效。对于农地城市流转而言，投入优化主要通过调整导致非DEA有效的每年期末耕地减少面积实现，产出优化则通过调整导致非DEA有效的期末新增建设用地供应面积实现。由于实际操作中，每年的新增建设用地有年度建设用地计划指标控制。因此，本研究主要从投入要素的角度进行效率优化。运用DEAP2.1测算，可得到农地城市流转效率优化后的河南省全省及18个主要城市2005～2014年间耕地投入应调整（减少）比例，如表3-16所示。

表3-16　　　　河南省及其各城市农地城市流转效率

优化耕地投入减少比例　　　　　　　　单位：%

地区		2005年	2006年	2007年	2008年	2009年	2010年	2011年	2012年	2013年	2014年
河南省		59.03	66.31	59.70	37.51	34.18	45.88	51.17	55.68	55.16	59.81
豫中	郑州	—	—	—	—	—	—	—	—	—	—
	许昌	—	41.33	74.41	29.71	27.26	28.93	64.21	65.75	34.77	46.44
	漯河	51.39	72.00	19.50	28.00	16.47	39.13	41.88	5.38	48.11	51.61
豫北	安阳	35.55	70.82	27.00	—	12.56	46.10	13.90	37.86	38.00	47.84
	鹤壁	—	56.33	—	—	—	25.06	55.69	38.12	20.24	
	新乡	78.99	73.17	57.92	26.56	17.20	—	46.72	11.00	27.50	
	焦作	—	48.90	42.00	31.04	—	0.58	39.00	16.41	11.00	—
	濮阳	26.67	67.29	4.50	—	—	20.00	50.61	58.72	44.86	55.00
	济源	—	—	—	—	—	—	—	30.63	39.21	39.76
豫南	南阳	71.19	75.00	62.42	22.35	54.21	74.19	61.35	67.01	78.46	68.63
	信阳	78.63	73.91	27.33	50.37	65.71	77.23	53.02	78.18	81.67	80.94
	驻马店	0.76	63.83	73.78	71.60	23.70	23.94	79.72	77.31	67.93	78.03

地区		2005 年	2006 年	2007 年	2008 年	2009 年	2010 年	2011 年	2012 年	2013 年	2014 年
豫东	开封	80.21	80.00	64.80	23.79	42.31	23.70	70.26	66.67	65.61	80.65
	商丘	78.42	—	71.50	68.41	34.81	58.92	12.94	40.00	74.75	82.21
	周口	69.45	—	78.64	25.88	47.25	79.86	80.21	76.49	80.76	79.19
豫西	平顶山	10.91	13.25	17.75	—	24.35	20.96	—	—	—	—
	洛阳	—	54.05	42.83	29.64	4.88	—	1.08	0.19		
	三门峡	62.36	62.13	55.83	20.69	4.57		31.28	45.56	36.25	40.00

在 2005 ~ 2014 年间，河南省全省及其 18 个主要城市在多数年份存在不同程度的耕地投入冗余现象。从整体上来看，河南省在 2005 ~ 2014 年的耕地无效投入在 34.18% ~ 66.31% 之间，总体呈现先下降后上升的趋势。从各城市来看，在这十年间，仅郑州市没有出现耕地投入冗余的现象，而其余各城市在研究期的大多数年份均存在不同程度的耕地投入冗余（见表 3 - 16），应通过降低耕地投入比例提升农地城市流转效率，且优化空间较大。纵观我国的耕地保护实践，自 20 世纪 80 年代以来，虽然我国实行了以耕地总量动态平衡、土地用途管制等为代表的极其严格的耕地保护制度，但实施效果并不理想，农地城市流转效率低下、农地向城镇建设用地过度流转的态势未得到根本改观，导致大量优质农地流失。

3.3.3 结论与政策建议

本书以河南省及其下辖 18 个城市为研究对象，运用数据包络分析法（DEA）分析了其农地城市流转效率的时空变化趋势，并采用随机前沿分析法（SFA）揭示了影响农地城市流转效率的因素，最后基于 DEA 投影方法从投入要素角度对其农地城市流转效率进行了优化。主要研究结论包括：

首先，研究期内，河南省农地城市流转综合效率总体水平呈先上升后下降趋势，除 2008 年、2009 年处于效率一般状态外，其余年份都处于效率低下状态。该省农地城市流转综合效率的区域差异较为明显，豫西、豫中和豫北三个区域的农地城市流转综合效率总体水平较高，研究期内基本稳定处于效率一般或效率较高状态；豫南和豫东地区则处于较低水平，且均从 2009 年后呈下降趋势。下辖 18 个城市中农地城市流转综合效率一般或低下的占多数。该省总体、区域和各城市的规模效率无效是导致其综合效率低下的主要原因。

其次，人均地区生产总值、人口城镇化率、土地利用比较效益和区域产业结构升级四个因素对农地城市流转效率有较为明显的影响，而人均耕地面积的影响不显著。人均地区生产总值、土地利用比较效益和区域产业结构升级三个因素对农地城市流转效率有正向影响，而人口城镇化率与农地城市流转效率呈负相关关系。

最后，通过 DEA 投影分析发现，河南省总体及其下辖的多数城市存在耕地投入冗余问题，导致农地城市流转存在效率低下现象。从整体上来看，河南省在 2005～2014 年间的耕地无效投入处于 34.18%～66.31% 之间。因此，减少耕地资源投入量是提高河南省农地城市流转效率的有效途径。

基于以上结论，建议从以下三个方面着手促进农地城市流转效率提升。首先，应综合运用规划管制措施，有效控制农地城市流转规模：土地资源是社会经济发展必需的重要基础资源，在社会经济发展过程中，应根据当地经济发展的现实需求，科学编制土地利用总体规划，合理划定城市建设用地扩展边界和永久性基本农田，审慎制订并严格执行国有建设用地年度供应计划，达到优化农地城市流转投入要素、合理控制农地城市流转规模的目的。其次，应着力促进人口城镇化与土地城镇化协调发展：城镇建成区扩张应与城镇人口集聚相协调，在城镇土地承载能力范围内通过户籍制度改革、公共资源配置均等化等措施合理推进人口城镇化，扭转当前土地城镇化快于人口城镇化的局面。最后，可通过加快农业产业结构调整和升级，提高农地利用的比较效益以及挖掘城市存量建设用地潜力等途径缓解农地城市流转压力，减少农地城市流转的过度性损失，提升农地城市流转效率。

4

农地城市流转负外部性的理论分析

农地城市流转对社会、经济和生态的影响是极为复杂的，并且常常具有外溢的特征。

4.1　农地城市流转负外部性产生的原因

农地城市流转负外部性的存在造成私人成本收益与社会成本收益出现偏差，最优的个体经济决策与社会利益不一致，即负外部性将导致市场失灵。原因主要包括如下几个方面。

4.1.1　产权模糊

首先，作为能够提供生态服务等外部效益的农地本身，其产权的模糊性一直饱受诟病，陈伟和王喆（2014）用"所有制清晰条件下的产权模糊"描述了我国土地公有制的这一特征。为了控制农地替代性地进入农地城市流转市场，确保政府行政强制力在农地城市流转过程中的绝对垄断，国家有意维持农村集体土地产权（特别是处置权、收益权）的内在模糊性（何·皮特著，林韵然译，2014；严冰，2014）。在现行模糊的农地集体所有制下，农村居民身为集体成员实际上却缺乏参与土地资源配置、影响农地城市流转决策的机制和手段。

其次，农地所提供的各种生态服务功能都具有公共物品的性质，即难以界定产权或界定产权的成本过高，即使清晰界定后对其监督和保护的难度也非常之大。农地城市流转导致农地的生态服务功能随之消失，这种对生态环境的损耗和破坏转嫁给社会公众却不支付任何代价，从而以负外部性的形式存在。这将导致城市用地需求者对农地城市流转产生过度需求，在损害社会福祉的基础上谋求自身经济利益的最大化。

4.1.2　市场缺陷

市场机制被古典经济学家认为是按照价值规律在竞争性市场上形成均衡价格从而实现资源配置目标的有效方式。它仅符合狭义的资源最优配置的要求，即以有限的资源投入获得最大的产出，满足人们对效率的追求。而广义的资源最优配置则要求在效率之外，还必须考虑公平与稳定等社会福祉的实现。因此市场机制并非万能，它无法将经济活动中的负外部性纳入成本，使私人成本与社会成本存在偏差，即因负外部性问题出现而无法满足社会福祉最优的要求，这被称之为"市场失灵"。农地城市流转导致的生态性和社会性负外部效应，意味着农地城市流转的过程中存在着显著的市场失灵。对此，必须由政府引导社会公众关注农地城市流转的负外部效应，通过经济性或社会性管制手段对农地城市流转的市场行为进行适当干预，承担起维持或者提升社会公众福祉的责任。

4.1.3　利益的分散性与协调的困难性

达门（Dahmen，1974）提出外部性源自经济活动的分散性。一方面，农地城市流转本身是分散进行的，因此其不利影响也分散存在；另一方面，农地所提供的社会生态功能作为一种溢出效应，是由社会公众分散享有的。当其随着农地城市流转而消失时，其不利影响就分散作用于各个层面的社会公众，且损害程度难以区分。农地城市流转涉及诸多经济利益主体，而负外部性作用的对象更加广泛。出于私人（经济）成本收益的考虑，农地城市流转的需求者不可能主动地将负外部性纳入自己的成本考虑。因此，如何基于经济活动的分散性和经济后果的分散性，从整体上关注和维护社会公众的整体福祉和未来利益就成为一个难题。越来越多的需要通过各种公共管制手段对分散于社会各利益主体、各社会人、各地区甚至各国家之间的具体利益进行协调，这显然是非常困难的，需要不同尺度上的管制制度予以介入。

4.1.4 时空的可转移性

农地城市流转的负外部性并不局限于一定的时间和地点。在时间上，可以由即期转移到下一代，造成农地城市流转负外部性的代际转移，则即期农地城市流转产生的环境损害等负效应会由未来人口承受；在空间上，区域内农地城市流转的发生可能对区域外人口产生不良影响，或者将负外部性直接转嫁给其他区域，形成农地城市流转负外部性的区域间转移。

4.2 农地城市流转负外部性的分类

加德纳（Gardner，1977）认为农地至少能够产生四个方面的效益：提供充足的食物和纤维以满足人口增长的需要；通过第一产业支持地区经济；提供开敞空间和其他环境福利；保证合理财税政策和有序的城市发展。其他学者也强调了包括减缓郊区蔓延，提供农业生产资料，乡村文化和开敞空间提供的福利价值，野生动物栖息及地下水涵养等多个方面的价值。陈竹（2013）指出，保护农地实质上是为了维持农地现有功能，现有文献对农地保护外部效益的界定多是从农地功能的方面进行阐述。这也就意味着，当农地城市流转导致农地流失时，农地的功能随之丧失，农地原本提供给社会的外部效益消失殆尽，这即可视为农地城市流转负外部性的重要方面。此外，过度的农地城市流转导致农地开发规模过大和城市盲目扩张，其负外部效应也会逐渐增大，如部分缺乏生存和就业技能的失地农村居民所导致的社会不稳定因素增加，由于人口密集导致的居住、交通、生产成本和管理成本增加以及生存环境恶化，公共管理部门为此需要付出巨额的社会保障性支出、公共基础设施投资及环境治理成本等（刘祥熹和庄淑芳，1996；Kahn，2000）。李霜和张安录（2014）也指出，农地城市流转对农村居民的影响涉及各种外溢效应或者外部性，被征地农村居民的生产和生活都会受到影响，农地城市流转伴随着农地资源为社会公众提供的生态效益这一外部效益的消失，土地投入城市建设也可能带来建设施工的污染等。文贯中（2014）较为宽泛地指出土地利用涉及噪声、污染、阴影（阳光权）、拥堵、犯罪、贫民窟、病菌滋生地等负外部性。

基于以上分析，本研究认为农地城市流转使土地利用方式及土地功能发生巨大变化，可归纳为两方面的负外部性：一是由于人们利用土地的方式由主要利用自然物的耕作活动变化为对自然施加改造的建设活动，导致诸如周边现有农地承包经营权的稳定性下降、噪声和粉尘污染加重等社会性后果；二是由于地表景观由以自然营造物为主变化为以人工建筑物为主，农地原有的景观和生态系统服务功能丧失，引发生态环境恶化等生态性后果。由于市场失灵和价格缺失，上述后果尚未纳入农地城市流转的成本收益核算体系，而是以社会性负外部性和生态性负外部性的形式存在，这使得公众福利水平下降，其最终导致社会经济的非可持续发展（见图4-1）。

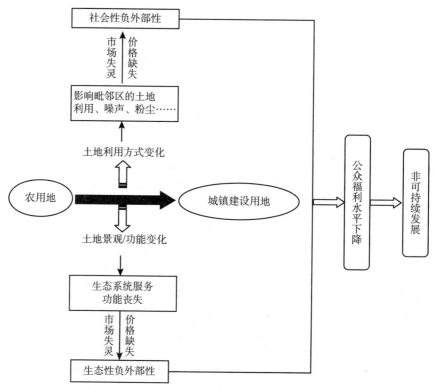

图 4 – 1 农地城市流转负外部性的产生、表现及其影响

5

农地城市流转负外部性测度及其治理

5.1 农地城市流转的社会性负外部性及其治理

5.1.1 农地城市流转对毗邻区土地利用的影响及其治理

随着农地城市流转的持续增加，农村土地产权特别是农地承包经营权的稳定是我们必须面对的重要问题之一。一方面，它事关农村经济发展水平，因为只有在产权稳定即回报明确的前提下，有关的农业投资才会活跃；另一方面，它事关城镇化质量的高低，城镇化其实是城市与农村同时剧烈变革的过程，只有兼顾农村发展的城镇化才是统筹兼顾的、可持续的城镇化。农地城市流转是城镇化在土地资源配置方面的必然表现，因此也有学者将其称为"土地城镇化"。《2016 中国国土资源公报》[①] 显示，截至 2015 年年底全国因建设占用、灾毁、生态退耕、农业结构调整等原

---

① 资料来源：2016 中国国土资源公报 . http：//g. mlr. gov. cn/201705/t20170502_1506593. html，2017 年 04 月 28 日。

因减少耕地面积 30.17 万公顷，有相当一部分被转用的农用地是为了满足城镇化发展的需要，一部分农村甚至因为农用地流转为城市建设用地而整体城镇化。大量农地城市流转的发生很可能会影响农户仍持有的农地承包经营权，而这种影响主要表现为农户对所持有的农地承包经营权的稳定性发生变化的预期。当农地承包经营权的稳定性因此而下降时，就可能会进一步影响农户的农业生产决策。因此，研究农地城市流转对农地承包经营权稳定性的影响，对于当前我国城镇化宏观决策的合理制定、农村土地产权制度的完善以及农村经济的稳步发展具有一定的现实意义。

在土地产权制度的相关研究中，"土地产权稳定性"是国内外学者广泛采用的一个指标，其具体含义是指产权主体有权长期使用某一块土地而不用担心将来某一天使用权被剥夺的状态（Scott R. et al.，2002）。而所谓"土地产权不稳定"就是产权主体的土地财产权被不公正地或随机地侵犯（Bruce and Migot – Adholla，1994）。近年来，国内外一些学者通过研究证实产权安全对财富增加、资本积累、人力资本投资具有激励作用（Martínez and King，2010；Tichá，2012；伊淑彪，2011；潘倩等，2013）；刘晓宇和张林秀（2007）、张同龙等（Zhang et al.，2012）对影响农地产权稳定性的因素进行了研究，结果表明国家的政治目的和发展战略、社会主要的经济结构、人口增长与土地增长的动态制约关系、国家对土地生产的赋税强度、家庭生命周期、土地权利的可分性是影响农村土地使用权稳定的宏观因素（尹淑彪，2011；潘倩等，2013）。由农地城市流转导致的土地资源配置结构变化是城镇化的重要表现形式之一，由于土地利用活动负外部性的存在，其对农村土地承包经营权的稳定性会可能存在一定的作用。

5.1.1.1　研究区域概况与数据来源

湖北省仙桃市于 2007 年年底被纳入武汉城市圈"两型社会"建设试验区，2010 年成为湖北省城乡一体化建设试点城市，近年来城镇化速度逐渐加快。该市既是武汉"1+8"城市圈西翼的中心城市，也是湖北省江汉平原的中心城市，享有"湖北温州"的美誉。根据《仙桃统计年鉴2014》的数据显示，截至2013年年底，仙桃市户籍人口162.7万，农业人口比重为66.05%。全市拥有国土面积2538平方公里，以耕地、水域为主要土地类型，约占土地总面积的83.21%。

课题组于2013年8月采用随机抽样的方式在仙桃市的三伏潭镇、胡场镇和长淌口镇三个镇展开调查，每个镇中选取有代表性的行政村4个，共计选取12个行政村；此外还选取了1个街道办事处（干河）和1个国营渔场（排湖）作为调研点。每个调研点随机抽取约20个农户，共发放调查问卷255份，通过整理得到有效问卷243份，有效回收率为95.29%。调查问卷的主要内容包括：农户家庭基本特征、农户所持有农地的区位特征、周边农地城市流转状况、对自家农地流转为城市建设用地的预期等（详见附录的调查问卷Ⅰ）。

5.1.1.2 变量定义及模型设定

（1）变量定义。

农地城市流转对毗邻区农户农地承包经营权稳定性的影响，主要表现为与农地城市流转发生区毗邻的农户对自家农地未来流转为城市建设用地的预期的强度，流转预期越强则视为其农地承包经营权的稳定性越差。根据调查问卷及农村居民访谈状况，本研究以农户对自家农地流转为城市建设用地的预期作为因变量，以下述变量作为自变量（见表5-1）构建模型。

①农户的家庭特征。通常情况下，不同的家庭特征能够反映其在思维方式和决策行为方面的差异。为此，本研究选取了户主年龄、性别、受教育程度和农户家庭农业劳动力的数量等指标描述样本农户的家庭特征。其中：户主年龄、性别和受教育程度的差异，可能会导致其信息搜集处理能力的不同，从而影响其对自家农地流转为城市建设用地的预期；而农户家庭中农业劳动力的数量可以在一定程度上反映家庭对农地的依赖程度，这也可能会影响农户对于自家农地流转为城市建设用地的预期。

表 5 — 1

变量定义及描述性统计

变量类型	变量名称	变量定义	变量释义	均值	标准差	最小值	最大值
被解释变量	Y	对自家农地流转为城市建设用地的预期	1＝不清楚；2＝不可能；3＝可能性小；4＝可能性大	3.12	3.68	1.00	4.00
解释变量	X_1	年龄	调查时户主的年龄（岁）	50.65	14.78	25.10	76.00
	X_2	性别	0＝女；1＝男	0.82	0.39	0.00	1.00
	X_3	户主受教育程度	1＝文盲；2＝小学及初中；3＝高中；4＝大学	1.98	0.42	0.00	3.00
	X_4	家庭农业劳动人口数	家庭中从事农业劳动的人数（人）	1.76	0.69	0.00	4.00
	X_5	家庭人均农地面积	家庭农地总面积/家庭总人口（m²/人）	1153.80	1256.27	0.00	100.00
	X_6	农户人均农作物播种面积	家庭农作物播种面积/家庭总人口（m²/人）	1423.50	1493.57	0.00	10000.00
	X_7	到镇（乡）政府距离	农户的农地距离乡镇的距离（千米）	1.87	1.05	0.51	4.48
	X_8	到市区距离	农户的农地距离市区的距离（千米）	8.83	7.90	0.03	32.98
	X_9	到周边农地城市流转地区域的距离	农户的农地距离周边最近的农地流转区域的距离（千米）	2.17	1.18	0.20	5.11
	X_{10}	将自家农地向城市流转的意愿	0＝否；1＝是	0.30	0.46	0.00	1.00

②农户的农地资源禀赋。本研究采用家庭人均农地面积、农户人均农作物播种面积作为表征来判断农户的农地资源禀赋。这两个指标反映出农户土地总面积、租入或租出土地面积与家庭总人口之间的关系。通常情况下，农户家庭的农地资源禀赋较高时，农地作为农村居民的一笔巨大的资产，使其对自家农地流转为城市建设用地的预期更为敏感。

③农户持有农地的区位。采用农户所持有的农地到镇（乡）政府距离、到市区距离、到周边农地城市流转区域的距离三个指标来表征农户持有农地的区位条件。

④农户的心理因素。农户对于自家农地向城市流转的主观意愿也可能影响农户对于自家农地流转为城市建设用地的预期。

（2）模型设定。

由于 Logistic 回归模型具有不要求数据正态分布、模型参数估计稳健、模型预测准确性较高等特点，同时考虑到本研究中因变量的类别数大于 2，因此采用多分类 Logistic 回归模型研究农地城市流转与农地承包经营权稳定性之间的关系。该模型实际上就是用多个二分类 Logistic 回归模型描述各类别与参照类别相比较各自变量的作用。设因变量有 K 个类别，选定其中的一个类别作为参照，则把另外 $K-1$ 个类别与参照类别作比较，构建 $K-1$ 个二分类 Logistic 回归模型。由表 5-1 可知，本书因变量 Y 表示的是"农户对自家农地流转为城市建设用地的预期"，并将其分为四种状态，即将"对自家农地流转为城市建设用地预期不清楚、不可能、可能性小、可能性大"分别定义为"$Y=1$、2、3、4"。把"对自家农地流转为城市建设用地预期不清楚"（$Y=1$）作为参照类别，则可另外得到三个二分类 Logistic 回归模型。具体可表示为：

$$\text{logit } P_1 = \ln(P_1/P_1) = \ln 1 = 0$$

$$\text{logit}(P_{2/1}) = \ln(P_2/P_1) = \alpha_1 + \beta_{11}X_1 + \beta_{12}X_2 + \cdots + \beta_{1m}X_m$$

$$\text{logit}(P_{3/1}) = \ln(P_3/P_1) = \alpha_2 + \beta_{21}X_1 + \beta_{22}X_2 + \cdots + \beta_{2m}X_m$$

$$\text{logit}(P_{4/1}) = \ln(P_4/P_1) = \alpha_3 + \beta_{31}X_1 + \beta_{32}X_2 + \cdots + \beta_{3m}X_m$$

进一步可整理为：

$$P_1 = 1/\{1 + \exp[\log it(P_{2/1})] + \exp[\log it(P_{3/1})] + \exp[\log it(P_{4/1})]\}$$

$$P_2 = \exp[\log it(P_{2/1})]/\{1 + \exp[\log it(P_{2/1})] + \exp[\log it(P_{3/1})]$$
$$+ \exp[\log it(P_{4/1})]\}$$

$$P_3 = \exp[\log it(P_{3/1})]/\{1 + \exp[\log it(P_{2/1})] + \exp[\log it(P_{3/1})]$$
$$+ \exp[\log it(P_{4/1})]\}$$

$$P_4 = \exp[\log it(P_{4/1})]/\{1 + \exp[\log it(P_{2/1})] + \exp[\log it(P_{3/1})]$$
$$+ \exp[\log it(P_{4/1})]\}$$

其中：P_1、P_2、P_3 和 P_4 分别对应表示"对自家农地流转为城市建设用地预期不清楚、不可能、可能性小、可能性大"的概率，且 $P_1 + P_2 + P_3 + P_4 = 1$。$\alpha_1$、$\alpha_2$、$\alpha_3$ 为常数项；m 为自变量个数；β_{1m}、β_{2m}、β_{3m} 为相应分类的自变量的 logistic 回归系数；X_1，X_2，$\cdots$，X_m 为自变量。

5.1.1.3 结果与分析

（1）变量筛选。

为使自变量对因变量的影响具有显著性意义并使各自变量之间相互独立，本书根据各自变量对因变量的贡献大小对自变量进行进一步筛选，剔除那些贡献小和与其他自变量有密切关系的自变量，从而得到更为精炼稳定的回归模型。

鉴于本研究所采用的样本数据为随机样本，样本间相互独立，因此，在进行模型回归之前先对自变量进行 Levene 方差齐性检验，结果显示 X_5，X_6，X_7，X_8，X_9，X_{10} 的显著性水平 $p < 0.05$，表明各自变量的方差均为非齐性，这意味着方差分析结果的稳定性可能会受到影响，因此本研究采用对方差齐性没有要求的 Welch 和 Brown-Forsythe 检验来筛选变量。表 5-2 的结果显示，在 5% 的显著性水平下，变量 X_1，X_7，X_8，X_9，X_{10} 的显著性水平 $p < 0.05$，因此选取显著性最高的上述 5 个变量构建多元 Logistic 模型。

表 5 - 2   自变量的 Welch 和 Brown - Forsythe 检验

	变量	统计量	$df1$	$df2$	显著性		变量	统计量	$df1$	$df2$	显著性
X_1	Welch	420.911	3	47.212	0.000	X_6	Welch	1.027	3	51.740	0.388
	Brown - Forsythe	364.587	3	80.656	0.000		Brown - Forsythe	1.005	3	69.861	0.396
X_2	Welch	0.463	3	47.513	0.709	X_7	Welch	33.079	3	51.635	0.000
	Brown - Forsythe	0.531	3	84.951	0.662		Brown - Forsythe	28.347	3	70.208	0.000
X_3	Welch	2.474	3	46.837	0.073	X_8	Welch	9.230	3	52.126	0.000
	Brown - Forsythe	2.206	3	78.432	0.094		Brown - Forsythe	12.723	3	68.333	0.000
X_4	Welch	0.719	3	46.891	0.546	X_9	Welch	17.349	3	48.258	0.000
	Brown - Forsythe	0.855	3	80.168	0.468		Brown - Forsythe	16.677	3	78.950	0.000
X_5	Welch	1.299	3	47.464	0.286	X_{10}	Welch	3.595	3	44.459	0.021
	Brown - Forsythe	1.568	3	58.048	0.207		Brown - Forsythe	3.614	3	70.728	0.017

（2）模型初步运行与检验。

利用 SPSS 17.0 将所筛选的变量放入 Logistic 模型模拟，选择 5% 的统计显著水平，表 5 - 3 的结果表明，似然比卡方为 266.513，显著性结果为 0.00 < 0.05，说明至少有一个自变量的偏回归系数不为 0，即所建立的多分类 Logistic 模型具有显著的统计意义。

表 5 - 3   模型拟合信息

模型	模型拟合标准	似然比检验	df	显著水平
	- 2 倍对数似然值	卡方值		
仅含截距项模型	281.316			
最终模型	14.803	266.513	15	0.000

通过最大似然法对多分类 Logistic 模型进行参数估计（见表 5 - 4），给出了农户对自家农地向城市建设用地流转预期"不清楚""不可能""可能性小""可能性大"的影响因素，并得到下述模型：

$$\log it(P_{2/1}) = 983.919 - 15.354X_1 - 0.92X_7 - 1.54X_8$$
$$- 7.831X_9 + 52.447X_{10}$$

$$logit(P_{3/1}) = 1030.062 - 16.078X_1 - 3.429X_7 - 1.394X_8$$
$$- 11.130X_9 + 50.533X_{10}$$
$$logit(P_{4/1}) = 2697.252 - 56.787X_1 - 177.737X_7 - 8.027X_8$$
$$- 15.126X_9 + 140.98X_{10}$$

表 5 – 4   模型参数估计与检验

y		B	$Wald$	显著水平	$\exp(B)$	$\exp(B)$ 的置信区间 95%	
						下限	上限
$d2$	截距	983.919	0.308	0.579			
	X_1	– 15.354	0.405	0.525	2.146	6.082	7.580
	X_7	– 0.920	0.000	0.985	0.398	1.628	9.750
	X_8	– 1.540	0.057	0.812	0.214	6.467	69217.417
	X_9	– 7.831	0.002	0.966	0.000	1.296	1.217
	X_{10}	52.447	0.023	0.880	5.991	6.467	.[b]
$d3$	截距	1030.062	0.337	0.562			
	X_1	– 16.078	0.444	0.505	1.041	2.937	36870
	X_7	– 3.429	0.005	0.945	0.032	1.263	8.318
	X_8	– 1.394	0.046	0.829	0.248	7.655	80346.762
	X_9	– 11.130	0.004	0.952	0.000	4.718	4.561
	X_{10}	50.533	0.021	0.884	8.831	9.403	.[b]
$d4$	截距	2697.252	1.142	0.285			
	X_1	– 56.787	1.292	0.256	2.177	6.586	71979
	X_7	– 177.737	0.815	0.367	6.456	1.589	2.622
	X_8	– 8.027	0.679	0.410	0.000	1.664	64132.847
$d4$	X_9	– 15.126	0.007	0.934	2.696	7.261	1.001
	X_{10}	140.980	0.017	0.628	1.687	1.687	1.687

注：①参考类别为 1，即农户对自家农地向城市建设用地流转预期为"不清楚"。
②计算该统计量时发生浮点溢出，因此，其值被设置为系统缺失。

模型预测的分类正确率说明模型进行判断的可靠程度，从表 5 - 5 可知，此模型预测的每类正确率都在 90% 以上，总体正确率达到 97.1%，说明用所建立的模型进行判断可靠性较高。

表 5 - 5 模型预测分类正确率

观察值	预测值				
	1	2	3	4	百分比校正
1	28	0	0	0	100.0%
2	0	21	2	0	91.3%
3	0	1	37	0	97.4%
4	0	0	0	16	100.0%
总百分比	26.7%	21.0%	37.1%	15.2%	97.1%

由表 5 - 3、表 5 - 4、表 5 - 5 可知，本研究所建立的多分类 Logistic 模型通过了似然比拟合优度检验，模型预测分类正确率高，说明模型整体上拟合效果良好，模型具有统计学意义；但是表 5 - 4 显示出模型参数的显著性水平不高，表明模型参数均不具有显著的统计意义，而这可能是由于数据本身存在多重共线性等问题导致，因此需对模型进行进一步修正。

（3）模型修正。

目前处理多重共线性问题多采用逐步 Logistic 回归的方法进行，本研究运用该方法修正模型后发现仅有变量 X_1 进入模型。实际上，未选入的变量并不一定对因变量的影响无统计学意义，可能是与其有共线性的变量掩盖了其作用，因此需借助 Pearson 相关分析判断五个变量之间关系的强度和方向。由表 5 - 6 可知，未选入的变量间确实存在明显相关性，因此采用主成分 Logistic 回归方法对模型进行修正。

表 5 - 6   Pearson 相关分析结果

变量	类别	X_{10}	X_1	X_7	X_8	X_9
X_{10}	Pearson 相关性	1.000	0.063	0.038	0.080	0.150
	显著性（双侧）		0.523	0.701	0.419	0.126	0.102
X_1	Pearson 相关性	0.063	1.000	0.637 ***	0.429 ***	0.503 ***
	显著性（双侧）	0.523		0.000	0.000	0.000	0.000
X_7	Pearson 相关性	0.038	0.637 ***	1.000	0.326 ***	0.345 ***
	显著性（双侧）	0.701	0.000		0.362	0.001	0.000
X_8	Pearson 相关性	0.080	0.429 ***	0.326 ***	1.000	0.312 ***
	显著性（双侧）	0.419	0.000	0.001		0.218	0.001
X_9	Pearson 相关性	0.150	0.503 ***	0.345 ***	0.312 ***	1.000
	显著性（双侧）	0.126	0.000	0.000	0.001		0.116

注：① *** 表示在 1% 的水平（双侧）上显著相关。
②相关系数在 0.8~1.0 之间，说明变量之间有非常强的相关；相关系数在 0.6~0.8 之间，说明变量之间强相关；相关系数在 0.4~0.6 之间，说明变量之间中度相关；相关系数在 0.2~0.4 之间，说明变量之间弱相关；相关系数在 0~0.2 之间，说明变量之间有非常弱的相关或无关。

首先，对进入模型的 5 个变量进行 KMO 及 Barlett 球度检验，结果发现 KMO 抽样适度测定值为 0.704 > 0.5，说明样本数据可用于主成分分析；而 Barlett 球度检验的近似卡方统计量为 107.789，相应的显著性概率为 0.00 < 0.01，因此可认为相关系数矩阵与单位矩阵有显著差异。

其次，通过提取主成分前后各变量的共同度发现，提取主成分后各个变量的共同度均为 1，这说明变量空间转化为主成分空间时，保留了全部信息，主成分分析的效果是显著的。从表 5 - 7 的总方差分解表可以看到，相关系数矩阵中只有两个较大的特征值，分别为 2.316 和 1.006，且主成分的累计贡献率达到 66.432%，反映出农户农地承包经营权稳定性的信息较少。因此，我们仍将这五个主成分设为第一、第二、第三、第四、第五主成分，作为反映农户农地承包经营权稳定性的代表性主成分。

表 5 - 7　　　　　　　　　　　　解释的总方差

成分	初始特征值			提取平方和载入		
	合计	方差的贡献率（%）	累积的贡献率（%）	合计	方差的贡献率（%）	累积的贡献率（%）
1	2.316	46.318	46.318	2.316	46.318	46.318
2	1.006	20.114	66.432	1.006	20.114	66.432
3	0.708	14.170	80.602	0.708	14.170	80.602
4	0.645	12.902	93.503	0.645	12.902	93.503
5	0.325	6.497	100.000	0.325	6.497	100.000

然后，以这五个主成分建立因子载荷矩阵（见表 5 - 8）。X_1、X_7、X_8、X_9 在第一主成分上载荷比较大；X_7、X_{10} 在第二主成分上有较高载荷；第三主成分与 X_7、X_8 有较大关联；第四主成分主要由 X_7、X_9 决定；第五主成分主要由 X_1、X_7 决定。

表 5 - 8　　　　　　　　　　　　初始因子载荷矩阵

变量	成分				
	1	2	3	4	5
X_{10}	0.184	0.960	-0.041	0.206	-0.016
X_1	0.867	-0.134	-0.151	0.087	-0.446
X_7	0.773	-0.206	-0.289	0.420	0.317
X_8	0.654	-0.016	0.753	0.032	0.066
X_9	0.710	0.153	-0.183	-0.647	0.144

最后，将主成分对原始变量做线性回归，得到系数的最小二乘估计，即成分得分系数，则 F_1，F_2，F_3，F_4，F_5 的得分分别为：

$$F_1 = 0.375X_1 + 0.334X_7 + 0.282X_8 + 0.307X_9 + 0.08X_{10}$$

$$F_2 = -0.133X_1 - 0.205X_7 - 0.016X_8 + 0.152X_9 + 0.955X_{10}$$

$$F_3 = -0.213X_1 - 0.408X_7 + 1.063X_8 - 0.259X_9 + 0.058X_{10}$$

$$F_4 = 0.135X_1 + 0.650X_7 + 0.050X_8 - 1.002X_9 + 0.319X_{10}$$

$$F_5 = -1.374X_1 + 0.975X_7 + 0.203X_8 + 0.442X_9 - 0.049X_{10}$$

此时，再次利用 SPSS 17.0 对影响因子 F_1，F_2，F_3，F_4，F_5 做代替变量进行多分类 Logistic 模型分析，此时的模型拟合信息表明，似然比卡方为 269.308，显著性结果为 $0.00 < 0.05$，说明模型拟合优度较高。对主成分作为代替变量进行回归得到新的参数估计结果，从表 5 – 9 可以看出，在不同分类情况下，代替变量的符号均一致，模型参数的显著性有所改善。根据回归结果构建模型：

$$\log it(P_{2/1}) = 760.507 - 830.665F_1 + 219.973F_2 + 99.685F_3$$
$$- 30.499F_4 + 395.101F_5$$

$$\log it(P_{3/1}) = 758.823 - 844.156F_1 + 220.481F_2 + 103.680F_3$$
$$- 30.168F_4 + 398.577F_5$$

$$\log it(P_{4/1}) = -11178.472 - 11802.873F_1 + 2843.917F_2 + 1725.611F_3$$
$$- 1927.252F_4 + 3633.582F_5$$

表 5 – 9　　　　　　　　　　　参数估计结果

y^a		B	标准误	$Wald$	显著水平	$\exp(B)$	$\exp(B)$ 的置信区间95%	
							下限	上限
$d2$	截距	760.507	320286.125	0.000	0.998			
	$FAC1\_1$	-830.665	341889.638	0.000	0.998	0.000	0.000	.[b]
	$FAC2\_1$	219.973	109261.231	0.000	0.998	3.412	0.000	.[b]
	$FAC3\_1$	99.685	54205.984	0.000	0.999	1.962	0.000	.[b]
	$FAC4\_1$	-30.499	0.749	1656.808	0.000	0.000	0.000	0.000
	$FAC5\_1$	395.101	159723.755	0.000	0.998	3.893	0.000	.[b]

y^a		B	标准误	$Wald$	显著水平	$\exp(B)$	$\exp(B)$ 的置信区间95%	
							下限	上限
d3	截距	758.823	320286.125	0.000	0.998			
	$FAC1\_1$	-844.156	341889.638	0.000	0.998	0.000	0.000	.[b]
	$FAC2\_1$	220.481	109261.231	0.000	0.998	5.670	0.000	.[b]
	$FAC3\_1$	103.680	54205.984	0.000	0.998	1.066	0.000	.[b]
	$FAC4\_1$	-30.168	0.000	0.000	0.000	0.000	0.000	0.000
	$FAC5\_1$	398.577	159723.755	0.000	0.998	1.258	0.000	.[b]
d4	截距	-11178.472	942090.847	0.000	0.991			
	$FAC1\_1$	-11802.873	849741.867	0.000	0.989	0.000	0.000	.[b]
	$FAC2\_1$	2843.917	452280.095	0.000	0.995	.[b]	0.000	.[b]
	$FAC3\_1$	1725.611	128606.355	0.000	0.989	.[b]	0.000	.[b]
	$FAC4\_1$	-1927.252	157308.149	0.000	0.990	0.000	0.000	.[b]
	$FAC5\_1$	3633.582	278971.434	0.000	0.990	.[b]	0.000	.[b]

注：①参考类别为1，即农户对自家农地向城市建设用地流转预期为"不清楚"。
②计算该统计量时发生浮点溢出。因此，其值被设置为系统缺失值。

（4）结果分析。

采用主成分 Logistic 回归模型对农户自家农地向城市建设用地流转的预期进行分析，既能够通过对选取的样本指标进行主成分分析解决多重共线性问题，又不会过多损失有关信息，在实证过程中也获得了较好的拟合模型。结果表明农地城市流转对毗邻区农地承包经营权的稳定性确有影响。具体表现为：

第一，受访农村居民的性别、受教育程度、家庭农业劳动人口数、家庭人均农地面积、农户人均农作物播种面积五个变量对农户对自家农地流转为城市建设用地的预期影响不显著。

第二，农户所持有农地到市区的距离与农户认为自家农地流转为城市建设用地的预期之间呈负相关关系。即农户所持有的农地距离市区越远，则农户认为自家农地流转为城市建设用地的可能性越小，农地承包经营权表现得越稳定。这也基本符合距离衰减规律的作用原理，城镇对乡村的影响随距市区距离的增加而衰减。

第三，农户对于自家农地向城市建设用地流转的意愿对农户认为自家农地向城市建设用地流转的可能性没有显著影响。事实上，政府或集体是农村土地权利的实际主体，农村居民群体由于文化水平普遍较低且信息获取困难，往往在农地城市流转过程中处于弱势，因而农户往往认为自己的意愿与自家农地最终是否会转变为城市建设用地并无关联，即并不能影响到农地经营权的稳定性。

第四，在农户持有农地的区位因素中，农户所持有土地与周边已发生农地城市流转区域的距离对农户认为自家农地向城市建设用地流转的预期有负相关关系。也就是说，农户所持有的农地距离已发生农地城市流转的区域越近，其对自家农地将被流转为城市建设用地的预期越强烈，即认为自家农地承包经营权的稳定性越差；反之，农户所持有的农地距离已发生农地城市流转的区域越远，则农户认为自家农地流转为城市建设用地的可能性越小，农地承包经营权表现得越稳定。

综上所述，农户所持有农地到市区的距离以及农户所持有农地与周边已发生农地城市流转区域的距离均对农户认为自家农地向城市建设用地流转的预期强度呈负相关关系。迈克尔和姚洋（Michael and Yao，1998）、马贤磊（2009，2015）、吉登艳等（2014）、杨铭等（2017）的研究曾指出，土地产权不稳定对用于生产的投资、土地的产出率、农地使用权市场及农村金融市场的发育等方面存在负面影响。因此，农地城市流转对农地承包经营权稳定性的负面影响不应小觑。该部分影响由于无法通过市场或价格的形式予以体现而具有典型的外部性特征，容易被决策者忽视，从而对农地城市流转的社会经济影响做出过高评价，不利于土地资源的合理配置、农业生产效率的提高和社会经济的可持续发展。

5.1.1.4 治理措施

为此，一方面，应构筑合理的价格机制和决策机制，以囊括了土地利用各种外溢效应在内的社会价格替代以往私人决策准则下的经济价格，使土地利用活动对经济、社会及生态的综合影响得以如实反映，并利用社会价格的作用引导土地使用者集约利用有限的土地资源，从而抑制土地需求，减少农地城市流转的发生及其对农地承包经营权稳定性的不良影响。另一方面，应尝试建立土地利用规划的信息公开机制和征地的预告知机制，使农村居民对自家农地在规划期内的规划用途以及土地征收发生的时间有明确的认知，使其能够有所依据的正确预期自家农地承包经营权的稳定性，从而降低由于不稳定预期而对农业生产产生的负面影响。此外，还可以从财产权配置的视角，探寻市场化的解决方法。科威尔（Colwell，1997）提出的"要约收购制度"（tender offer system，TOS）给土地产权变更的同意权带来了新的思路，借鉴他的思路，可尝试配置给农地城市流转周边一定范围内的土地产权主体地权变更的同意权，由农地城市流转的主体向周边的土地产权主体付费，弥补他们因农地城市流转的负外部性而遭受的损失，以取得他们对农地城市流转的同意。

5.1.2　农地城市流转对农村居民社会福利的影响及其治理

农地城市流转是社会经济发展在土地资源配置方面的必然过程，它改变了农村居民的生产方式和生活环境，从而影响农村居民的福利水平。农地城市流转一方面为国民经济的快速发展提供着重要的要素支撑，但另一方面也引发了征地冲突频发、失地农村居民生计堪忧等社会问题，对社会稳定与可持续发展产生了一定的负面影响。福利通常可被理解为"效用""偏好""幸福度""快乐水平"等（高进云和乔荣峰，2011）。研究农地城市流转前后农村居民福利的变动情况对于保护农村居民权益具有重要意义。针对这一问题，现有研究多是基于阿马蒂亚·森（Amartya Sen）的可行能力思想（高进云和乔荣峰，2007）和塞斯的广义均值双参数构造论（周义，2014）开展的，并运用灰色模糊综合评价法、条件价值评估法等方法从农村居民福利变动测度（高进云和乔荣峰，2007，2011；周义和李梦玄，2014；周义和张莹，2014）、农村居民福利变动的影响因素（聂鑫等，2010；彭开丽，2015）、农村居民福利的改进（郭玲霞，2012；王伟和马超，2013）、农村居民福利的补偿（聂鑫等，2010；林乐芬和葛扬，2010）等方面对农地城市流转中的农村居民福利变动进行研究和探讨。

然而上述的现有相关研究均是将农村居民作为一个均质化整体而展开的。实际上，随着社会经济的发展和社会制度的变革，农村居民群体已经在职业、收入水平与收入结构、社会声望等方面产生了明显的分化。农地城市流转是否导致不同分化类型农村居民的社会福利水平变动情况有所差异？这一问题并没有得到很好的解答。因此，本研究试图从农村居民分化的视角，分析农地城市流转对不同分化类型的农村居民带来的福利变动差异，从而为提高不同分化类型农村居民的福利水平、维护农地城市流转过程中的农村居民权益提供更具针对性的对策建议。

5.1.2.1 理论分析

（1）农村居民分化。

农村居民分化是在农村社会结构逐渐开放的情况下，农村居民不断冲击新职业和新身份的结果，同时也是农村居民基于自身资源禀赋、行动能力和主观愿望在面对社会经济变革时做出的不同抉择。随着社会经济发展，农村居民分化愈加深入。农村居民从单一群体，逐渐在职业、经济、社会地位等方面显示出异质性，最终将分化成多种类型并固化下来。已有研究表明，影响农村居民分化的因素主要为个人自然因素、自获因素及社会制度文化因素。其中：个人自然因素是指个人生而具有的或者自然得到的属性，由于农村居民生活的分散性和地域性明显，它对农村居民群体的分化起着基础性作用；自获因素指个人由于自己的行为或经过自己的努力而得到的一些社会属性，如技术、知识、文凭、工作经历等；社会制度文化因素包括社会经济设置、政治设置、教育设置及社会职业声望等（刘洪仁，2010）。目前，关于农村居民群体内部产生的分化以及分化的具体形态，学者们有着不同的观点，从而形成了不同的农村居民分化类型研究结果（见表5－10）。

表5－10 关于农村居民分化类型的研究结果

学者或机构	年份	农村居民分化类型
刘洪礼、李学广	1983	务农农村居民、务副农村居民、务工农村居民
唐忠新	1998	新富者、中等收入者、贫困者
国家统计局	2000	纯农户、农业兼业户、非农业兼业户、非农户
陆学艺	2002	农业劳动者阶层、农村居民工阶层、雇工阶层、农村居民知识分子阶层、个体劳动者和个体工商户阶层、私营企业主阶层、乡镇企业管理者阶层、农村管理者阶层
郑杭生 李路路	2003	权力阶层、专业技术人员阶层、一般管理人员阶层、工人农村居民阶层
林坚、马彦丽	2007	上层（农村管理者、私营企业主及乡镇企业管理者）、中上层（农村智力劳动者、个体工商户）、中下层（农村居民工、雇工）、下层（纯农业劳动者）
陈浩	2013	农业、兼业、非农就业、无业
徐美银	2013	农业生产者、手工业者、雇工、企业工人、外出打工者、个体经营户、企业管理者、私营企业主、农村公职人员、农村管理者

资料来源：通过文献整理得到。

本研究在总结以上有关农村居民分化研究的基础上，结合农地城市流转区域农村居民在收入水平与结构、生产方式与职业等方面的特征，提出适合本研究的农村居民分化形态。

第一类，纯农业生产者：指单纯依靠耕种或主要依靠耕种收入维持生活的农村居民，采用以家庭为单位的小规模农业生产模式，他们一般没有除务农之外的其他技能。一般地，农业生产的收益远低于工业和商服业，而家庭小规模的农业生产更是效益低下。因此，纯农业生产者通常收益微薄。

第二类，半工半农者，即农民工：他们忙时种地、闲时打工，是工农兼顾的一个群体。他们常年外出打工，大部分时间从事第二、第三产业，但同时又由于户籍制度的限制无法享受与城镇居民同等的社会福利，农民工是农村居民分化的一个重要类别，他们在城市中寻找工作，力求取得略高于务农的收入，但处于城市底层的现实和非农收入的不稳定使得他们不得不想要保留农地作为生活保障。

第三类，经商兼农者：这一群体往往具有某项专门技术和技能，或者具有一定商业经营能力，他们长期经商但却不愿放弃农地。这类群体通常在农村居民群体中收入最高，生活最为富足。

（2）农地城市流转对农村居民福利水平的影响。

本研究所关注的农地城市流转对农村居民社会福利水平的影响主要表现为农地城市流转这项活动对农村居民经济福利和非经济福利两个方面产生的影响。

①农地城市流转对农村居民经济福利的影响。

农地城市流转后，农村居民失去土地，转而谋求非农职业并进入城镇生活，一方面农业收入减少，另一方面非农业收入及生活支出增加，因此净经济福利的变动方向存在不确定性，这与农村居民自身素质、地域经济发展水平以及政府扶持政策紧密相关，需根据情况具体分析。

②农地城市流转对农村居民非经济福利的影响。

农村居民的社会公平状态、生活方式、生活状态、环境状况以及心理状态是农村居民非经济福利的组成部分。农地城市流转发生以后，农村居民不再固定在土地上，可以自由流动，原有的生活方式和生活环境发生改变，引起农村居民的非经济福利变动，具体表现在以下三个方面：

其一，社会公平状态。一方面，农地城市流转后，土地价值倍增，但农村居民却无法在土地增值收益的分配中受益，社会资源分配不公平程度加剧；另一方面，失地农村居民又难以完全享受城市就业、医疗、教育及养老保障等福利。此时农村居民既失去了土地这个原有的天然保障，又缺乏与城市居民一样的政策性社会保障，特别是对于非农谋生技能缺乏的农村居民而言，在其疾病状态和老龄状态下将面临更大的生存风险。

其二，生活方式和生活状态。不同分化类型的农村居民在农地城市流转发生后会产生差异化的福利变动：缺乏谋生技能的、失去劳动力的或无人赡养的农村居民会在征地补偿费使用完后，由于陡增的生活成本和微乎其微的收入而生活艰难，继而成为城市新的贫困人群；而对于已经在城市经商或者打工，并且有稳定收入的农村居民而言，其土地原本是撂荒或者出租给他人耕作，农地城市流转能够使他们得到一笔补偿款，转为城市户口反而更加利于其在城市中生存，因此对其福利产生的负面影响较小。

其三，环境状况和心理状态。农地城市流转发生后，原有的邻里关系、所属社区的公共设施状况、卫生条件、交通条件、社会治安状况均发生变化。一般来说，各种配套设施较完备，交通、卫生、教育、治安条件都将得到改善，社区生活优于原来农村村落散居的状态，但是自然环境景观将下降，噪声、污染等环境问题随之而来。另外，对于城镇生存能力弱的农村居民而言可能因失地而产生心理变化，如因对补偿不满意而产生负面情绪，对未来生存和发展状况的担忧而产生惶恐等，这些都有可能导致农村居民的非经济福利水平下降；但是对于已经习惯城镇生活的经商农村居民而言，失地可能不会导致其产生心理恐慌，反而由于对区域城镇化的良好预期而得到鼓励。

农村居民的综合福利变动情况取决于上述各福利要素的变动方向、幅度以及各要素在农村居民总体福利中的重要程度。

5.1.2.2 模型构建

由于农村居民福利这一测度对象只能用模糊的定性叙述来描述，且衡量农村居民福利的各项指标在一定程度上相互作用，例如，家庭经济收入的提高会改善社会保障水平以及心理感受，社会保障水平的提升会改善农村居民心理感受，等等。因此本研究不适合采用模糊综合评价法、多因素综合评价法等常规的加权平均类方法。模糊积分是定义在模糊测度基础上的一种非线性函数，适合测度主观性变量，而且与其他主观评价理论不同的是，该方法能很好地处理指标之间的相关性问题。因此，本研究拟采用模糊积分算法对各种不同分化类型的农村居民进行福利变化情况测度。

（1）指标体系构建。

以往相关研究中的指标体系多建立在阿马蒂亚·森于1980年提出的可行能力理论的基础之上（高进云等，2007；高进云和乔荣峰，2011；王伟和马超，2013；彭开丽和朱海莲，2015），该理论强调衡量人们福利水平的关键在于研究人获取福利的功能性活动，注重个体获取和维持福利水平的能力。本研究依据阿马蒂亚·森的可行性能力理论，结合以往研究和本研究对象的实际，选取以下六项指标衡量农地城市流转前后农村居民福利变化情况。

①家庭经济状况。经济收入是农村居民福利的主要组成部分，而家庭经济状况可以反映家庭成员的社会经济地位，农村居民能否适应农地城市流转带来的角色转换也与家庭经济收入密切相关。一般来说，如果农地城市流转前农户的家庭经济状况较好，那么流转给农村居民福利带来的冲击可能相对较小；反之，则冲击可能相对较大。本研究采用家庭经济收入和家庭剩余可支配资金两个下级指标衡量家庭经济状况。其中家庭剩余可支配资金是家庭经济收入扣除日常必须经济支出后的剩余。家庭经济收入指农地城市流转前后全体家庭成员的年收入，包括来自土地的收入和其他收入。农地城市流转前农村居民的土地收入表现为每年的农业收入；农地城市流转后，土地净收入表现为农村居民获得的土地征收补偿金。前者具有长期性、稳定性，后者具有短期性、一次性。为提高流转前后指标的可比性，我们将土地流转补偿金均摊到各年，作为流转后土地的年净收入。这样来自土地的净收入将以年务农收入和年均土地征收补偿金的形式被纳入评价体系。

②社会保障状况。在农地城市流转前，土地是农村居民在就业和养

老方面的天然保障。流转发生后，农村居民失去了土地保障，只能依赖于政府提供的各种政策性保障。该指标用于衡量在农地城市流转前后各种保障对于农村居民福利的综合影响。本研究所指的社会保障主要包括家庭医疗保险、家庭养老保险、失业保险以及工伤保险。

③居住条件。居住条件是福利的重要内容，人们对于住宅的要求已由最初的遮风挡雨上升到安全、舒适和便捷。因此本研究所选择的居住条件指标涵盖居住区位、住宅质量、住宅厨卫设施等影响居住质量的内容。

④社区生活。农地城市流转后，农村居民所处的生活环境发生变化，从原有的农村集体生活转变为社区生活，这种转变通过影响农村居民的邻里相处方式、生活丰富程度以及社会治安等来影响农村居民福利。

⑤环境条件。农地城市流转促进了当地经济发展，居住地周围往往新建工厂、道路或商业区等，这种转变可能产生空气污染、噪声、绿化减少等自然环境的负效应，使农村居民福利水平发生变化。

⑥心理感受。一个人是否快乐、是否有安全感、是否对未来有期待，对于个人感受到福利高低有重要影响。农地城市流转后，农村居民对于未来的期望或者安全感等心理感受使农村居民福利产生变化。

（2）福利评价指标的量化。

三角模糊数是一种不确定数，常常用于不能准确计量或者指标属性非量化的评价模型或决策模型中，表现形式为 $a = (a_l, a_m, a_u)$，其中 $0 < a_l \leqslant a_m \leqslant a_u < 1$，$a_l$ 和 a_u 表示 a 的下界和上界，a_m 表示 a 的中值（最可能值）。由于福利是人的一种主观感受，故本研究采用三角模糊数将农村居民对福利变化的主观评价转换为定量指标，以便于研究，如表5–11所示。

表5-11 农村居民福利变化评价语言集对应的三角模糊数

指标		评价语言集				
家庭经济状况	评价语言	增加很多	略有增加	没有变化	略有减少	减少很多
	正三角模糊数	(0.75, 1.00, 1.00)	(0.50, 0.75, 1.00)	(0.25, 0.50, 0.75)	(0.00, 0.25, 0.50)	(0.00, 0.00, 0.25)
	评判标度	1.00	0.75	0.50	0.25	0.00
社会保障状况	评价语言	达到城镇保障水平	保障提高一些	没有变化	保障下降	没有保障
	正三角模糊数	(0.75, 1.00, 1.00)	(0.50, 0.75, 1.00)	(0.25, 0.50, 0.75)	(0.00, 0.25, 0.50)	(0.00, 0.00, 0.25)
	评判标度	1.00	0.75	0.50	0.25	0.00
居住条件	评价语言	改善很大	略有改善	没有变化	略有恶化	恶化很多
	正三角模糊数	(0.75, 1.00, 1.00)	(0.50, 0.75, 1.00)	(0.25, 0.50, 0.75)	(0.00, 0.25, 0.50)	(0.00, 0.00, 0.25)
	评判标度	1.00	0.75	0.50	0.25	0.00
社区生活	评价语言	非常满意	一般满意	无差别	不很满意	失望
	正三角模糊数	(0.75, 1.00, 1.00)	(0.50, 0.75, 1.00)	(0.25, 0.50, 0.75)	(0.00, 0.25, 0.50)	(0.00, 0.00, 0.25)
	评判标度	1.00	0.75	0.50	0.25	0.00
环境条件	评价语言	改善很大	略有改善	不好不坏	略有恶化	恶化很多
	正三角模糊数	(0.75, 1.00, 1.00)	(0.50, 0.75, 1.00)	(0.25, 0.50, 0.75)	(0.00, 0.25, 0.50)	(0.00, 0.00, 0.25)
	评判标度	1.00	0.75	0.50	0.25	0.00
心理感受	评价语言	非常满意	一般满意	无差别	不很满意	失望
	正三角模糊数	(0.75, 1.00, 1.00)	(0.50, 0.75, 1.00)	(0.25, 0.50, 0.75)	(0.00, 0.25, 0.50)	(0.00, 0.00, 0.25)
	评判标度	1.00	0.75	0.50	0.25	0.00
流转前后福利水平综合评价	评价语言	提高很多	略有提高	没有变化	略有下降	下降很多
	正三角模糊数	(0.75, 1.00, 1.00)	(0.50, 0.75, 1.00)	(0.25, 0.50, 0.75)	(0.00, 0.25, 0.50)	(0.00, 0.00, 0.25)
	评判标度	1.00	0.75	0.50	0.25	0.00

本研究通过实地问卷调查统计出各类农村居民对各指标的评价情况，得出指标评价的三角模糊数以及模糊评价的明确值，具体算法如下：

设 $f_k(X_{ij})$ 为指标评价的三角模糊数，可表示为 (a_{ij}, b_{ij}, c_{ij})，其中，$a_{ij} \in [0, 1]$，$b_{ij} \in [0, 1]$，$c_{ij} \in [0, 1]$。i 为农村居民阶层类别（$i = 1, 2, 3$ 分别表示纯农业生产者、半工半农者和经商兼农者），j 表示指标个数（$j = 1, 2, \cdots, 6$），k 为各类别农户数量。为综合各阶层农村居民的评价信息，采用式（5-1）计算指标评价的三角模糊数：

$$Y = 1/k \otimes \{f_1(X_{ij}) \oplus f_2(X_{ij}) \oplus f_3(X_{ij}) \oplus \cdots \oplus f_k(X_{ij})\} \qquad (5-1)$$

得出指标评价的三角模糊数 $Y = (a, b, c)$ 后，根据式（5-2）计算指标模糊评价的明确值（刘合香，2012）：

$$Y = \frac{\sqrt{1/3(a^2 + b^2 + c^2)}}{\sqrt{1/3(a^2 + b^2 + c^2)} + \sqrt{1/3[(1-a)^2 + (1-b)^2 + (1-c)^2]}} \qquad (5-2)$$

（3）福利评价指标权重的确定。

农地城市流转农村居民福利测度指标的权重不同于其他测度模型指标权重的确定，考虑到农村居民对于自己的福利最有发言权，本研究通过对农村居民的问卷调查得出指标权重，并使用模糊数学权重确定中的统计法进行语意量化（见表5-12）。

表5-12　农村居民福利变化指标权重语言集对应的三角模糊数

权重值模糊语意	正三角模糊数	评判标度
很重要	(0.70, 1.00, 1.00)	1.00
重要	(0.50, 0.75, 1.00)	0.75
一般	(0.30, 0.50, 0.70)	0.50
不重要	(0.00, 0.25, 0.50)	0.25
很不重要	(0.00, 0.00, 0.30)	0.00

根据问卷调查中农户对各指标重要程度的打分，以及表5-12中权重语意值得出相应的三角模糊数，可计算出各指标权重的明确值，具体

算法如下：

设 $G_k(X_i)$ 为三角模糊数，表示为 (a_i,b_i,c_i)，其中，$a_i \in [0, 1]$，$b_i \in [0,1]$，$c_i \in [0,1]$。k 表示农户人数，i 表示指标个数，通过式（5-3）计算指标的模糊权重值：

$$G = 1/k \otimes \{G_1(X_i) \oplus G_2(X_i) \oplus G_3(X_i) \oplus \cdots \oplus G_k(X_i)\} \quad (5-3)$$

得出指标的三角模糊权重值 $G = (a,b,c)$ 后，根据式（5-4）计算出指标权重的明确值（徐美银，2013）：

$$G = \frac{\sqrt{1/3(a^2 + b^2 + c^2)}}{\sqrt{1/3(a^2 + b^2 + c^2)} + \sqrt{1/3[(1-a)^2 + (1-b)^2 + (1-c)^2]}}$$

$$(5-4)$$

最后，采用模糊积分进行计算时，权重的明确值需要经过模糊密度公式（5-5）处理，并求解出模糊密度 λ：

$$1 + \lambda = \prod_{i=1}^{n}(1 + \lambda G_i) \quad (5-5)$$

（4）福利水平变化测度。

绍凯（Choquet）积分是一种在技术经济领域已得到广泛应用的模糊积分方法，它采用加/乘运算取代了以往常见的最大/最小运算规则的积分方法，能较好地处理评价指标之间存在的相关性等问题。因此本研究采用绍凯积分确定农地城市流转前后农村居民总体福利水平变化情况。

绍凯积分的定义为：将 $X = \{x_1,x_2,\cdots,x_n\}$ 有限集合中的元素按 $F(x_i)$ 的大小进行重新排序，重新排序后的元素记为 x_i^*，使得在不失去一般性状况下，$F(x_1^*) \geqslant F(x_2^*) \geqslant \cdots \geqslant F(x_i^*)$，则 F 的模糊测度 Choquet 积分为：

$$\int F dh = \sum_{i=1}^{n}[F(x_i^*) - F(x_{i+1}^*)]h(X_i) \quad (5-6)$$

式中：F 表示研究对象在特定指标上的表现，$F(x_i)$ 表示研究对象在第 i 个评价指标上模糊评价明确值，$F(x_i^*)$ 表示在经过从大到小排序

后的第 i 个评价指标上模糊评价明确值，h 是定义在 X 上的模糊测度，且 $h(X_i) = h(\{x_1, x_2, \cdots, x_i\})$，$F$ 关于 h 的模糊积分为研究对象的整体评价值。

以上求取模糊积分值的操作步骤如下所示：

①求得 λ 值。

②求解各层次指标的模糊测度值 $h(x_i)$。

$$h(x_i) = F(x_i^*) + h(x_{i-1}) + \lambda h(x_{i-1}) F(x_i^*) \qquad (5-7)$$

③根据各层次指标的模糊测度值计算模糊积分综合评价值 H。

$$H = \int F dh = F(x_n^*) h(x_n) + \sum_{i=1}^{n-1} \left[F(x_i^*) - F(x_{i+1}^*) \right] h(x_i)$$

$$(5-8)$$

5.1.2.3　实证研究

（1）研究区域与数据来源。

城乡生态经济交错区是城市与农村相互结合的特殊经济地理单元，是城市快速扩张的重点区域，受城市和农村的双重影响（高魏等，2010），是农地城市流转的集中易发区。武汉市的蔡甸区、江夏区、黄陂区、新洲区、东西湖区以及汉南区，紧邻武汉中心城区，是该市的六个新城区，也是典型的城乡生态经济交错区。研究区域内农业人口比重较大（见表 5-13）。自撤县建区以来，受到武汉中心城区强劲的经济辐射与带动，大量基础设施的兴建和产业结构的逐步调整引发了上述区域土地结构的频繁调整，农地城市流转大量发生，失地农村居民数量持续增加。因此，本研究于 2013 年 11 月选取上述六区为研究区域，采用随机抽样调查的方式对上述六区域进行了问卷调查（问卷内容详见附录的调查问卷Ⅱ），共发放问卷 600 份，其中有效问卷 566 份，问卷有效回收率为 94.33%（见表 5-13）。

表 5 - 13 研究区农业人口比重及样本量描述

区名	蔡甸区		江夏区		黄陂区		新洲区		东西湖区		汉南区	
农业人口占比（%）	71.14		63.93		81.11		77.21		66.86		72.94	
有效样本量（个）	奓山镇	32	纸坊街道	63	武湖街道	49	仓埠街道	44	将军路街道	40	幸福村	33
	军山街道	26	郑店街道	30	滠口街道	20	汪集街道	54	金银湖	45	程家山	52
	大集镇	33			盘龙城	30			泾河街道	15		
	小计	91		93		99		98		100		85
	总计						566					

数据来源：研究区农业人口比重根据《武汉市统计年鉴（2014）》计算得到，有效样本量为实际抽样数去除无效问卷数之后得到。

（2）数据质量的检验与评估。

由于本次实证调研中主观问题较多，在进行深入测度计量前，需就本次问卷调查进行信度和效度检验，以保证实证研究结论的可靠性。

①问卷的信度检验分析。

一般来说，信度指用同一方法重复测量同一对象所得结果一致的程度，因而信度检验以内部一致性程度表示某项检测的信度高低。而信度分析（reliability analysis）是用来衡量问卷设计是否具有符合测度要求的一致性、稳定性、可靠性的方法。

信度分析的基本方法主要包括重测信度法、折半信度法、α信度系数法三种。其中：重测信度法需对同一样本测试两次，得出稳定性系数，检验数据的跨时间一致性，适用于事实性问卷；折半信度法指将测量项目按照奇偶项分成两半分别测量相关系数，在此基础上计算整体量表的信度系数，也是一种内在一致性系数，主要用于态度、意见类主观型问卷的信度分析；α 信度系数法是目前应用最为广泛、算法最为成熟的一种信度检验方法，而 Combach α 信度系数可用于判断问卷设计的各条目之间评价得分的一致性，同样是一种内在一致性系数，常用于研究调查对象主观感受类问卷的信度分析。

本次调研属于态度、意见的主观调查，且调研对象有多级层次分化现象，整体性的折半信度分析与调研对象的多级分层不对称，调研对象各层级的折半信度分析又过于庞杂，因此选取 α 信度系数法。其计算公式为：

$$\alpha = \frac{k}{k-1}\left(1 - \frac{\sum\limits_{i=1}^{k} VAR(i)}{VAR}\right) \qquad (5-9)$$

其中，k 为量表中评估项目的总数，$VAR(i)$ 为第 i 个项目得分的表内方差，VAR 为全部项目总得分的方差。信度检验的复杂度取决于问卷设计中的量表数量以及问卷调查样本的规模，假如问卷设计时包括几种量表，那么每一个量表都需要做信度分析；而问卷调查样本规模越大，信度检验的输入和运作就越复杂。一般来说，被检验量表中包括的条目越多，Combach α 信度系数值越大。一般的，当 α 系数达到 0.6 以上，问卷信度程度就可以被接受。另外，关于需要进行信度检验的具体对象，王忠福（2011）认为并非问卷中所有的问题都需要做信度检验，对于客观性问题比如户籍、工资金额、非农就业时间等不需要做信度检验，但是涉及调查对象意向、取向、偏好等的主观性问题需要做信度检验。

本次调查问卷包括农村居民分化的客观信息调查和农村居民福利变化的主观信息调查两部分，本书将对主观调查部分农村居民的态度、认知等进行信度检验。根据本次调研的实际情况，从问卷中提取出 6 个维度 18 个题目，应用 SPSS 16.0 进行信度检验，结果如表 5-14 所示。各维度的 Combach α 系数分别为 0.665、0，860、0.780、0.670、0.745、0.648，总体量表的 Combach α 系数为 0.783，即各项信度系数值均超过

0.60 以上，说明问卷设计合理，可以用于对该问题的研究。

表 5 - 14　　　　　　　　　　　问卷信度系数

项目	家庭经济收入	社会保障	居住条件	社区生活	环境条件	心理感受	总量表
Combach α 系数	0.665	0.860	0.780	0.670	0.745	0.648	0.783

②问卷的效度检验分析。

效度表示问卷测量的有效性与准确性。本书进行效度检验的目的在于验证问卷调查得到的数据对实际问题衡量的准确性，即实地调研得到的数据的有效性和准确性。问卷效度检验的结果直接关系到问卷调查得到的数据是否能够用于分析。现有研究常用的效度检验一般包括内容效度检验、结构效度检验、准则效度检验。内容效度指问卷或量表所检测内容的适合性和相符性；准则效度指根据已有理论，选择指标或测量工具作为另一种指标或测量工具的准则，以此确定后者的效度；结构效度指一个测验实际测到的所要测量理论的结构和特质的程度。本书采用因素分析法对问卷做效度检验。

通过 SPSS 16.0 检验得出，Kaiser – Meyer – Olkin（KMO）值达 0.785（见表 5 - 15），说明 Bartlett 的球形度检验显著，即可以进行因子分析。

表 5 - 15　　　　　　　　　问卷 KMO 和 Bartlett 检验

取样足够度的 Kaiser – Meyer – Olkin 度量		0.785
Bartlett 球形度检验	近似卡方	3919.000
	df	153
	Sig.	0.000

表 5 – 16 列示的是每个因子解释原始变量总方差的程度。对该表数据

分析可知，本书应提取 6 个共同因子，即前 6 个公共因子可用来解释其他因子。另外，前 6 个因子的累积贡献率达到 70.341%（见表 5 - 16），已满足统计分析的要求。

表 5 - 16　　　　　　　　　　　　解释的总方差

成分	初始特征值			提取平方和载入			旋转平方和载入		
	合计	方差的贡献率（%）	累计的贡献率（%）	合计	方差的贡献率（%）	累计的贡献率（%）	合计	方差的贡献率（%）	累计的贡献率（%）
1	4.458	24.765	24.765	4.458	24.765	24.765	3.262	18.121	18.121
2	3.000	16.664	41.429	3.000	16.664	41.429	2.531	14.061	32.183
3	1.526	8.480	49.909	1.526	8.480	49.909	2.259	12.553	44.735
4	1.423	7.907	57.816	1.423	7.907	57.816	1.560	8.669	53.404
5	1.227	6.815	64.631	1.227	6.815	64.631	1.541	8.562	61.966
6	1.028	5.710	70.341	1.028	5.710	70.341	1.507	8.375	70.341
7	0.726	4.032	74.373						
8	0.703	3.907	78.280						
9	0.609	3.381	81.662						
10	0.519	2.883	84.545						
11	0.494	2.742	87.287						
12	0.450	2.498	89.785						
13	0.420	2.331	92.115						
14	0.357	1.981	94.097						
15	0.318	1.767	95.863						
16	0.297	1.653	97.516						
17	0.266	1.478	98.995						
18	0.181	1.005	100.000						

注：提取方法为主成分分析法。

在表 5 - 16 所示结果的基础上，进一步采用 SPSS 16.0 进行调查数据的因子负荷矩阵旋转，得出相关旋转矩阵，见表5-17，经简单分析整理，得出第一个公共因子上较高负荷的有家庭医疗保险、家庭养老保险、失业保险、工伤保险4个变量，本书将其归纳为"社会保障；第二个公共因子上较高负荷的有居住位置、住房质量、厨卫情况、交通便捷度等4个变量，将其归纳为"居住条件"；第三个公共因子上较高负荷的有空气质量、固体垃圾、噪声情况、绿化情况4个变量，将其归纳为"环境条件"；第四个公共因子上较高负荷的有社区治安、社交情况2个变量，归纳为"社区生活"；第五个公共因子上较高负荷的变量有2个，是就业安全感和未来生活期望值，归纳为"心理感受"；第六个公共因子上较高负荷的变量有2个，家庭总收入情况、家庭剩余可自由支配资金情况，归纳为"家庭经济收入"。

在表5-17所示的旋转矩阵中，各维度变量指标的负荷变量基本上都大于0.6，因此得出本书问卷调查效度检验结果通过，该数据的结构效度良好。

表5-17　　　　　　　　　旋转成分矩阵

项目	成分					
	1	2	3	4	5	6
家庭总收入情况	0.079	0.006	-0.008	-0.102	0.067	**0.859**
家庭剩余可自由支配资金情况	0.001	-0.058	0.031	0.105	-0.029	**0.869**
家庭医疗保险	**0.850**	0.031	0.167	-0.049	0.095	0.031
家庭养老保险	**0.815**	-0.002	0.106	0.126	0.013	0.023
失业保险	**0.874**	0.049	0.218	0.001	0.155	0.038
工伤保险	**0.764**	0.050	0.334	0.005	0.183	0.013
居住位置	0.025	**0.730**	0.025	0.103	-0.070	-0.057
住房质量	-0.185	**0.831**	0.085	0.024	0.036	0.003
厨卫情况	0.096	**0.827**	0.013	0.202	0.081	0.012

续表

项目	成分					
	1	2	3	4	5	6
交通便捷度	0.201	**0.663**	-0.071	0.322	-0.007	-0.016
社区治安	0.150	0.318	-0.062	**0.783**	0.088	0.002
社交情况	-0.089	0.225	0.068	**0.816**	-0.073	0.003
空气质量	0.378	-0.059	**0.634**	0.144	0.120	0.008
固体垃圾	0.086	-0.017	**0.837**	-0.020	0.001	-0.011
噪声情况	0.420	0.000	**0.600**	-0.148	0.012	0.079
绿化情况	0.157	0.115	**0.734**	0.024	0.050	-0.008
就业安全感	0.207	0.060	-0.055	-0.146	**0.848**	0.005
未来生活期望值	0.103	-0.040	0.188	0.147	**0.841**	0.037

注：①提取方法：主成分分析方法；旋转法：具有 Kaiser 标准化的正交旋转法。
②旋转在 6 次迭代后收敛。

（3）实证结果与分析。

①农村居民分化状况。

根据问卷调查结果，武汉市六个新城区农村居民分化情况并不完全相同，根据对受访者收入水平与结构、生产方式与职业等方面的调查，综合确定武汉新城区的农村居民分化情况如表 5-18 所示。结果显示，研究区域内纯农业生产者与半工半农者占绝大多数，分别为 45.76% 和 41.17%，而经商兼农者最少，仅占 13.07%。

究其原因，武汉市新城区紧邻中心城区，中心城区繁荣的经济发展强烈吸引农村居民从第一产业向第二、第三产业转移。大量具备基本的文化水平、年轻、学习能力较好、吃苦耐劳的新生代农村居民急于脱离农业这一传统产业，从而大量涌入城市就业，导致半工半农的打工农村居民群体规模较大。相较而言，相当部分的中年及中年以上农村居民由于文化水平低、非农工作技能缺乏，并没有到城市谋职，加上近年来农业补贴等政策的实施，他们更愿意留在农村继续从事农业生产，所以纯农业生产者也占有相当比重。而经商对农村居民的市场意识、资金投入、经营管理能力和抗风险能力都有着较高要求，因此经商兼农者的占比相对较小。

表 5 - 18　　　　　　研究区域样本农村居民分化情况　　　　单位：人

区域	纯农业生产者	半工半农者	经商兼农者	合计
蔡甸区	22	61	8	91
江夏区	41	36	16	93
黄陂区	44	42	13	99
新洲区	41	38	19	98
东西湖区	70	22	8	100
汉南区	41	34	10	85
合计	259	233	74	566
比重（％）	45.76	41.17	13.07	100

②福利评价指标权重。

根据 566 份有效问卷中农村居民对各指标重要程度的打分以及权重语意值得出相应的三角模糊数，由式（5 - 4）可得到各指标权重的明确值并计算得出 λ 值，见表 5 - 19。结果显示，家庭经济状况和社会保障状况对农村居民福利水平的影响最为显著，其次是居住条件与心理感受。

表 5 - 19　　　　研究区域农村居民福利变化评价指标权重

指标	模糊权重值	权重明确值	λ 值
家庭经济状况	（0.6950，0.9934，0.9966）	0.8372	
社会保障状况	（0.6810，0.9762，0.9984）	0.8292	
居住条件	（0.4907，0.7394，0.9357）	0.6914	
社区生活	（0.3537，0.5761，0.7897）	0.5648	- 0.9995
环境条件	（0.3399，0.5668，0.7802）	0.5551	
心理感受	（0.4778，0.7235，0.9257）	0.6805	

如表 5 – 19 所示，各指标权重明确值 $G_1 = 0.8372$，$G_2 = 0.8292$，$G_3 = 0.6914$，$G_4 = 0.5648$，$G_5 = 0.5551$，$G_6 = 0.6805$，而 $\lambda = -0.9995$。

③各分化类型农村居民福利变化情况及关键影响因素分析。

通过统计各分化类型农村居民各自对各项福利指标的评价情况，得出农地城市流转前后农村居民福利变化的模糊评价表现及明确值，如表 5 – 20 所示。

表 5 – 20　农地城市流转前后各分化类型农村居民的各项福利变化

农村居民分化类型	指标	评价三角模糊数	评价明确值
纯农业生产者	家庭经济状况	(0.0145, 0.0811, 0.3301)	0.1844
	社会保障状况	(0.0589, 0.1921, 0.4421)	0.2631
	居住条件	(0.4722, 0.7213, 0.8985)	0.6728
	社区生活	(0.2905, 0.5270, 0.7519)	0.5203
	环境条件	(0.1110, 0.3156, 0.5656)	0.3533
	心理感受	(0.0270, 0.1158, 0.3639)	0.2077
半工半农者	家庭经济状况	(0.2028, 0.4281, 0.6620)	0.4396
	社会保障状况	(0.2006, 0.4238, 0.6685)	0.4399
	居住条件	(0.4839, 0.7339, 0.9120)	0.6832
	社区生活	(0.4667, 0.7167, 0.9142)	0.6724
	环境条件	(0.0955, 0.2811, 0.5311)	0.3279
	心理感受	(0.2328, 0.4635, 0.6985)	0.4694
经商兼农者	家庭经济状况	(0.4189, 0.6588, 0.8818)	0.6325
	社会保障状况	(0.3412, 0.5845, 0.8277)	0.5727
	居住条件	(0.4088, 0.6588, 0.8784)	0.6282
	社区生活	(0.4797, 0.7297, 0.9493)	0.6867
	环境条件	(0.1047, 0.3176, 0.5676)	0.3533
	心理感受	(0.4899, 0.7331, 0.9155)	0.6860

将各分化类型农村居民评价指标的明确值按照从大到小的顺序重新排列，以 $F(x_i^*)$ 表示，$F(x_1^*) \geqslant F(x_2^*) \geqslant \cdots \geqslant F(x_i^*)$，依据上文计算出的 λ 值，由式（5-5）可得出指标评价的模糊测度 $h(x_i)$，结果见表5-20。

将表5-21中的模糊测度值 $h(x_i)$ 代入式（5-8）中，得到各分化类型农村居民及农村居民总体福利变动的模糊积分综合值 H，结果见表5-22。

表5-21　　农地城市流转前后各分化类型农村居民福利变化的模糊测度值

分化类型	$h(x_1)$	$h(x_2)$	$h(x_3)$	$h(x_4)$	$h(x_5)$	$h(x_6)$
纯农业生产者	0.6728	0.8432	0.8988	0.9255	0.9411	0.9520
半工半农者	0.6832	0.8964	0.9453	0.9696	0.9831	0.9888
经商兼农者	0.6867	0.9019	0.9642	0.9870	0.9947	0.9968

表5-22　　农地城市流转前后各分化类型总体福利变化的模糊积分综合评价值

农村居民类型	纯农业生产者	半工半农者	经商兼农者	整体农村居民
模糊积分综合评估值 H	0.5732	0.6516	0.6781	0.6192

Ⅰ. 不同分化类型农村居民的福利变化情况。

由表5-20、表5-22的结果可知，农地城市流转前后研究区域农村居民的整体福利水平变化评价值为0.6192，处于"没有变化"（0.5）和"略有提高"（0.75）两个级别之间，相对而言更接近"没有变化"的水平，即其整体福利水平略有上升。而各分化类型农村居民的各项福利水平变化方向和程度不一，这导致了各分化类型农村居民的综合福利变化情况产生差异，具体而言：

第一，纯农业生产者的福利变化。

纯农生产者综合福利水平变化的评价值为0.5732，按照表5-12的评级标度划分，农地城市流转发生后，纯农业生产者福利水平微弱上升，处于"没有变化"和"略有提高"两个级别之间。导致其福利水平正向变动的因素是居住条件（0.6728）和社区生活（0.5203），而导致其福利水平负向变动的主要因素依次为家庭经济状况（0.1844）、心理感受（0.2077）、社会保障状况（0.2631）及环境条件（0.3533）四个方面。对于各种资源匮乏的纯农业生产者而言，微薄的征地补偿金、低水平的社会保障、不稳定的非农就业及骤增的城镇生活成本容易使其陷入经济困境，而社会保障的缺失，更加剧了农村居民的心理失望和担忧。

第二，半工半农者的福利变化。

半工半农者占受访者的41.17%，这一群体较为年轻且数量多，他们一般是或者即将成为农村家庭的主要劳动力，对于家庭生活水平的变化起着关键作用。因此研究他们的福利变动具有重要的现实意义。表5-22结果显示，半工半农者综合福利水平变化的评价值为0.6516，处于"略有提高"和"没有变化"之间，且更接近"略有提高"这一水平，其福利水平改善程度要高于纯农业生产者。导致其福利水平正向变动的因素也是居住条件（0.6832）和社区生活（0.6724），而导致其福利水平负向变动的主要因素依次为环境条件（0.3279）、家庭经济状况（0.4396）、社会保障（0.4399）以及心理感受（0.4694）四个方面。农地城市流转后，虽然半工半农者与纯农业生产者一样，仅有居住条件和社区生活指标有福利提升，但相较而言，半工半农者其他指标的福利下降程度均远小于纯农业生产者，指标评价值处于0.3279~0.4694之间，较为接近"没有变化"的标准水平（0.5），这表明农地城市流转给半工半农者造成的负面冲击要远小于纯农业生产者。

第三，经商兼农者的福利变化。

这一阶层属于农村居民中的高收入群体，数量较少，相较于其他两个分化类型的农村居民而言适应能力和抗风险能力更强。表5-22结果显示，经商兼农类的农村居民综合福利水平变化的评价值为0.6781，该综合评价值处于"略有提高"和"没有变化"之间，高于前两类农村居民，即农地城市流转给经商兼农类农村居民带来的福利水平提升程度最大。除环境条件（0.3533）导致该群体的福利水平负向变动外，社区生活（0.6867）、心理感受（0.6860）、家庭经济状况（0.6325）、居住条件（0.6282）、社会保障状况（0.5727）均带动该群体的综合福利水平正向变动。经商兼农者在农地城市流转前已经进入城市从事商业活动，因此他们对于城市生活比较熟悉，并且拥有经商过程中积累的人脉资源、资金和经商经验。农地城市流转使其完全脱离农村，正式成为城市一员，部分人将获得的征地补偿金以及还建房等实物补偿作为追加资本投入商业经营中，反而有利于其扩大经营规模以获得更多的收入，从而有能力为自身提供更可靠的生活保障，这也使得其在心理上对于未来更加充满信心。

Ⅱ. 影响各分化类型农村居民综合福利水平变化的关键因素分析。

第一，家庭经济状况是影响纯农业生产者福利变化的主要因素。通过研究调查，样本区域纯农业生产者占45.76%，综合福利水平值0.3927，在三类农村居民中数量最多，农地流转后福利水平最低，因此提升这类农村居民的福利水平对于提高农村居民整体福利水平具有关键性作用。调查结果显示，纯农业生产者的各项评级指标中家庭经济状况值最低，严重影响到这类农村居民整体福利水平。

第二，社会保障状况和心理因素是影响纯农业生产者和半工半农者福利变化的主要因素。研究结果显示，纯农业生产者和半工半农者的社会保障状况在农地城市流转后都出现了下降的情况，并且这两类农村居民占农村居民群体的86.93%，因此，他们社会保障状况的改善对于提升农村居民整体福利作用显著。此外，农村居民在农地城市流转发生后所面对的生存风险和生活压力增加，这使其心理上产生失落感和不安全感。调研的过程中能够明显感受到部分农村居民对于未来生活的担忧，这种心理上的负担严重削弱农村居民改善生活的动力、降低了生活质量，并且这种消极心理容易在农村居民群体中传播扩散，不利于社会和谐与稳定。

第三，环境条件恶化对各分化类型农村居民福利水平变化均产生负向作用。不管是基于人类长期生存的要求还是现代人对于生活质量的追求，优质的环境都是非常必要的。农地城市流转多发的城乡接合部一般建设活动频繁，人们饱受粉尘、噪声、建筑垃圾等环境污染的困扰，导致失地农村居民所处的环境状况较原有的乡村自然环境而言落差较大。

5.1.2.4　治理措施

本研究通过湖北省武汉市六个新城区的问卷调查数据，对农地城市流转前后农户的整体福利变化情况，特别针对纯农业生产、半工半农、经商兼农三种分化类型农户的福利变化情况，进行了研究。结果显示：研究区域内农村居民整体福利水平在农地城市流转发生后略有上升；三种分化类型农村居民的福利水平均有所改善，但改善程度存在差异，其中改善幅度由大至小依次为经商兼农类农村居民、半工半农类农村居民、纯农业生产类农村居民。由于纯农业生产者和半工半农者在农村居民中所占比重非常大（86.93%），因此提升这两个分化类型的福利水平是改善农村居民整体福利状况的关键。而影响这两类群体福利水平的因素集中在家庭经济状况、社会保障状况、心理感受以及环境条件这四个方面。因此，可从以下方面着手治理农地城市流转对农村居民社会福利的负面影响。

首先，通过完善征地补偿制度改善农村居民的家庭经济状况。一方面，可通过适当提高征地补偿标准改善失地农村居民的短期生计；另一方面，可设立就业帮扶中心，在岗位推介、技能培训、就业激励等方面建立长效机制，以提高失地农村居民获得长期稳定生计的能力，从而有助于农地城市流转后农村居民家庭经济状况的维持和改善。其次，通过健全社会保障体系改善农村居民的社会保障状况。农村居民的生产方式因农地城市流转而发生重大变化，农村居民失去了农地这一天然保障和原有的来自农业的稳定生计，但却因身份不同于城镇居民而仍只能获得农村最低生活保障，难以抵御可能面临的生存风险，因此应适当提高失地农村居民的最低生活保障标准；此外，对于因农地城市流转失去土地而生计一时难以维系的农户，尤其是纯农业生产者，可建立应急救济制度，由政府进行帮扶，可将此方式作为短期社会保障机制与就业培训等长效措施配合使用。再其次，通过赋予农村居民知情权与参与权改善农村居民的心理感受。明确农村居民在农地城市流转过程中的主体地位，赋予农村居民对农地城市流转相关程序及补偿方式、标准的知情权，畅通农村居民表达自身意愿和要求的渠道，为其及时、有效维护自身权益提供便利，从而提高农村居民心理上的满意度和归属感。最后，通过提升环境建设水平改善农村居民的环境条件。从加强农村生态环境建设、景观美化、控制周边建设项目的噪声及各类污染排放、提高集中安置区绿化率等方面对失地农村居民的生活环境进行有效治理和改善。

5.2　农地城市流转的生态性负外部性及其治理

作为一种经济活动，农地城市流转在生态方面的负外部效应非常显著，对其的忽视很可能导致社会公众生态福祉水平的下降。当前，由于缺乏适当的机制，上述后果并没有由经济行为个体承担，而只能以负外部性的形式存在。该现象反映出人类对生态系统服务功能的需求与人类活动促使生态系统退化之间的矛盾，亟须建立恰当的生态补偿机制对农地城市流转的速度、规模等加以管制。千年生态系统评估（millennium ecosystem assessment，MA）明确提出，生态系统的状况和变化与人类的福祉密切相关（张永民译，2007）。合理的政策和恰当的管理措施通常可以扭转生态系统退化的趋势，并提高其对人类福祉的贡献。但值得注意的是，上述干预措施实施的时机和方式，必须以充分了解生态系统作用机理为先决条件。因此，对农地城市流转的生态性负外部性进行理论研究，进而实现对其界定和量化十分必要。

　　就我国的现实需求而言，在资源约束趋紧、环境污染严重和生态系统退化的背景下，2012 年 11 月发布的十八大报告首次将"大力推进生态文明建设"纳入中国特色社会主义事业总体布局，着重指出"建设生态文明是关系人民福祉、关乎民族未来的长远大计"。国土资源不仅是生产、生活之本，更是生态之本，是生态文明建设的物质基础、空间载体和构成要素。因此，建设生态文明就必须强化土地资源合理配置和利用，珍惜每一寸土地。2015 年 5 月 5 日发布的《中共中央国务院关于加快推进生态文明建设的意见》，明确将"国土空间开发格局进一步优化""有效控制城市空间规模""健全生态文明制度体系"等作为未来五年的主要目标。2016 年 3 月召开的中央改革领导小组第二十二次会议再次强调"探索建立多元化生态保护补偿机制"，"逐步实现森林、草原、湿地、荒漠、海洋、水流、耕地等重点领域和禁止开发区域、重点生态功能区等重要区域生态保护补偿全覆盖"。

由此可见，研究农地城市流转如何通过对农地生态系统服务功能产生影响进而作用于人类生态福祉，并在此基础上提出构建生态补偿机制的概念框架，对于加快推进生态文明建设、缓解我国经济发展与人口、资源、环境之间矛盾、维护生态安全，进而形成人与自然和谐发展的现代化建设新格局具有重要的理论和现实意义。

5.2.1 农地城市流转的生态性负外部性理论分析

5.2.1.1 农地生态系统服务与人类生态福祉

（1）生态系统服务。

生态系统服务是地理学、经济学和生态学等相关学科近年来的研究热点之一（李琰等，2013）。联合国《千年生态系统评估报告》将生态系统提供的产品与服务统称为服务，即生态系统服务是指人类从生态系统获得的各种惠益（MA，2005）。但由于生态系统服务的动态性与复杂性以及生态系统服务管理的地区差异性等特征，迄今为止学术界对于生态系统服务的定义仍存在争议和分歧。博伊德（Boyd，2007）和费舍尔

（Fisher，2008）认为 MA 对生态系统服务的界定太过模糊和笼统，他们在研究中引入了"最终生态系统服务"的概念，即生态系统最终服务是人类直接利用生态系统的自然组分产生效益的过程。美国环境保护局（Environmental Protection Agency，EPA）以及生态系统与生物多样性经济学（the economics of ecosystems and biodiversity，TEEB）将生态系统服务定义为"生态系统对人类福祉和效益的直接或间接贡献"，为区分生态系统的中间服务和最终服务、避免生态系统服务的重复计算提供了依据（江波，2015）。

（2）人类生态福祉。

已有研究常将"福祉（human well-being）"与"福利（welfare）"两个概念混淆使用，但通过比较会发现两者实际上并非等同概念。人类福祉是一个与人的生活状态、感知、情感等联系紧密的一个复杂的涉及人类学、经济学、心理学、社会学和其他学科的多维度概念，是人类在自然生态系统利用和开发中为实现美好的生活、健康、经历、良好的社会关系、文化认同感、归属感、尊重和实现自我价值等而选择各种生活的自由和能力（Courtland，2010；齐家国，2014）。而福利（welfare）则通常被认为是福利经济学中的一个概念，指个人或集体在某种偏好作用下消费一定的商品或服务所得到的效用，或者说是人们获得的满足程度（王圣云，2011）。此外，从时间维度看，福祉是一个与可持续发展有关的概念，人类福祉与可持续目标的实现本质上是一致的；而福利则更关注当前的物质利益的扶助。

已往研究多用生活质量指数（Diener，1995）、联合国人类发展指数（UNEP，1998）、人类福利指数（Prescott-Allen，2001）、福祉指数（Shah，2005）、国民幸福指数（刘正山，2013）等指标描述人类福祉，但未能明确反映生态系统服务变化对人类福祉的影响。为推动人类对生态系统的保护和可持续利用，MA 于 2005 年提出了关于生态系统服务、人类福祉及其变化驱动力之间相互作用的概念框架，指出生态系统服务与由维持高质量生活的基本物质需求、健康、良好的社会关系、安全、选择和行动的自由等要素构成的人类福祉密切相关（MA，2005）。鉴于此，本研究将所讨论的人类福祉限定在与生态系统相关联的部分，将其概括为"人类生态福祉"①。

（3）农地生态系统服务与人类生态福祉的关系。

生态系统是人类生态福祉的物质基础，生态系统服务功能的下降或灭失会显著降低人类福祉②，二者的关联具有反馈性和非同步性的特征（王大尚等，2013）。农地生态系统是一种半自然、半人工的，由农田、环境和人工控制组成的复合生态系统（梁曼，2014）。参照 MA 的研究结果，农地的生态系统服务可被划分为供给服务、调节服务、文化服务和支持服务，其中每项生态系统服务功能的变动都可能对人类生态福祉的多种要素（即维持高质量生活的最低物质条件、健康、良好的社会关系、安全、自由与选择等）产生影响，人类生态福祉的各项要素源自农地的各项生态系统服务功能。也就是说，农地支撑与维持了区域的生态系统，并进一步影响人类生态福祉，具体而言：供给服务的变化影响食物和其他物质资料的供应，关系粮食安全问题；调节服务的变化会对洪水、干旱等自然灾害发生的频率与规模产生影响；居民健康也与农地生态系统的供给服务（如温饱状态）和调节服务（如疾病传播、优质饮用水等）相关，此外通过农地生态在休闲消遣和精神方面提供的文化服务也会对居民健康产生影响；良好的社会关系主要是受文化服务（地方感、农耕文化等）的变化影响；而自由与选择建立在人类福祉其他要素之上，受到供给服务、文化服务和调节服务的综合影响。

农地城市流转的直接表现是土地利用状态的变化，由于农地被转变为交通运输用地、工矿仓储用地和住宅及商服用地等城乡建设用地，农

---

① 在 2014 年 9 月召开的"加速城镇化背景下福祉测量及其政策应用"国际论坛上，来自浙江财经大学的学者提出"生态福祉"是测量国民幸福指数的维度之一（檀学文，吴国宝，2014）。

② 特殊情形下，有可能出现生态系统服务价值高但人类福祉低的"资源魔咒"，或者生态系统服务退化但人类福祉却提升的情况（Sachs J. D., Warner A. M., 2001；Raudsepp - Hearne C. 等，2010）。

地原有的土壤质地、生物群落、水分运移和表层结构等在此过程中遭到破坏，这不仅导致生物要素和环境要素发生根本性变化，也使农地原有的生物过程、生态过程和物理环境过程终止。这实质上是农地生态系统向人类提供各项生态服务能力逐步消减的过程，该过程进一步作用于人类在维持高质量生活的最低物质条件、健康、良好的社会关系、安全、自由与选择等方面的多重生态福祉。这种作用在一个不断变化的尺度上呈现：从时间维度上看，具有从对短期到长期福祉的影响；从空间维度上看，具有对局地到全国乃至全球福祉的影响；从作用对象看，具有从对个体到对社会福祉的影响。然而，农地生态系统服务与人类生态福祉间也并非单向作用关系，人类生态福祉状况的改变也会促使人们调整土地利用决策与行为，进而调整农地生态系统服务的功能和内容，从而再对人类生态福祉状态产生新的影响。

5.2.1.2 农地城市流转中的人类生态福祉损失与补偿

（1）农地城市流转中的生态福祉损失。

以往关于生态系统变化与人类福祉关系的研究多是将人类福祉（主观幸福感）与经济指标相链接（Clark，2008）。随着农地等提供生态系统服务的资源基础锐减、生态系统服务功能弱化，更多的研究者开始关注人类福祉与气候条件（Moro，2008）、自然灾害（Schneider，2012）、空气质量（Levinson，2012）、生物多样性（Rajas，2013）和覆被状况（Kopmann，2013）之间的关系。根据 MA 对于生态系统服务的分类，可进一步将农地所具有的生态功能归纳为供给服务、调节服务、文化服务和支持服务。关于农地城市流转中人类生态福祉损失，已有研究多探讨农地城市流转对人类或某一利益群体总体福利（福祉）的影响，且经历了由定性研究向定量研究转变的过程。早期国外学者对农地城市流转中福利变化的研究多为定性研究，如拉维夫斯基斯（Racevskis，2000）从农业和城市两部门的视角建立起一个理论框架，用于研究农地非农化导致的生态服务及美学价值损失。随着社会经济发展和城市化进程的加快，如何量化农地城市流转对公众福利的影响引起学者的关注。李焕

（Li，2015）分析了农地流转为不同类型用地对社会总体福利产生的影响，认为由于社会保障和心理状况恶化导致福利变化等问题应当引起决策者的重视。

当前国内学者在研究农地生态系统变化对人类生态福祉的影响方面，并未将"福祉"与"福利"在概念上做严格区分，专门研究农地生态系统服务变化对人类生态福祉损失的文献更是少见，仅有梁曼（2014）尝试从生态福祉的视角构建了农地非农流转过程中生态补偿机制的理论框架。其他的已有研究如高进云（2011）、王珊（2013）、彭开丽等（2009）运用阿马蒂亚·森的可行能力理论、公平与效率理论等侧重对农地生态效益进行评估，以及对农地城市流转过程中某一利益相关主体总体福利的变化进行研究，且主要是农村居民的总体福利变化。近年来，代光硕（2014）、刘秀丽（2014）等一些学者开始借鉴 MA 对生态系统服务功能和人类福祉要素的划分，尝试从生态系统与人类福祉关系角度分析生态系统弱化引起的人类福祉损失，但选取的指标层所描述的却并不完全是由生态系统直接提供的福祉，因此，据此分析生态系统服务变化对人类福祉的影响仍显不够严谨。

（2）农地城市流转中的生态补偿。

在农地农用的状态下，农地生态系统向社会提供的各项服务功能表现为一种正的外部效应；当农地城市流转导致农地原有利用状态消失而转变为城市建设用地后，土地利用用途和覆被的变化使农地生态服务功能严重弱化甚至消失殆尽，给社会公众带来生态福祉的损失，而这往往难以计入农地城市流转的社会成本之中，致使农地城市流转的边际社会效益小于边际私人收益。因此，农地城市流转导致的农地生态功能的损失可视为一种负的外部效应。如果该负外部效应未能纳入农地城市流转决策则会导致在同样的价格（成本）水平下，农地流转为城市建设用地的实际规模与社会期望的最优规模不一致，即实际流转规模大于社会期望的最优规模，表现为农地过度流转为城市建设用地。因此，生态补偿作为农地城市流转负外部效应内化的一种手段受到了学者和管理者们关注。

　　生态补偿的相关研究和实践于 20 世纪 90 年代起颇受国际尤其是发达国家学术界的瞩目（靳乐山等，2007）。生态补偿最初以抑制负的环境外部性为目的，多依据"污染者付费原则（polluter pays principle）"向行为主体征收税费，后来逐渐由惩治负外部性行为转向激励正外部性行为（Gowell，1997；Merlo，2000），经历了由负强化抑制向正强化激励的转变。已有研究表明构建生态补偿机制是解决负外部效应，确保人类生态福祉维持在一定水平之上的有效途径，而其核心问题之一在于如何确定生态补偿的标准。由于生态补偿存在外部效应受体模糊及范围不确定性等特征，因此学术界尚未形成公认的生态补偿标准确定方法，存在以生态系统服务价值（Duke，2004）、生态保护经营成本（Kalacska，2007）和发展机会成本（Pagiola，2008）为补偿标准确定依据的争论。

　　就补偿方式而言，现有的生态补偿实践主要依靠政府行为和财政转移实现。国外学者的研究认为，单一的生态补偿方式或难以充分发挥作用，因此趋向于将经济性规制与社会性规制并举以解决保护农地、维持其生态系统服务功能的问题。如洛克霍斯特（Lokhorst，2011）提出一般直接支付与生态支付相结合的生态补偿模式；阿维龙（Aviron，2007）提出将 7% 的耕地作为生态补偿区（ecological compensation areas，ECA），以此提高区域内的生物多样性。此外，国外研究也侧重于揭示农户这一微观主体在生态补偿实践中的作用，有研究表明农户个体特征（年龄、性别、教育程度、审美能力等）和动机行为（责任感知、公平感等）会显著影响农地生态补偿措施的实施效果，如洛克霍斯特（2011）和霍姆（Home，2014）从农户动机和农户环境响应角度研究保护生物多样性生态补偿政策的实施，研究认为当前的经济补偿激励制度并没有充分激发农村居民保护生物多样性的积极性，而从农户动机及响应行为制定补偿措施有助于形成自我规范。

　　相较之下，我国开展农地城市流转生态补偿的研究和实践起步较晚，已有研究主要集中在基于耕地资源非市场价值、外部性理论等探讨农地（耕地）城市流转中的生态补偿问题（宋敏，2012；杨宁宁，2015）。杨惠（2008）认为，农地城市流转所产生的生态环境问题涉及公众的"公共利益"，除实施禁止规范以外，更宜引入激励相容理念构建合理的激励性管制机制；牛海鹏（2010）基于耕地的生态系统服务功能重构了耕地利用效益体系，并运用当量因子法和替代成本法测算了各年耕地利用的生态效益理论值；马爱慧和张安录（2013）运用选择实验法揭示了城镇居民与农户对于耕地生态补偿政策的接受程度和可能反应；靳相木与杜茎深（2013）提出要从研究范式上区分农业保护（农业补贴政策）与耕地保护补偿，从研究层次上应侧重建立面向农户的耕地保护补偿机制；任平（2014）认为中央政府、地方政府、非农用地企业应不同程度地承担耕地非农化损失的价值补偿，从补偿主体和补偿内容方面为补偿机制的构建提供了一定的理论依据和技术支撑。

5.2.1.3 生态福祉视角下的农地城市流转均衡及补偿效应分析

为分析农地城市流转的成本、数量以及农地生态补偿对人类生态福祉的经济效应，设立以下三个假设以展开后续分析。第一，农地城市流转主要是农地利用与建设用地利用之间竞争的结果，因此以建设用地综合效益代表农地城市流转后的综合效益，并假设区域内土地总面积为Q，且土地可以在农地与建设用地两种用途间自由流转。第二，建设用地存在区位、用途、土地质量等不同，为便于对土地供需进行理论分析，假设区域内建设用地为均质。第三，根据福利经济学中资源配置的帕累托最优原则，假设该土地市场属于完全竞争市场，即农村居民、开发商以及地方政府之间信息完全对称。

（1）农地城市流转的成本均衡分析。

私人成本是指个体在某项活动所支付的成本，如果加上该活动中带给他人的额外成本则为社会成本。如果给其他人带来福利损失却未就此进行补偿，则称为外部成本。当实现最佳资源配置状态时，外部成本为零，边际社会成本等于边际私人成本；当外部不经济时，私人成本小于社会成本，私人利益大于社会利益，导致资源配置不当或扭曲。以上关系可用如下数学式表示：

$$社会成本（CS）= 私人成本（CP）+ 外部成本（CE）$$

$$边际社会成本（MC_S）= 边际私人成本（MC_P）+ 边际外部成本（MC_E）$$

$$最佳资源配置规模：边际社会成本（MC_S）= 边际私人成本（MC_P）$$

在农地农用的状态下，农地生态系统向社会提供的各项服务功能表现为一种正的外部效应；当农地城市流转导致农地原有利用状态消失而转变为城市建设用地后，土地利用用途和覆被的变化使农地生态服务功能严重弱化甚至消失殆尽，带来一系列诸如空气污染、土壤侵蚀、噪声、水源污染等负的生态外部效应，给社会公众带来生态福祉的损失。然而在当前土地征收、征用制度当中，并没有考虑农地城市流转造成的生态福祉损失，在共享经济发展带来的增值收益中，忽略了农地生态价值，失地农村居民、流转区域周边农村居民、城乡接合部的郊区城镇居民乃至整个社会都要承担因农地城市流转带来的生态福祉下降，致使农地城市流转的私人成本与社会成本的不一致，社会成本高于私人成本。图5-1中，横轴代表农地数量（Q），纵轴代表农地价格（P）。MU表

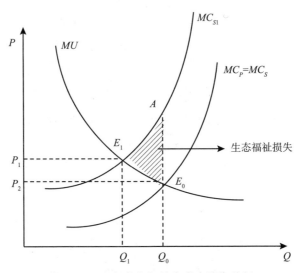

图5-1　私人成本与社会成本均衡分析

示农地城市流转的边际收益曲线，MC 表示农地城市流转过程中的边际成本曲线。在资源均衡配置的状态下，边际私人成本曲线与边际社会成本曲线重合，即 $MC_P = MC_S$，边际收益曲线 MU 与边际成本曲线在点 E_0 处达到均衡状态。由于农地城市流转负的外部效应的存在使得社会成本高于私人成本，边际社会成本曲线上移至 MC_{S1} 曲线，此时在点 E_1 处实现均衡，曲面 AE_1E_0 则为相关利益主体因农地城市流转而流失的生态福祉。

（2）农地城市流转的数量均衡分析。

农地城市流转是指农地转为城市建设用地，在本质上是农地资源在农业部门与非农业部门之间的配置问题。要达到农地资源在两部门之间的最优配置，关键是使得农地资源在农业部门与非农业部门的边际收益相等，才能达到局部均衡标准（曲福田，2010）。

如图 5 - 2 所示，OQ 为区域土地总量，MR_1 表示农业部门的边际收益曲线，MR_2 为非农业部门的边际收益曲线，二者均遵循边际报酬递减规律。在完全信息市场条件下，土地资源配置的均衡点在 $MR_1 = MR_2$ 的 M 点，交易价格为 P_1，此时最优区域建设用地数量为 OQ_0，最优的农用

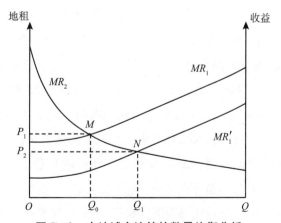

图 5 - 2　农地城市流转的数量均衡分析

地数量为 Q_0Q。然而在农地城市流转过程中，由于对农地生态系统服务价值的忽视，政府通过土地征收方式对农地获取的价格中并未考虑农地生态价值，导致农地的边际收益曲线由 MR_1 下移至 MR_1'，此时的土地资源配置的均衡点为 $MR_2=MR_1'$ 的 N 点，交易价格为 P_2，建设用地数量变为 OQ_1，农用地数量减少为 Q_1Q。在这一过程中，政府获得了 $\Delta P = P_1 - P_2$ 的潜在收益，有 Q_0Q_1 数量的农地发生了过度流转，不利于建设用地的节约集约利用。因此，农地城市流转导致的农地生态功能的损失可视为一种负的外部效应。如果该负外部效应未能纳入农地城市流转决策则会导致在同样的价格（成本）水平下，农地流转为城市建设用地的实际规模与社会期望的最优规模不一致，即实际流转规模大于社会期望的最优规模，表现为农地过度流转为城市建设用地。

（3）农地城市流转生态补偿的效应分析。

此处所探讨的生态补偿是指狭义的财政补贴，是政府为了弥补农地城市流转产生的生态性负外部性（公众的生态福祉损失）而给予的经济补偿。

基于上述两部分的分析，由于农地城市流转的生态负外部性以及农地生态价值的忽略导致流转区域相关利益主体在农地城市流转过程中处于劣势地位，农地生态福祉损失得不到补偿。因此，考虑到农地生态价值的重要性，政府可以将财政补贴作为弥补居民生态福祉损失的方式之一。如图 5-3 所示，由于土地资源的稀缺性，农地对建设用地的供给曲线为 S，由于土地资源的长期供给具有一定的弹性，供给曲线由 S 向右偏为 S_1，S_1 农地供给曲线与建设用地需求曲线 D 在 E_1 点实现了均衡，其中 P_0 为土地均衡价格，Q_0 为农地城市流转均衡数量，ΔE_0E_1F 为农地城市流转后的总增值收益，ΔE_1FH 属于流转区域利益主体理论上的增值收益。但是由于国家以低于均衡土地价格的 P_1 征收或征用农地，流转区域实际得到的增值收益为 ΔABF，梯形 ABE_1H 则是相关利益主体的福祉损失。假设政府以每单位数量的农地 t_r 的价格作为对流转区域相关利益主体的生态补偿，农地实际的流转价格为 $P_2 = P_1 + t_r$，生态财政补贴后的流转区域增值收益为 ΔCFG，则梯形 $ABCG$ 为流转区域相关利益主体得到的生态补偿效应，总体福祉将因此得到提升。因此，生态补偿作为农地城市流转生态性负外部效应内化的一种手段应当受到学者和土地管理人员的更多关注和专门研究。

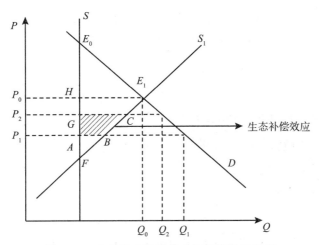

图 5-3　农地城市流转的生态补偿效应分析

5.2.2　测度方法选取与模型构建

5.2.2.1　选择实验原理

农地城市流转对居民生态福祉的复杂影响以外部性的形式存在，其影响程度（本书称其为"经济量"）难以用市场价格直接衡量。近年来，选择实验模型（choice experiments，CE）在传统的条件价值评估法（CVM）基础上逐渐发展起来，它在公共物品及资源环境物品的非市场价值评估领域的适用性日益得到认可（Hanley，1998）。其理论基础源自特征效用理论（Lancaster，1966）和随机效用理论（Thurstone，1927；Manski，1977）。其实质是在通过虚拟市场模拟出的物品或服务的属性水平集合中，让受访者选择效用最大方案，从而揭示受访者偏好的过程（王尔大等，2015）。每个供受访者选择的选项均由具有差异的多个属性组成，而在所有属性中必须设置一个货币价值（支付额）属性，用于表示对当前状态进行改善时所需支付的费用。受访者在选择集中做出选择的实质就是在属性差异之间进行权衡和比较，选出其认为可以实现自身效用最大化的方案。最后，运用计量方法可计算出不同的属性组合所构成的选择集的经济价值以及各属性的边际价值。在实际运用过程，公共政策或政府项目几乎难以同时改善生态环境或资源的各方面，一般是改善其需要更为迫切的某一方面，因此 CE 是生态补偿政策评估的有效工具（谭秋成，2016）。

受访者在做选择时总是以效用最大化为原则是 CE 的假设前提。它认为可以将受访者的所有选择表示为不同属性状态和属性水平的组合。根据随机效用理论，受访者 n 选择组合方案 i 的效用函数可以表示为：

$$U_{ni} = V_{ni}(X_{ni},\ S_n) + \varepsilon_{ni} \qquad (5-10)$$

式中：U_{ni} 为受访者 n 选择组合方案 i 的总效用；V_{ni} 为受访者 n 选择方案 i 的可观测确定效用部分，由该受访者选择的各属性状况向量 X_{ni} 和受访者的个人特征 S_n 决定；ε_{ni} 为作随机项处理的不可观测效用部分。对于给定的选择集 c，当 $U_{ni} > U_{nj}(i \neq j)$ 时，消费者 n 就会选择方案 i，受访者 n 从完全选择集 C 中选择方案 i 而非 j 的概率 $P(i/C)$ 为：

$$P(i/C) = P(U_{ni} > U_{nj},\ \forall i \neq j) = P[(V_{ni} + \varepsilon_{ni}) > (V_{nj} + \varepsilon_{nj}),$$
$$\forall i,\ j \in C,\ i \neq j] \qquad (5-11)$$

一般的，假设随机误差项 ε_{in} 服从独立同分布（independently and identically distributed，IID）（McFadden，1974）和类型I的极值分布（gumbel distribution）（Hanley，1998），此时，受访者 n 选择效用最大方案 i 的概率 $P(ni)$ 为：

$$P(ni) = \exp(\mu V_{ni}) / \sum_{j \in C} \exp(\mu V_{ni}) \qquad (5-12)$$

式中：μ 为服从 0 ~ 1 分布的比例参数，用于规定未观测效用部分的方差的真实参数，由于其数值无法通过观察数据集得到，因此通常将其正规化为 1（Ben – Akiva，1985）。则受访者 n 从方案 i 中得到的效用可转变为线性函数：

$$V_{ni} = ASC + \sum_i \beta_{ni} Z_{ni} \qquad (5-13)$$

式中：Z_{ni} 表示待评估环境物品非市场价值的属性特征；β_{ni} 为环境物品属性特征的待估系数，ASC 为替代常数项。当将受访者的基本社会经济特征变量 S_n 纳入考察时，效用函数可表示为：

$$V_{ni} = ASC + \sum_i \beta_{ni} Z_{ni} + \sum_i \alpha_n S_n \qquad (5-14)$$

其中，S_n 为受访者 n 的社会经济变量；α_n 为受访者社会经济变量的待估系数。当环境资源的属性状态发生变动时，个人效用在 $dv_i = 0$ 时达到最大，受访者各属性的支付意愿（willingness to pay，WTP）可表示为：

$$MWTP_i = \frac{dT}{dZ_i} = -\frac{\partial v_i}{\partial Z_i} \Big/ \frac{\partial v_i}{\partial T} = -\frac{\beta_i}{\beta_T} \quad (i = 1,\ 2,\ 3,\ \cdots) \qquad (5-15)$$

其中，β_i 为环境物品属性的待估系数，β_T 为货币属性的待估系数。

从而可以求得资源环境物品的补偿剩余（compensating surplus，CS）：

$$CS = -\frac{1}{\beta_r}\left[\ln\left(\sum_i \exp V_0\right) - \ln\left(\sum_i \exp V_1\right)\right] \qquad (5-16)$$

式中：V_0 为初始效用；V_1 为最终效用。

5.2.2.2 选择实验设计

（1）属性识别。

属性识别即明确衡量居民生态福祉变化的具体指标。基于 MA 提出的人类福祉要素分类，结合农地生态系统的特点以及现有的关于人类福祉的文献，本书构建了如表 5 – 23 所示的居民生态福祉属性集合。由于农地城市流转对城镇居民和农村居民的生态影响不同，因此，两个群体的生态福祉属性集合有所差异，具体分析如下。

表 5 – 23　　　　　　　居民生态福祉属性及其水平范围的确定

属性	说明	属性水平			
安全	获得洁净而安全的生活场所的能力和降低遭受生态冲击与胁迫的攻击能力	不变		改善	
健康	为获取足够营养的能力、避免遭受可预防疾病侵袭的能力、获取充足而洁净的饮水的能力和获取清洁空气的能力	不变		改善	
维持高质量生活的基本物质条件	为挣得收入和获得生计而获取资源的能力	不变		改善	
良好的社会关系	表达与生态系统有关的美学与消遣价值的机会、表达与生态系统有关的文化与精神价值的机会	不变		改善	
自由与选择	达到个人认为有价值的生存状态	不变		改善	
支付成本（元/年·户）	为提高农地城市流转后生态福祉水平的经济支出	0	50	100	200

①安全。MA 认为安全要素包括获得洁净而安全的生活场所的能力和降低遭受生态冲击与胁迫的攻击能力（MA，2005）。农地城市流转使地表覆被由原来的自然营造物转变为人工建筑物，削弱了农地原有的涵养水源、气候调节以及废弃物自净能力（Sinare et al.，2014；Lee et al.，2015）；地表径流循环和洪涝灾害期间排水蓄洪能力也受到影响（Lee et al.，2015）。因此，本书选取废弃物自净能力和与农地生态系统相关的气象灾害（干旱天气、洪涝灾害、水土流失、土地荒漠化等）爆发频率等指标衡量农村居民的安全福祉要素水平。由于目前我国部分农村地区仍缺乏完善的废弃物处理设施，而城镇居民居住环境的废弃物处理能力与农地生态系统不直接相关，因此，废弃物自净能力指标仅适用于农村居民的生态福祉分析。

②维持良好的基本物质条件。维持良好的基本物质条件主要是指为挣得收入和获得生计而获取资源的条件和能力，包括收入和资产、足够

的食物和水等（MA，2005）。农地生态系统通过太阳能和人工辅助能量合成有机化合物，为人类提供基本的生活资料（刘应元，2014）。对于农地的直接使用者即农村居民，农地城市流转会显著影响其基本物质条件。因此，现有征地制度除考虑对农村居民的经济补偿外，还应将其维持良好基本物质条件的能力的弱化纳入补偿（Hanna et al.，2016）。本书通过日常食材（主食、蔬菜和肉质产品）的获取方式的变化来体现农村居民维持良好的基本物质条件的能力的变化。由于城镇居民在农地城市流转过程中维持良好的基本物质条件与农地生态系统相关性不明显，因此该要素和相关指标仅针对农村居民的生态福祉分析。

③健康。MA将健康这一福祉要素描述为，获取足够营养的能力、避免遭受可预防疾病侵袭的能力、获取充足而洁净的饮用水的能力和获取清洁空气的能力等（MA，2005）。农地城市流转打破了农地生态系统原有的营养循环格局（张录强，2006），因此，本书通过对农地城市流转前后城镇居民和农村居民对日常主食、蔬菜和肉类消费的满意度的调查来揭示其获得健康营养的能力的变化。此外，相关研究表明，农地生态系统在阻挡和吸收一定比例的颗粒废弃物（Glenk et al.，2013）、防止水质恶化（Garcia，2014）、控制流行性疾病传播（刘应元，2014）等方面有一定的作用。鉴于此，本书通过调查受访者因生态环境变化引发相关疾病的次数为指标衡量居民避免遭受可预防疾病侵袭的能力，通过了解受访者对饮水质量和空气质量满意度来揭示居民获取充足而洁净的饮用水和清洁空气的能力。

④良好的社会关系。良好的社会关系主要包括表达与生态系统有关的美学与消遣价值的机会、表达与生态系统有关的文化与精神价值的机会（MA，2005）。农地生态系统在提供审美价值和维持人类与生态环境互动关系方面的能力已被国内外学者视为农地不可忽视的服务功能（Baróa et al.，2016；杨欣等，2016）。而农地城市流转是一种明显的美学破坏（Hart，1976）。农地生态系统是由农业生产活动和农村生活方式组成的特定文化类型的传承载体（Casanelles，1994；Swinton et al.，

2007），也是人与自然、人与社会的衔接（Barrena et al.，2014）。本书采用乡村留恋感和儿童乡村体验这两个指标描述农村居民获取与农地生态系统有关的文化与精神价值的机会；通过了解城镇居民受访者进行农村生态旅游的频率和对自然景观满意度来揭示农地城市流转对其良好的社会关系这一生态福祉要素的影响。

⑤自由与选择。MA将自由与选择解释为达到个人认为有价值的生存状态（MA，2005）。农业人口的基本生计能力主要依赖于农地生态系统提供的各项服务功能，土地利用变化对贫困地区农业人口的生计能力有着更直接和深刻的影响（Hanna et al.，2016；李惠梅，2013）。农地城市流转前，农村居民有选择在家务农或进城务工的自由，而农地城市流转后，失地农村居民的生计选择能力受限，教育水平低和非农业劳动技能不足更加剧了这一局限；对于城镇居民而言，进城工作的农村居民则会对其现有的就业机会产生一定的冲击。因此，本书以生计选择作为衡量居民生态福祉中选择和行动自由这一要素变化的具体指标。

（2）属性水平确定。

基于前文构建的居民生态福祉评价体系，选取安全、健康、维持高质量生活的基本物质条件、良好的社会关系、自由与选择及支付金额作为人类生态福祉的属性，属性水平分别设定为"改善"和"恶化"两种状态。参考近年来相关研究运用CVM方法对居民保护农地的支付意愿进行调查的结果（马爱慧，2011；陈竹等，2013），并结合预调研结果，本文将0、50元/年·户、100元/年·户、200元/年·户设定为受访者为提高农地城市流转后生态福祉水平的支付金额属性水平选项。具体各属性及其水平的选择见表5-23。

（3）选择实验的方案设计。

选择实验设计是将不同水平的属性组合为备选项，而后将各备选项配对为选择集的过程。根据居民生态福祉的属性及水平，按照全因子设计法，对于城镇居民而言，4因素2水平与1因素4水平一共产生64个（$2^4 \times 4^1$）不同属性状态的选择集；对于农村居民而言，5因素2水平与

1因素4水平一共产生128个（$2^5 \times 4^1$）不同属性状态的选择集。采用正交设计安排实验，剔除不符合实际的备选属性状态组合；同时考虑到受访者的接受能力以及作答时间过长可能降低受访者应答的可靠性，通过预调研剔除受访者敏感度较低的个别选择集后，得到由6个城镇居民选择集（见表5-24）和11个农村居民选择集（见表5-25）。每个选择集均包括一个现状方案（不变）和一个改良（改善）方案，改良方案指政策实施10年后，生态福祉各项要素分别改善10%的目标状态以及居民愿意为此支付的费用，受访者需在上述选择集中选出可实现自身效用最大化的方案。选择方案示例见表5-26。

表5-24 城镇居民问卷正交实验

选择集	安全	健康	良好的社会关系	自由与选择	支付成本
1	不变	改善	不变	改善	50
2	改善	不变	改善	不变	50
3	不变	不变	改善	改善	100
4	改善	改善	不变	不变	100
5	不变	改善	改善	不变	200
6	改善	不变	不变	改善	200

表5-25 农村居民问卷正交实验

选择集	安全	健康	维持高质量生活的基本物质条件	良好的社会关系	自由与选择	支付成本
1	不变	改善	不变	改善	改善	50
2	改善	不变	改善	改善	不变	50
3	改善	改善	改善	不变	改善	50
4	不变	不变	改善	改善	改善	100
5	改善	改善	不变	改善	不变	100

续表

选择集	安全	健康	维持高质量生活的基本物质条件	良好的社会关系	自由与选择	支付成本
6	改善	不变	不变	不变	改善	100
7	不变	改善	改善	不变	不变	100
8	改善	改善	不变	不变	不变	200
˙9	不变	改善	改善	改善	不变	200
10	改善	不变	不变	改善	改善	200
11	不变	不变	改善	不变	改善	200

表 5 – 26　　　　　　　　选择实验中的选择方案示例

选择集	安全	健康	良好的社会关系	自由与选择	支付成本
选项 A	不变	不变	不变	不变	0
选项 B	不变	改善	不变	改善	50
您的选择是	选项 A（　　）		选项 B（　　）	我都不选（　　）	

（4）问卷主要内容。

由于农地城市流转导致原有农地生态系统服务功能丧失这一结果具有显著的外部性，对不同利益群体可能会产生不同影响。因此，本研究根据受影响群体与农地生态服务功能联系的方式及联系的紧密程度的差异，将问卷调查对象区分为城镇居民和农村居民两个群体，分别设计调查问卷以量化其因农地城市流转而产生的生态福祉变化（详见附录的调查问卷Ⅲ－1、Ⅲ－2）。调查问卷结构主要包括以下四个部分：

①第一部分是了解居民对农地城市流转引起的农地生态服务功能变化的认知状况调查。由经培训的专业调研人员对该问卷研究的问题做背景知识介绍，引导受访者进入作答状态；继而了解受访者对农地所提供的生态服务功能及其重要性的认知情况，以及对农地生态服务在农地城市流转中变化的感知。

②第二部分是对农地城市流转后居民生态福祉要素变化的调查。了解农地城市流转对居民生态福祉要素产生影响的情况。

③第三部分是关于受访居民对维持农地生态服务功能的支付意愿调查。设置如前文所述的选择集供受访者对生态福祉属性的不同组合方案进行选择，据此了解受访者对生态福祉属性的偏好并据此间接测度受访者的生态福祉损失。

④第四部分为受访者个人及家庭情况调查。了解受访者的年龄、性别、受教育程度、职业（城镇居民）、家庭人口数、家庭劳动人口数、家庭年收入状况及是否有农村生活经历（城镇居民）等情况。

5.2.2.3 数据来源与描述性统计

（1）数据来源。

不同的土地资源配置状态是区域自然地理条件和社会经济条件共同作用的结果，而不同的土地资源配置状态会给生态系统带来差异化的影响，加之不同区域居民对生态系统服务功能的认知程度不同，最终导致不同的生态福祉状态。因此，在研究农地城市流转对居民生态福祉的影响时应充分考虑其所在区域的空间异质性。一方面，我国不同区域农地资源数量、质量禀赋差异显著；另一方面，我国通过主体功能分区对我国国土空间进行差异化管制，通过划定优先、重点、限制和禁止开发区域，规范国土空间开发制度，形成合理的空间开发格局。为此，本书在重点兼顾我国东、中、西部的传统地理格局划分以及主体功能区划对优先、重点、限制和禁止开发区域的划分的基础上，同时考虑自然条件（地形地貌）、社会发展阶段（城镇化水平）等因素，分别选择东、中、西部地区的广东省、湖北省、贵州省3个典型省份为研究区域，进而在每个省份各选择1个省会城市和1个地级市为样本城市，即广东省的广州市和韶关市、湖北省的武汉市与十堰市、贵州省的贵阳市与都匀市（详见表5-27）。

表 5 – 27 调研区域选取

研究区域	样本城市	城市级别	所处主体功能区	地形地貌	2015 年城镇化率（%）
东部地区	广州市	省会城市	优化开发	平原/丘陵	85.53
	韶关市	地级市	重点开发	山地丘陵	52.27
中部地区	武汉市	省会城市	重点开发	平原	79.41
	十堰市	地级市	重点开发/禁止开发	山地丘陵	51.60
西部地区	贵阳市	省会城市	重点开发	高原山地	64.63
	都匀市	地级市	重点开发	高原山地	44.40

资料来源：城镇化率数据来自各城市 2016 年的统计年鉴。

2016 年 4 月的探索式访谈调查逐步确定了居民受农地城市流转影响的生态福祉要素及其具体指标，并初步确定一系列属性水平；通过 5 月初的预调研进一步对问卷进行反复修改，以确保问卷的可操作性和调研效率；5 月中旬至 8 月下旬展开大样本调查。城镇居民调研选址在各市人流量较大的开放式公园及景观休憩场所，农村居民调研选址在近几年农地城市流转高发地区的城乡接合部。调研人员以本课题组成员为主导，辅以在所调研省份招募的重点高校在读本科生和硕士生，通过前期培训和预调查使调研人员熟悉问卷内容和相关调研技术，对重点问题及其提问技巧进行特别说明，以确保获取受访者的真实意愿。

本次调研共发放问卷 1521 份，回收问卷 1125 份，回收率 74%，高于美国海洋与大气管理局（NOAA）提出的陈述性偏好问卷 70% 的合理回收率底线（NOAA，1993），因此本次调研回收率合理有效。其中，城镇居民问卷回收 723 份，农村居民问卷回收 502 份。对于选择实验法，问卷筛选时需要辨别真实性零支付和抗拒性零支付。真实性零支付选择"我都不选"的原因通常是经济能力有限无力支付，或者该选择集中的两个方案效用提升均不明显；而抗拒性零支付通常会认为"农地生态保护是政府的职责"。在本次调查中，城镇居民和农村居民的抗拒性零支付的问卷分别为 68 份和 59 份，分别占样本总数比例为 9.41% 和 9.80%，作为无效问卷剔除。最终得到有效问卷共计 1098 份，包括 655 份城镇居民问卷和 443 份农村居民问卷。实际调研样本分布情况见表 5-28。

表 5-28   样本分布情况

研究区域	样本城市	城镇居民样本		农村居民样本	
		投放样本量	有效样本量	投放样本量	有效样本量
东部地区	广州市	192	171	45	43
	韶关市	98	92	83	67
中部地区	武汉市	126	115	91	86
	十堰市	98	93	95	90
西部地区	贵阳市	107	94	96	81
	都匀市	102	90	92	76
样本量总计		723	655	502	443
有效观测值		3930		4873	

（2）描述性统计。

①人口学特征。

就性别分布而言，本次调查涉及的城镇居民受访者中 52.19% 为男性、47.81% 为女性，农村居民受访者中 55.54% 为男性、44.46% 为女性。从年龄分布看，18~30 岁、31~45 岁的城镇居民受访者占比分别为 36.03% 和 28.34%，合计占城镇居民受访者总数的 64.37%，是城镇居民受访者的主体；农村居民受访者的年龄分布主要集中在 31~65 岁之间，其中又以分布在 46~65 岁之间的比例最高，达 50.99%，东部地区中老龄受访者的比例更高，达 63.82%。在受教育水平方面，66.92%的城镇居民受访者接受过高中或专科以上教育，农村居民受教育水平集中在初中和小学阶段，占比为 75.63%，东、中、西部地区的受访者农村居民和城镇居民的受教育程度分别依次下降。家庭人口数和家庭劳动力数量体现了受访者的家庭构成，农村居民每户家庭人口数比城镇居民平均多 1.02 人，其中中部地区农村居民受访者平均家庭人口数最多。家庭年收入与受访者的支付意愿有一定关系，调查表明，90.17% 农村居民受访者家庭年收入在 9 万元以下，83.81% 的受访城镇居民家庭年收入在 15 万元以下，其中东部地区收入最高，中部地区次之，城镇居民家庭年收入分布在 3 万~5 万元、5 万~9 万元、9 万~15 万元的比例相近，分别为 21.53%、21.32% 和 21.71%。从受访者从事的职业看，城镇居民受访者构成多样，大部分是公务员、企事业人员、技术人员工人或服务人员（见表 5-29）。

表 5-29 　　　　　　　　　　受访居民基本特征

统计指标	分类指标	东部地区		中部地区		西部地区		总计	
		农村居民	城镇居民	农村居民	城镇居民	农村居民	城镇居民	农村居民	城镇居民
性别（%）	男	51.06	46.96	57.29	50.10	56.72	50.73	55.54	52.19
	女	48.94	53.04	42.71	49.90	43.28	49.27	44.46	47.81
年龄（%）	18~30 岁	12.77	38.98	7.29	43.26	20.90	23.66	13.47	36.03
	31~45 岁	19.15	29.71	28.08	28.37	32.85	26.34	26.84	28.34
	46~65 岁	63.82	20.77	52.08	18.27	38.79	39.76	50.99	25.31
	>65 岁	4.26	10.54	12.55	10.10	7.46	10.24	8.69	10.32
教育程度（%）	小学及以下	25.53	5.75	39.58	10.10	49.75	15.61	39.70	9.90
	初中	38.30	18.86	38.54	25.00	31.34	27.32	35.93	23.19
	高中	25.53	28.75	14.58	12.98	13.93	25.85	17.07	22.93
	专科	8.51	17.89	5.22	18.75	2.99	11.22	5.24	16.29
	本科及以上	2.13	28.75	2.08	33.17	1.99	20.00	2.06	27.70
家庭构成（人）	家庭人口数	4.07	3.29	4.70	3.39	3.94	3.05	4.27	3.25
	有劳动能力人口数	2.43	2.93	3.36	3.08	2.38	2.26	2.78	2.79
家庭年收入（%）	≤1 万元	4.26	2.22	15.63	2.88	19.40	2.63	14.14	5.76
	1 万~3 万元	21.27	11.82	45.83	12.02	34.73	17.55	35.80	13.49
	3 万~5 万元	31.91	18.21	20.83	16.83	29.44	31.58	26.63	21.53
	5 万~9 万元	17.02	25.89	12.50	23.56	12.44	23.68	13.60	21.32

统计指标	分类指标	东部地区		中部地区		西部地区		总计	
		农村居民	城镇居民	农村居民	城镇居民	农村居民	城镇居民	农村居民	城镇居民
家庭年收入（%）	9万~15万元	12.77	17.70	2.08	31.25	1.99	16.67	4.70	21.71
	15万~25万元	8.51	14.58	1.05	7.21	1.00	6.14	2.88	9.87
	≥25万元	4.26	9.58	2.08	6.25	1.00	1.75	2.24	6.32
职业（%）	公务员/企事业人员/技术人员工人/服务人员	—	39.62	—	41.34	—	41.40	—	40.67
	个体工商户	—	8.31	—	12.50	—	14.63	—	11.42
	学生	—	22.36	—	17.79	—	15.12	—	18.87
	教师/医务人员	—	8.95	—	10.10	—	8.34	—	0.14
	离岗/待业/退休/自由职业/其他	—	20.76	—	18.27	—	20.51	—	19.90

②支付意愿。

表5-30的居民支付意愿描述性统计显示，东、中、西部地区城镇居民受访者中愿意支付的比率依次递减，分别为77.95%、74.52%和67.93%，愿意支付的平均比率为74.05%；东、中、西部地区农村居民受访者中愿意支付的比率分别也依次递减，分别为76.36%、67.61%和61.15%，愿意支付的平均比率为67.49%。根据调查了解到的实际情况，一方面，从区域差异看，在不同的土地资源禀赋和城镇化推进速度的影响下，农地资源相对匮乏的东部地区的受访者却拥有更高的支付率，这可为区域间生态补偿提供一定的现实依据；另一方面，从利益相关群体的差异看，尽管农村居民与农地有着更直接的联系，但由于受教育程度和生态保护意识的差异，城镇居民的支付率却普遍高于农村居民。需要注意的是，"不愿意支付人数"是剔除抗拒性零支付的样本量，是因"经济能力有限"或"改善属性不符合期望"的真实零支付，这

在一定程度上也反映出区域经济发展水平差异对支付意愿的影响。

表 5 - 30 支付意愿描述性统计

研究区域	类别	愿意支付样本量	不愿意支付样本量	支付率（％）
东部地区	城镇居民	205	58	77.95
	农村居民	84	26	76.36
中部地区	城镇居民	155	53	74.52
	农村居民	119	57	67.61
西部地区	城镇居民	125	59	67.93
	农村居民	96	61	61.15
总计	城镇居民	485	170	74.05
	农村居民	299	144	67.49

5.2.3 居民生态福祉损失量测算实证分析

5.2.3.1 居民生态福祉损失测算

（1）变量设定。

将受访者对每个选择集中两个选项的选择结果定义为因变量 $CHOC$，当受访者选择 A 选项时，$CHOC$ 取值为 0，选中 B 时则取值为 1。由于本研究的调研对象分为城镇居民和农村居民两类，因此针对两个群体选取了不同的社会经济变量。农村居民模型中的自变量包括 6 个属性变量（安全、健康、维持基本生活的物质条件、良好的社会关系、自由与选择以及支付费用）和 6 个社会经济变量（性别、年龄、受教育程度、家庭人口数、有劳动能力的人口数、家庭年收入）。鉴于城镇居民群体在农地城市流转过程中维持良好的基本物质条件这一福祉要素与农地生态系统相关性不明显，因此本研究不考虑城镇居民群体该项生态福祉的变化情况。城镇居民模型中的自变量包括 5 个属性变量（安全、健康、良好的社会关系、自由与选择以及支付费用）和 8 个社会经济变量（性

别、年龄、受教育程度、家庭人口数、有劳动能力的人口数、家庭年收
入、职业和是否在农村生活过）。为消除随机变量服从独立同类型分布
的假设对 Logit 模型的限制，模型中设置替代常数变量 ASC，以区分居民
是否愿意参与维持农地生态系统功能。在各选择集中，受访者若选择
"选项 A" 则表示受访者不愿意参与维持农地生态系统功能，此时 ASC
取值为 0；若选择 "选项 B" 则表示其愿意参与，此时 ASC 取值为 1。
变量含义及赋值说明见表 5 – 31。

表 5 – 31　　　　　　　　　　变量定义

变量类型	变量命名	定义	取值
因变量	CHOC	选择变量	0 = 选项 A；1 = 选项 B 或两者都不选
自变量	SAF	安全	0 = 不变；1 = 改善
	HEAL	健康	0 = 不变；1 = 改善
	REL	良好的社会关系	0 = 不变；1 = 改善
	CON	维持基本生活的物质条件[1]	0 = 不变；1 = 改善
	FRE	自由与选择	0 = 不变；1 = 改善
	PAY	支付费用	0；50；100；200
	ASC	替代常数	0 = 选项 A；1 = 选项 B
	SEX	性别	0 = 男；1 = 女
	AGE	年龄	实际观测值
	EDU	受教育程度	1 = 小学及以下；2 = 初中；3 = 高中；4 = 专科；5 = 大学及以上
	OCP	职业[2]	1 = 公务员/企事业人员/技术人员；2 = 工人/服务人员；3 = 个体工商户；4 = 学生；5 = 教师/医务人员；6 = 离岗/待业/退休/自由职业/其他
	EXP	是否在农村生活过[2]	0 = 否；1 = 是
	POPU	家庭人口数	实际观测值
	ABL	有劳动能力的人口数	实际观测值

变量类型	变量命名	定义	取值
自变量	*INCOM*	家庭年收入	1＝1万元及以下；2＝1万～3万元；3＝3万～5万元；4＝5万～9万元；5＝9万～15万元；6＝15万～25万元；7＝25万元以上

注：标注"1"的变量仅在农户的模型中使用；标注"2"的变量仅在城镇居民的模型中使用。

（2）模型构建。

本书采用两个多元 Logit 模型（*MNL*_1 和 *MNL*_2）拟合调研数据，并选取较优的模型测算农地城市流转使居民各项生态福祉要素下降的经济量，从而达到量化农地城市流转造成农地生态服务功能下降或消失给居民各项生态福祉带来的损失的目的。两个模型的因变量均为被调查农村居民和城镇居民在每个选择集中所做的选择的概率，不同之处在于，模型 *MNL*_1 的自变量仅考虑各选择方案的属性及其水平对选择结果的影响，属于一般条件的 Logit 模型，而模型 *MNL*_2 中的自变量还考虑了被调查城镇居民与农村居民的社会经济变量对选择结果的影响，属于全条件 Logit 模型。通过对比两个多元 Logit 模型（*MNL*_1 和 *MNL*_2）的样本数据运行结果可选取较优的实验模型用于分析。

*MNL*_1 模型中城镇居民的间接效用函数 $CHOC_U$ 可表示为：

$$CHOC_U = ASC_U + \beta_{U_1}SAF_U + \beta_{U_2}HEAL_U + \beta_{U_3}REL_U$$
$$+ \beta_{U_4}FRE_U + \beta_{U_5}PAY_U \qquad (5-17)$$

式中：ASC_U 为替代常数项；SAF_U、$HEAL_U$、REL_U、FRE_U、PAY_U 分别为城镇居民受访者的安全属性水平、健康属性水平、良好的社会关系属性水平、自由与安全属性水平、支付费用属性水平；β_{U_1}，…，β_{U_5} 为各属性的估计系数。

*MNL*_1 模型中农村居民的间接效用函数 $CHOC_R$ 可表示为：

$$CHOC_R = ASC_R + \beta_{R_1}SAF_R + \beta_{R_2}HEAL_R + \beta_{R_3}CON_R$$
$$+ \beta_{R_4}REL_R + \beta_{R_5}FRE_R + \beta_{R_6}PAY_R \qquad (5-18)$$

式中：ASC_R 为替代常数项；SAF_R、$HEAL_R$、CON_R、REL_R、FRE_R、

PAY_R 分别为农户受访者的安全属性水平、健康属性水平、维持基本生活的物质条件属性水平、良好的社会关系属性水平、自由与安全属性水平、支付费用属性水平；β_{R_1}，$\cdots$，β_{R_6} 为各属性的估计系数。

进一步地，城镇居民和农村居民的 *MNL_2* 模型间接效用函数分别表示如下：

$$CHOC_U = ASC_U + \beta_{U_1}SAF_U + \beta_{U_2}HEAL_U + \beta_{U_3}REL_U$$
$$+ \beta_{U_4}FRE_U + \beta_{U_5}PAY_U + \sum \alpha_{U_i}S_{U_i} \qquad (5-19)$$

$$CHOC_R = ASC_R + \beta_{R_1}SAF_R + \beta_{R_2}HEAL_R + \beta_{R_3}CON_R$$
$$+ \beta_{R_4}REL_R + \beta_{R_5}FRE_R + \beta_{R_6}PAY_R + \sum \alpha_{R_i}S_{R_i} \qquad (5-20)$$

式中：S_{U_i}、S_{R_i} 分别为城镇居民和农村居民的社会经济变量；α_{U_i}、α_{R_i} 分别为城镇居民和农村居民各社会经济变量的估计系数，其所采用的具体社会经济变量如表 5-31 所示；其中 $i=1$，$\cdots$，8，$j=1$，$\cdots$，6。

当问卷中的可选方案包含支付额（价格）属性时，通过求取边际替代率可得到某一属性相对基准水平的边际价值，也就是该属性的隐含价格，即不同属性水平下的边际支付意愿（marginal WTP）。在本研究中其经济含义可以具体化为，农地城市流转中该生态福祉要素一个单位水平的恶化所造成的居民损失的经济量，或为获得该属性的一个水平的恢复所愿意支付的补偿费用。因此，在前文对模型进行估计的基础上，当个人效用最大化时，则有 d$CHOC=0$。

则城镇居民生态福祉各属性的经济量分别为：

$$MWTP_{SAF_U} = \frac{\mathrm{d}PAY_U}{\mathrm{d}SAF_U} = -\frac{\partial CHOC_U}{\partial SAF_U} \bigg/ -\frac{\partial CHOC_U}{\partial PAY_U} = -\beta_{U_1}/\beta_{U_5} \qquad (5-21)$$

$$MWTP_{HEAL_U} = \frac{\mathrm{d}PAY_U}{\mathrm{d}HEAL_U} = -\frac{\partial CHOC_U}{\partial HEAL_U} \bigg/ -\frac{\partial CHOC_U}{\partial PAY_U} = -\beta_{U_2}/\beta_{U_5} \qquad (5-22)$$

$$MWTP_{REL_U} = \frac{\mathrm{d}PAY_U}{\mathrm{d}REL_U} = -\frac{\partial CHOC_U}{\partial REL_U} \bigg/ -\frac{\partial CHOC_U}{\partial PAY_U} = -\beta_{U_3}/\beta_{U_5} \qquad (5-23)$$

$$MWTP_{FRE_U} = \frac{\mathrm{d}PAY_U}{\mathrm{d}FRE_U} = -\frac{\partial CHOC_U}{\partial FRE_U} \bigg/ -\frac{\partial CHOC_U}{\partial PAY_U} = -\beta_{U_4}/\beta_{U_5} \qquad (5-24)$$

农村居民生态福祉各属性的经济量分别为：

$$MWTP_{SAF_R} = \frac{\mathrm{d}PAY_R}{\mathrm{d}SAF_R} = -\frac{\partial CHOC_R}{\partial SAF_R} \bigg/ -\frac{\partial CHOC_R}{\partial PAY_R} = -\beta_{R_1}/\beta_{R_6} \qquad (5-25)$$

$$MWTP_{HEAL_R} = \frac{\mathrm{d}PAY_R}{\mathrm{d}HEAL_R} = -\frac{\partial CHOC_R}{\partial HEAL_R} \bigg/ -\frac{\partial CHOC_R}{\partial PAY_R} = -\beta_{R_2}/\beta_{R_6} \qquad (5-26)$$

$$MWTP_{CON_R} = \frac{\mathrm{d}PAY_R}{\mathrm{d}CON_R} = -\frac{\partial CHOC_R}{\partial CON_R} \bigg/ -\frac{\partial CHOC_R}{\partial PAY_R} = -\beta_{R_3}/\beta_{R_6} \qquad (5-27)$$

$$MWTP_{REL_R} = \frac{\mathrm{d}PAY_R}{\mathrm{d}REL_R} = -\frac{\partial CHOC_R}{\partial REL_R} \bigg/ -\frac{\partial CHOC_R}{\partial PAY_R} = -\beta_{R_4}/\beta_{R_6} \qquad (5-28)$$

$$MWTP_{FRE_R} = \frac{\mathrm{d}PAY_R}{\mathrm{d}FRE_R} = -\frac{\partial CHOC_R}{\partial FRE_R} \bigg/ -\frac{\partial CHOC_R}{\partial PAY_R} = -\beta_{R_5}/\beta_{R_6} \qquad (5-29)$$

由前文分析可知，分析受访者对各生态福祉改善的支付意愿可间接测算出在农地城市流转过程中其生态福祉各要素损失的经济量，可据此对农地资源各项生态福祉要素的相对重要性进行排序，从而揭示居民对具有农地资源提供的各生态福祉要素的保护偏好。

（3）结果与分析。

①模型估计结果。

使用 Eviews 9.0 对式（5-17）~式（5-20）进行估计。表5-32、表5-33的结果表明，模型 MNL_1 和 MNL_2 均通过整体显著性检验，两个模型的各属性水平和支付水平均在5%的水平下显著；进一步比较两模型的 Log-likelihood 检验、Z 检验值等统计指标可知，模型 MNL_2 在统计学的表现显著优于模型 MNL_1，东、中、西部三个研究区域的模型 MNL_2 整体的 Mc Fadden R-squared 值均大于0.20，说明模型整体拟合度良好。因此，本书采用 MNL_2 模型测算受访者对农地生态系统服务功能的支付意愿。从表5-32、表5-33可以看出，两模型中绝大部分回归系数都达到了5%的显著性水平，意味着几乎各个自变量都对受访者的支付意愿产生了影响。模型参数估计值的正负和大小反映出受访者对不同属性及其属性水平的偏好。

表 5 – 32　城镇居民模型分析结果

变量	模型 MNL_1									模型 MNL_2								
	东部地区（广东省）			中部地区（湖北省）			西部地区（贵州省）			东部地区（广东省）			中部地区（湖北省）			西部地区（贵州省）		
	Estimate	Std. Error	z – Statistic	Estimate	Std. Error	z – Statistic	Estimate	Std. Error	z – Statistic	Estimate	Std. Error	z – Statistic	Estimate	Std. Error	z – Statistic	Estimate	Std. Error	z – Statistic
SAF	1.1497***	0.2048	5.6138	0.6826**	0.2699	2.5291	1.4987***	0.3328	4.5033	1.1591***	0.2105	5.5052	0.6946**	0.2746	2.5297	1.6943***	0.3562	4.7566
HEAL	1.0165***	0.2282	4.4544	0.8756***	0.3131	2.7966	1.7001***	0.3963	4.2899	1.1076***	0.2333	4.7485	0.8983***	0.3183	2.2459	1.9192***	0.4228	4.5389
REL	0.5907***	0.1525	3.8734	0.3935**	0.1959	2.0087	0.8499***	0.2481	3.4256	0.6209***	0.1568	3.9598	0.3966***	0.2000	4.5015	0.9641***	0.2648	3.6416
FRE	0.4344***	0.1674	2.5950	0.3766*	0.2215	1.7002	0.8955***	0.2701	3.3154	0.4837***	0.1717	2.8171	0.3788*	0.2253	1.9816	1.0162***	0.2883	3.5242
PAY	-0.0132***	0.0027	-4.8889	-0.0084**	0.0036	-2.3333	-0.0189***	0.0045	-4.2000	-0.0144***	0.0027	-5.3333	-0.0086***	0.0037	-2.3590	-0.0213***	0.0048	-4.4294
ASC	0.3721***	0.1206	3.0854	0.5506***	0.1535	3.5870	-0.0673	0.1834	-0.3670	0.1815**	0.0828	2.1920	0.1226	0.5863	3.2091	0.1283**	0.6105	-3.5640
SEX										-0.0747	0.0956	-0.7814	0.6363***	0.1247	5.1018	0.2715	0.1652	1.6428
AGE										-0.0050*	0.0026	-1.9231	-0.0113*	0.0065	-2.0022	-0.0259***	0.0069	-3.7528
EDU										0.3094***	0.0426	7.2626	0.0540*	0.0718	2.1752	0.2757***	0.0787	3.5043
POPU										-0.2110***	0.0370	-5.7027	-0.0539	0.0706	-1.9801	-0.1292*	0.0737	-1.7528
ABL										0.2574***	0.0477	5.3962	0.1655***	0.0750	2.2074	-0.0469	0.1007	-0.4658
INCOM										0.0206*	0.0115	-1.7913	0.0344*	0.0382	1.9007	0.2351***	0.0726	3.2383
OCUP										-0.0120	0.0245	-0.4883	0.0219	0.0230	0.7309	0.1122**	0.0492	2.2806
EXPER										0.0015	0.1063	0.0141	0.1589**	0.1180	2.1463	0.2491**	0.1915	1.9807
Log – likelihood	-1401.293			-889.718			-509.968			-1347.111			-864.062			-464.2618		
LR statistic	43.6769			23.9068			31.4810			152.0405			72.7721			122.8926		
Prob > chi2	0.0000			0.0002			0.0000			0.0000			0.0000			0.0000		
Mc Fadden R – squared	0.0953			0.2133			0.1299			0.2534			0.2404			0.1619		

注：*、**、*** 分别表示该属性在10%、5%、1%的水平上显著。

表 5-33 农户模型分析结果

变量	模型 MNL_1									模型 MNL_2								
	东部地区（广东省）			中部地区（湖北省）			西部地区（贵州省）			东部地区（广东省）			中部地区（湖北省）			西部地区（贵州省）		
	Estimate	Std. Error	z-Statistic	Estimate	Std. Error	z-Statistic	Estimate	Std. Error	z-Statistic	Estimate	Std. Error	z-Statistic	Estimate	Std. Error	z-Statistic	Estimate	Std. Error	z-Statistic
SAF	1.2381***	0.4663	2.6552	0.5547***	0.1818	3.0504	0.1514*	0.0851	1.7791	1.4055***	0.3437	4.0893	0.2499***	0.0876	2.8527	0.1651***	0.082	2.0134
HEAL	1.1896***	0.3789	3.1396	0.2730*	0.1816	1.5031	0.5607***	0.1663	3.3722	1.5002***	0.2874	5.2199	0.2869**	0.1450	1.9786	0.6037***	0.1728	3.4936
CON	0.6379**	0.3192	1.9984	0.2874*	0.1739	1.6527	0.3824**	0.1515	2.5233	0.6300**	0.2408	2.6163	0.3035*	0.1591	1.9076	0.4130**	0.1575	2.6222
REL	0.6293**	0.2859	2.2011	0.5868***	0.2130	2.7549	0.2148*	0.1686	1.2740	0.6663**	0.3286	2.0277	0.6183***	0.2198	2.8130	0.2315*	0.1287	1.7988
FRE	0.4290**	0.2138	2.0065	0.4457**	0.1886	2.3637	0.5536***	0.2037	2.7176	0.4393*	0.2280	1.9268	0.4701***	0.1814	2.5915	0.5985***	0.2119	2.8244
PAY	-0.0188***	0.0053	-3.5472	-0.0053***	0.0016	-3.3125	-0.0070***	0.0022	-3.2642	-0.0189***	0.0039	-4.8462	-0.0056***	0.0017	-3.2941	-0.0076***	0.0022	-3.4545
ASC	-0.9026	0.6258	-1.4422	0.4889	0.2944	1.6607	-1.3121***	0.3004	-4.3677	0.5569	0.9725	0.5726	0.1571	0.6628	0.2370	0.1389	0.5441	0.2553
SEX										-0.7055***	0.2215	-3.1851	-0.5040**	0.1982	-2.5429	-0.2157*	0.1308	-1.6491
AGE										-0.0178*	0.0103	-1.7282	-0.0162**	0.0068	-2.3824	-0.0164***	0.0054	-3.0370
EDU										0.6478***	0.1818	3.5633	0.2552**	0.1163	2.1943	0.2296***	0.0829	2.7696
POPU										-0.0850	0.0944	-0.9004	-0.0329	0.0490	-0.6714	-0.1687***	0.0492	-3.4289
ABL										0.1975**	0.1006	1.9632	0.1243*	0.0675	1.8415	0.1784**	0.0733	2.4338
INCOM										0.2531**	0.1191	2.1251	0.3528***	0.0936	3.7692	0.2410***	0.0714	3.3754
Log-likelihood	-163.516			-521.9794			-794.583			-301.914			-498.141			-743.662		
LR statistic	52.9911			16.615			26.8352			147.3302			64.2929			128.6786		
Prob>chi2	0.0000			0.0108			0.0002			0.0000			0.0000			0.0000		
Mc Fadden R-squared	0.2394			0.2157			0.2166			0.2961			0.2606			0.2796		

注：*、**、***分别表示在10%、5%、1%的水平上显著。

Ⅰ. 农地生态系统服务各属性水平与受访者的支付意愿。

● 作用方向。

对于东、中、西部的农村居民和城镇居民而言,各项属性均在1%或5%的水平下显著,其中东部和西部地区城镇居民的偏好差异更为显著(各生态属性均在1%的水平下显著),且各生态福祉属性的符号均为正,表明改善农地城市流转后的生态环境与居民的生态福祉均为正相关;而支付金额属性的符号为负,意味着随着为改善农地城市流转后生态福祉水平而设置的支付金额提高,居民从改善行动中得到的效用在下降,这是符合逻辑的。

● 偏好强度。

从参数估计值来看,绝对值越大表明受访者对该属性偏好越强烈,改善该项属性可得到的边际效用越高。总体而言,作为环境敏感脆弱区,西部地区农地转为城市建设用地对环境的影响较为突出,该地区城镇居民对农地城市流转导致的各项生态福祉损失感受最为强烈(参数值为0.9641~1.9192),其次为东部地区(参数值为0.4837~1.1591),中部地区的感受相对最弱(参数值为0.3788~0.8983)。分区域来看,对于东部地区城镇居民而言,农地城市流转导致生态福祉各要素下降的程度由强到弱依次为安全(1.1591)>健康(1.1076)>良好的社会关系(0.6209)>自由与选择(0.4837);对于中部地区居民而言,则为健康(0.8983)>安全(0.6946)>良好的社会关系(0.3966)>自由与选择(0.3788);西部地区城镇居民也认为健康要素是农地城市流转导致其生态福祉受损的最重要方面,其他则依次为安全(1.6943)、自由与选择(1.0162)、良好的社会关系(0.9641);相比东部和中部地区而言,西部地区城镇居民认为农地城市流转后面临的生计问题更为突出。

Ⅱ. 社会经济特征对受访者支付意愿的影响。

● 城镇居民。

如表5-32所示,年龄、受教育程度、家庭年收入、职业四个特征对东、中、西部城镇居民的偏好均有显著影响，其中年龄特征的作用方向为负，而受教育程度、家庭年收入特征和职业的作用方向为正，说明年龄越小、受教育程度和家庭年收入水平越高，以及所从事职业与环境相关的受访者对改善其生态福祉的支付意愿越强烈，反映出他们在农地城市流转中生态福祉下降的幅度更大。其他特征对东、中、西部城镇居民偏好的影响有明显的区域差异：性别因素仅对中部地区城镇居民有显著正向影响（0.6363），即中部地区城镇的男性居民对农地城市流转导致的生态福祉损失更敏感；家庭人口数分别在1%和5%的水平下对东部地区（-0.2110）和西部地区（-0.0539）城镇居民有显著负向影响，即家庭人口数越少，农地城市流转引起的生态福祉下降幅度越大；家庭有劳动能力人口数分别在1%和5%的水平下对东部地区（0.2574）和中部地区（0.1655）城镇居民有显著正向影响，即家庭有劳动能力人口数越多，农地城市流转引起的生态福祉下降幅度越大；是否在农村生活过这一特征对中部（0.1589）和西部地区（0.2491）城镇居民有显著正向影响，表明有过农村生活经历的居民在农地城市流转中损失更多的生态福祉。

- 农村居民。

如表5-33所示，对农户类受访者而言，年龄和性别两个变量与受访者支付意愿呈负相关，说明较为年轻的男性受访者更倾向于改善生态福祉，但两个变量在不同区域的作用强度存在差异且作用趋势完全相反，即受访者年龄对东部地区农村居民的影响（-0.7055）强于中部地区（-0.5040）更强于西部地区（-0.2157），而性别的影响程度却由东部地区（-0.0037）向中部地区（-0.0162）、西部地区（-0.0164）地区递增；受教育程度、家庭年收入、家庭可劳动人口数三个变量对受访者的选择影响显著且呈正相关关系，即受访者学历水平越高、家庭年收入越多、家庭可劳动人口数越多的受访者，对改善生态福祉的支付意愿更强烈，反映出他们在农地城市流转中感受到的生态福祉下降幅度更明显。家庭人口数对东、中、西部农村居民偏好的影响有明显的区域差异：对于东部和中部地区

而言，家庭人口数对农村居民的支付意愿并无显著影响，而西部地区的家庭人口数对其支付意愿有极其显著影响（$|Z| = 3.4289 > 2.58$），且作用方向为负，这表明家庭人口数量越多、家庭规模越大的西部农村居民为改善生态福祉而愿意支付的意愿越微弱，反映出这一群体在农地城市流转中感受到的生态福祉下降幅度较小。其原因可能在于，对于本就较为贫困的西部农村而言，较多的家庭人口数使其面临更大的生存压力，对生态福祉这种主观感受无暇顾及，也没有足够的经济能力为改善由农地城市流转而带来的生态环境恶化而支付。

②居民生态福祉损失量测算。

根据式（5 - 21）~ 式（5 - 24）可以得到城镇居民对其生态福祉各要素的支付意愿，并可据此对各项生态福祉要素的重要性（即农地城市流转造成该项福祉下降的幅度）进行排序（表 5 - 34）。观察发现，东、中、西部地区城镇居民的偏好存在一定差异，但总体而言都倾向于为改善农地城市流转后的健康属性和安全属性水平支付费用（重要性排序为1 或 2），良好的社会关系属性、自由与选择属性次之（重要性排序为 3或 4），前两个属性的价值约为后两者的 2 ~ 3 倍，由此可见，农地城市流转带给城镇居民群体的健康和安全福祉损失更为严重。东、中、西部三个研究区域城镇居民的安全属性价值极为接近，约 80 元/户·年；健康属性的价值存在最为明显的地区差异，中部地区的健康属性价值超出最低的东部地区的 27.53 元/户·年。从各要素的相对重要性排序看，各地区的城镇居民整体偏好呈现一致性，说明城镇居民对生态福祉各要素支付意愿的优先次序区域差异不显著。从改善生态福祉的总支付意愿的地区差异看，由高至低依次为中部地区、西部地区、东部地区，分别为 275.39 元/户·年、262.21 元/户·年、234.12 元/户·年（见表 5 - 34）。

表 5－34   城镇居民生态福祉各要素价值及重要性排序

生态福祉要素	东部地区		中部地区		西部地区	
	价值（元）	重要性排序	价值（元）	重要性排序	价值（元）	重要性排序
安全	80.49	1	80.77	2	79.54	2
健康	76.92	2	104.45	1	90.10	1
良好的社会关系	43.12	3	46.12	3	45.26	4
自由与选择	33.59	4	44.05	4	47.71	3
合计	234.12	—	275.39	—	262.21	—

　　根据式（5－25）~式（5－29）可以得到农村居民对其生态福祉各要素的支付意愿。农村居民支付意愿的空间差异非常显著。东部地区的农村居民在农地城市流转过程中健康和安全福祉要素受损最为严重，每户每年的平均支付意愿分别为 79.38 元和 74.37 元，而自由与选择要素损失最小，这应该与东部地区就业机会更多有关；中部地区的农村居民良好的社会关系要素损失最大，每户每年的平均支付意愿为 110.41 元，其次是自由与选择要素，安全要素损失价值最小；西部地区农村居民在农地城市流转过程中受损最为严重的是健康及自由与选择要素，每户每年的平均支付意愿分别为 79.43 元和 78.75 元，损失最小的则是安全要素。总体而言，东部、西部地区农村居民在农地城市流转过程中健康要素受损最为严重，受访者支付意愿极为接近，分别为 79.38 元和 79.43 元；中、西部地区农村居民维持高质量生活的基本物质条件要素重要性排序居中且支付意愿基本相同，分别为 54.20 元和 54.34 元。空间差异最显著的是良好的社会关系要素，中部地区农村居民对改善该要素的支付意愿最为强烈，东、西部地区差异不大。从改善生态福祉的总支付意愿看，由高至低排序与城镇居民一致，分别为中部地区、西部地区和东部地区，分别为 344.42 元/年、264.71 元/年、245.57 元/年（见表 5－35）。

表 5 - 35　　　　　　农村居民生态福祉各要素价值及重要性排序

生态福祉要素	东部地区		中部地区		西部地区	
	价值（元/年）	重要性排序	价值（元/年）	重要性排序	价值（元/年）	重要性排序
安全	74.37	2	44.63	5	21.72	5
健康	79.38	1	51.23	4	79.43	1
基本物质条件	33.33	4	54.20	3	54.34	3
良好的社会关系	35.25	3	110.41	1	30.46	4
自由与选择	23.24	5	83.95	2	78.75	2
支付意愿	245.57		344.42		264.71	

③居民总体支付意愿及生态福祉属性偏好的比较分析。

农村居民与城镇居民作为农地城市流转的利益相关群体，其对农地生态补偿政策的接受意愿和偏好对生态补偿政策的实施效果和目标的顺利实现具有决定性作用。由于与农地联系的密切程度不同以及他们因认知水平而对农地城市流转带给农地生态系统的影响存在感知上的差异，因此，比较两个利益群体对农地城市流转引起的生态福祉变化及其对生态补偿的偏好具有重要现实意义。

Ⅰ. 居民总体支付意愿。

● 空间差异。

由于生态系统服务功能具有空间流动性、其效用大小和受体范围具有不确定性，大尺度的土地生态系统服务功能价值的评估是当前国内外生态经济和环境经济研究的热点之一，这对于认识国家尺度和省域尺度上的自然资源禀赋、估计自然资本价值、保证生态资源管控效率具有重要的实践价值。

空间异质性对居民支付意愿的影响主要表现在以下两个方面。一方面，对比东、中、西部地区居民支付意愿可以看出，无论是城镇居民还是农村居民，其支付意愿水平具有区域一致性，均表现为中部地区居民的支付意愿最高，西部地区次之，东部地区最小。在调研中，我们发现，中部地区省份多为我国的粮食主产区，耕地是农地中的主要用地类型，丰富的耕地资源在农村居民生产生活中发挥着较大的作用，因此农村居民对耕地资源重要性的认知程度更高；而中部地区在我国主体功能区划中多为重点开发区，并涉及《促进中部地区崛起规划》中的主要省份，因此近几年成为农地城市流转的高度聚集区域，生态环境随之变动明显，居民感知强烈。加之相对于西部农村居民而言中部地区居民的经济支付能力相对更强，因此该区域内居民对农地生态功能的支付意愿更为强烈，这也表明，当农地城市流转发生在中部地区时给居民造成的生态福祉下降程度将会非常明显。西部地区以高原山地为主，农地类型多样，资源禀赋良好，除耕地外有着相较于中部地区而言更为丰富的草地和林地，属于我国重点生态功能区，但是生态环境相对更为敏感脆弱，较小的人类活动就会引起巨大的生态问题，在农地城市流转中将承受更高的生态风险，但是限于西部地区经济发展水平较东、中部地区更为落后，居民经济承受能力有限，这使得其支付意愿在较大程度上受到支付能力的影响。东部地区，尤其是沿海地区，基本上完成了城镇化过程（如广州市的城镇化率已超过85%），经济发展程度处于全国的领先水平，耕地资源数量较为稀缺，这使得耕地能够提供的生态服务总量受到限制，由此可能导致居民对此支付意愿不足。

- 城镇居民与农村居民差异。

从总体支付意愿看，虽然相较于农村居民而言，城镇居民具有更强的经济支付能力，但总体支付意愿在三个区域内却都没有农村居民强烈（见表5-36）。这可从两个方面寻找原因：其一，无论是与农地生态系统的互动关系，还是农地城市流转过程中的土地增值利益分配，城镇居民生态福祉的获益形式较为间接性，农地城市流转对城镇居民的干扰强度较小；其二，虽然大部分的城镇居民愿意为得到农地生态系统提供的生态服务支付费用，但作为农地生态系统保护的享用者与间接受益者，在没有任何制度约束条件和强制性管制下，免费"搭便车"已成为一种习惯（马爱慧，2011），这使得城镇居民的支付意愿在一定程度上受到意识惯性的影响。其中中部地区的城镇居民与农村居民的支付意愿差距最大（-69.04 元）、西部地区差距最小（-2.5 元）。

表 5 - 36　　　　　　　　城镇居民与农村居民支付意愿比较　　　　单位：元/年

生态福祉要素	东部地区		中部地区		西部地区	
	城镇居民（1）	农村居民（2）	城镇居民（1）	农村居民（2）	城镇居民（1）	农村居民（2）
支付意愿	234.12	245.57	275.39	344.43	262.21	264.71
支付意愿差额（1）-（2）	-11.45		-69.04		-2.5	

Ⅱ. 对生态福祉各个属性的偏好差异。

对比农村居民和城镇居民两个利益相关群体的支付意愿可以发现，城镇居民更愿意为改善健康和安全福祉要素付费，农村居民各地区差异较大，且农村居民的支付意愿普遍高于城镇居民，尤其是中部地区农村居民和城镇居民支付差额最大。相较城镇居民，农村居民与农地生态系统的互动关系更密切、复杂（Skandrani et al., 2015），对农地生态系统依赖程度更高，农地城市流转对农村居民的生态福祉产生直接的外在冲击力，流转区域内和流转周边的农村居民或搬迁，或失去耕作的土地，抑或面临种种生态困境，因而各生态福祉属性的损失程度有所差异。东部地区和西部地区的农村居民在农地城市流转过程中健康福祉要素受损最为严重，而中部地区农村居民良好的社会关系受损最大；自由与选择成为中、西部地区农村居民的第二大受损属性，大部分的原因是受制于中、西部地区的经济发展条件，导致农村居民在面对农地城市流转的外在冲击时，行为能力和选择机会受限。

5.2.3.2　生态补偿剩余与生态补偿优先次序

（1）生态补偿剩余。

支付意愿的测算结果说明，居民愿意为农地生态系统服务的改善支付一定的费用。根据模型的估计结果，可以进一步核算不同组合方案的补偿剩余，它反映的是改变现状所带来的整体生态福祉水平，是支付意愿另一种测算方式。城镇居民和农村居民的补偿剩余计算公式如下：

$$CS_{城镇居民} = -\frac{1}{\beta_5}(V_0 - V_1)$$

$$= -\frac{1}{\beta_5}(ASC + \Delta 安全 \cdot \beta_1 + \Delta 健康 \cdot \beta_2 + \Delta 社会关系 \cdot \beta_3$$

$$+ \Delta 自由与选择 \cdot \beta_4) \qquad (5-30)$$

$$CS_{农村居民} = -\frac{1}{\beta_6}(V_0 - V_1)$$

$$= -\frac{1}{\beta_6}(ASC + \Delta 安全 \cdot \beta_1 + \Delta 健康 \cdot \beta_2 + \Delta 物质条件 \cdot \beta_3$$

$$+ \Delta 社会关系 \cdot \beta_4 + \Delta 自由与选择 \cdot \beta_5) \qquad (5-31)$$

式中：V_0 表示维持现状的情况下居民的生态福祉效用；V_1 表示农地生态服务改善后居民可获得的生态福祉效用；ASC 为替代常数项；β 为各属性估计系数。

本书选取生态福祉各要素的现状值作为效用的基点（V_0），设定政策实施 10 年后，各福祉要素分别提高 10% 为目标状态（V_1），对比不同生态补偿方案与基准生态福祉状态的变化情况。组合方案补偿剩余价值结果如表 5-37、表 5-38 所示。

表 5-37　　　　　　　　　城镇居民组合方案的补偿剩余

选择集	生态福祉属性				东部地区剩余价值（元/年·户）	中部地区剩余价值（元/年·户）	西部地区剩余价值（元/年·户）
	安全	健康	良好的社会关系	自由与选择			
现状	0	0	0	0	0	0	0
1	0	1	0	1	134.16	177.61	157.62
2	1	0	1	0	148.58	153.83	143.31
3	0	0	1	1	96.98	113.43	108.29

选择集	生态福祉属性				东部地区剩余价值（元/年·户）	中部地区剩余价值（元/年·户）	西部地区剩余价值（元/年·户）
	安全	健康	良好的社会关系	自由与选择			
4	1	1	0	0	**185.75**	**218.00**	**192.64**
5	0	1	1	0	144.64	179.88	154.93
6	1	0	0	1	138.10	151.55	146.00

表 5 – 38　　　　　　　　　农村居民组合方案的补偿剩余

选择方案	生态福祉属性					东部地区补偿剩余（元/年·户）	中部地区补偿剩余（元/年·户）	西部地区补偿剩余（元/年·户）
	安全	健康	基本物质条件	良好的社会关系	自由与选择			
现状	0	0	0	0	0	0	0	0
1	0	1	0	1	1	181.13	298.20	225.79
2	1	0	1	1	0	186.71	258.21	135.46
3	1	1	1	0	1	**260.81**	285.45	**275.95**
4	0	0	1	1	1	130.48	**301.46**	198.18
5	1	1	0	1	0	237.36	254.95	163.06
6	1	0	0	0	1	136.83	169.48	128.80
7	0	1	1	0	0	153.45	144.03	165.43
8	1	1	0	0	0	198.58	133.50	129.55
9	0	0	1	1	0	192.22	265.48	198.94
10	1	0	0	0	1	175.61	290.93	162.30
11	0	0	1	0	1	91.70	180.01	164.68

根据表 5 – 37 可以看出，在 6 个组合方案中，东、中、西部地区的城市居民都认为方案 4 是最佳的生态补偿方案，即期望通过生态补偿政策获取农地生态系统服务提供的安全和健康生态福祉属性，并愿意为带来最大效用的组合方案支付更高的货币资金，以改善当前的生态福祉现

状。其中，中部地区受访城镇居民平均支付意愿最高，为 218 元/年·户；其次是西部地区，为 192.64 元/年·户；东部地区最低，为 185.75 元/年·户。

农户支付意愿的大小可以理解为在农地城市流转过程中其生态福祉受损的严重程度和期望得到改善的迫切性。从农户组合方案补偿剩余结果（见表 5-38）可以看出，农户在农地城市流转过程中生态福祉损失和生态补偿偏好存在一定的区域差异性。从整体来看，中部地区的农村居民支付意愿最高，倾向于由维持良好生活的基本物质条件、良好的社会关系和自由与选择构成的生态补偿政策，平均支付意愿为 301.46 元/年·户；对比与最优补偿方案补偿剩余极为接近的方案 1 和方案 10，中部地区农户期待侧重良好的社会关系和自由与选择的生态补偿政策。东、西部地区的农村居民偏好一致，都倾向于由安全、健康、维持高质量生活的基本物质条件和自由与选择构成的生态补偿政策，西部地区农户的支付费用略高于东部地区，西部地区为 275.95 元/年·户，东部地区为 260.81 元/年·户。

（2）区域间生态补偿优先次序。

本书以调研区域省份为代表，基于生态补偿剩余测算，选取效用最优的生态补偿政策，核算出各地区农村居民和城镇居民的生态福祉损失价值，以此确定跨区域生态补偿的优先次序。计算公式可以表示为：

农村居民生态福祉损失 = 农村居民年均支付意愿 × 农村居民总户数 × 支付率/还原率

城镇居民生态福祉损失 = 城镇居民年均支付意愿 × 城镇居民总户数 × 支付率/还原率

根据广东省、湖北省和贵州省统计资料，以及对居民支付意愿的调查分析，若还原率取 2016 年 11 月份一年期银行定期存款利率 1.75%，则各地区城镇居民和农村居民的生态福祉损失核算结果如表 5-39 所示。从各地区农户和城镇居民的生态福祉损失额度可以看出，东部地区（广东省）在农地城市流转中生态福祉损失 286.43 亿元，其中城镇居民平均每年生态福祉损失 176.12 亿元，农户平均每年生态福祉损失 110.31 亿元；中部地区（湖北省）在农地城市流转中的生态福祉损失

表 5 – 39   各地区居民的生态福祉损失额度

分类	项目	东部地区（广东省）	中部地区（湖北省）	西部地区（贵州省）
城镇居民	支付意愿（元/户）	185.75	218.00	192.64
	支付率（%）	77.95	74.52	67.93
	人口总户数（万户）	2128.60	1063.52	448.88
	生态补偿额度（亿元）	176.12	98.73	33.57
农村居民	支付意愿（元/户）	260.81	301.46	275.95
	支付率（%）	76.36	67.61	61.15
	人口总户数（万户）	969.35	807.23	619.63
	生态福祉损失（亿元）	110.31	94.02	59.75

注：人口总户数来源于 2015 年年末各省 1% 人口抽样调查主要数据公报；还原率取 2016年 11 月份一年期银行定期存款利率 1.75%。

192.74 亿元，其中城镇居民平均每年生态福祉损失 98.73 亿元，农户平均每年生态福祉损失 94.74 亿元；西部地区（贵州省）在农地城市流转中的生态福祉损失 93.31 亿元，其中城镇居民平均每年生态福祉损失 33.57 亿元，农户平均每年生态福祉损失 59.75 亿元。观察城镇居民生态福祉损失额度可以看出，东、中部地区城镇居民从农地生态系统服务中获得了巨大的生态福祉效用，愿意通过生态建设等方式修复在农地城市流转中的生态福祉损失，为无偿享用的生态系统服务支付一定的费用，因此，城镇居民的支付意愿具有生态补偿的性质。基于以上分析，若农村居民生态福祉损失额度大于城镇居民生态福祉损失额度，则意味着该区域消费了其他区域所提供的农地生态系统服务，反之，若农村居民生态福祉损失额度小于城镇居民生态损失额度，可以认为该区域在农地城市流转过程中为其他区域的经济发展提供了农地生态系统服务，从而确定该区域是补偿区域还是受偿区域。由此可知，东部地区（广东省）处于生态输入状态，说明该区域在农地城市流转过程中在无偿占有了区域内农地生态系统服务的同时，也在一定程度上无偿占用了其他区域的农地生态系统服务，属于优先生态补偿区。中部地区（湖北省）处于潜在生态输入状态，属于次级生态补偿区；西部地区（贵州省）处于生态输出状态，说明该区域的农地生态系统服务被其他区域无偿享用，应作为优先生态受偿区。研究结论与现行国土空间的主体功能区划分基本一致，进一步为跨区域生态补偿提供了佐证。

5.2.4　治理措施

5.2.4.1　两个基础性问题

已有的大量研究成果充分说明了农地城市流转在气候条件、生物多样性、覆被状况等方面对生态系统的显著影响，参考 MA 在生态系统评估方面的研究结论可知，农地生态系统的供给服务、调节服务、文化服务和支持服务功能因农地数量锐减而消失或受限，这导致人类在维持高质量生活的最低物质条件、健康、良好的社会关系、安全、自由与选择方面的生态福祉受到损害。然而，现行补偿机制的缺失和不完善导致实际的生态补偿额难以弥补人类实际的生态福祉损失，因此需要从生态福祉的视角出发，以农地城市流转生态补偿理论值为基础，完善和改进农地城市流转的生态补偿机制（见图 5-4）。

如前文所述，国内外学者对于农地城市流转过程中人类生态福祉损失以及生态补偿做了一定的探索和研究工作，在生态补偿机制构建方面取得了一定的研究和实践进展，但仍存在"福祉"与"福利"混用、"总体福祉"与"生态福祉"界限模糊、"生态福祉"的描述和测度研究不足等问题，这使得生态补偿机制构建的理论依据仍有待强化。因此，基于农地的生态服务功能，从生态福祉的视角出发构建农地城市流转的生态补偿机制必须首先处理好以下两个基础性问题。

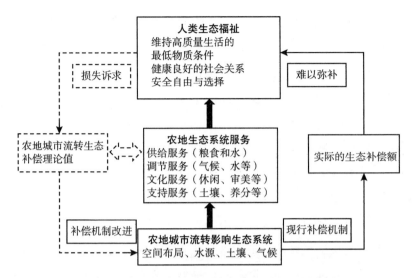

图5-4 农地城市流转过程中的农地生态系统服务
功能、生态福祉损失与生态补偿

（1）从生态系统服务变化角度建立农地城市流转与人类生态福祉变化的关联。目前国内外已有一些学者论证了生态系统服务与人类福祉之间的关系。现有研究一般认为生态系统服务包括具有市场价值、相对易于核算的供给服务（粮食、淡水等）和具有非市场价值、难于通过市场价格体现的调节服务和文化服务等，后者以外部性的形式存在于各种经济活动中。农地城市流转作为一种土地利用活动，在将农地流转为城市建设用地的过程中，带来的是农地原有生态系统服务的下降或消失，其中农地供给服务的损失在实际生活中基本上已可以通过土地征收补偿费等予以弥补，但以外部效应形式存在的其他生态系统服务功能的丧失尚未得到足够的重视，更缺乏行之有效的生态补偿机制，这导致人类福祉面临下降的风险。

现有研究中通常使用的"人类福祉"这一术语作为一个多维概念所涵盖的内容过于宽泛，未能明确反映上述以外部性存在的生态系统服务变化对人类福祉的影响，且常与"福利"这一概念相混淆。因此，应当对人类福祉作进一步的细分，将与生态系统服务相关的部分剥离为"人类生态福祉"并给予更多的关注和专门研究，为生态补偿机制的构建奠定理论基础。这就要求我们必须从理论上厘清农地城市流转、生态系统服务变化、人类生态福祉损失之间的关系，即尝试从生态系统服务变化的角度建立农地城市流转与人类生态福祉变化的关联。如图5-5所示，农地城市流转的规模和速度决定了农地资源保有的数量，而农地的生物物理结构与组分决定了其生态系统服务功能的大小，从而决定人类生态福祉的水平，即土地资源基础决定了生态功能提供和人类生态收益水平，属于自然范畴的农地资源经由生态系统服务与价值范畴的人类生态福祉产生了关联。当人类意识到自身的生态福祉水平因农地城市流转而下降时，可以通过管制等反馈和响应措施对农地城市流转的规模及速度进行调节，通过维持或提高农地资源基础存量改善自身生态福祉水平。

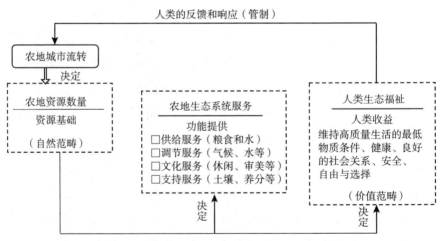

图5-5 农地城市流转、农地生态系统服务与人类生态福祉

（2）完善农地城市流转过程中农地生态系统服务及人类生态福祉变化的描述与测度。

国内外学者对生态系统服务价值做了许多探索性研究和尝试，但由于农地生态系统服务具有整体性、时空转移性、受体模糊性、持续性和复杂性等特征，在描述和测度农地城市流转导致的农地生态系统服务变化时面临巨大挑战。就理论分析而言，农地生态系统服务的内涵、边界、功能类型划分尚未得到严格的界定和达成共识，理论框架的不完善极易导致实证研究出现偏误。就定量测算来看，我国一些学者在进行农地生态系统服务的定量评估时常常直接利用国外学者的研究成果作为参数或依据，其科学性和合理性值得商榷；而目前常用的 CVM、CE 等测度方法也易因其本身的缺陷而出现偏差，特别是在农地生态系统各项服务功能的分解和加总过程中易出现重复计算或漏算的情况，这也在一定程度上影响了测度结果的精确性。因此，应当以测度人类生态福祉损失为目的定义农地生态系统服务及其分类，在此基础上选取适当的方法测度农地城市流转引起的农地生态系统服务的变化。

由于目前国内外学者关于农地城市流转中生态福祉变化的相关研究未能将"生态福祉""福祉"与"福利"在概念上做严格区分，且多采用"福利"这一概念，因此在测度时多沿用福利经济学的分析思路测算利益相关主体福利损失，尤以测度农村居民群体在农地城市流转前后福利变化的研究最为多见。实际上，农地城市流转由于其不可逆性意味着农地资源原有的生态系统服务功能难以恢复，这一损失由整个社会共同承担。因此，"福祉"特别是"生态福祉"，作为一个与可持续发展有关的概念，其测度的指标体系和方法都应当区别于关注当前某单一群体物质利益扶助的福利变化研究，这些问题有待进一步的探索和研究。在此过程中，如何把量化生态系统服务变化的自然科学领域变量转变为测度人类生态福祉变化的社会科学领域变量也是一个关键问题。现实中，社会公众对生态系统服务的恶化或改善感受较为直接，但要反馈到价值或损失评价机制中时却困难重重，利益与损失难以界定意味着高昂的执行成本，也成为生态补偿机制难以落地的障碍。

上述问题能否解决决定了我们能否客观、准确地揭示因农地城市流转而导致的人类生态福祉损失，才能进而为生态补偿机制的设计提供可靠依据。

5.2.4.2 生态补偿机制总体框架构建

生态补偿作为一种利益协调机制，是指在综合考虑生态保护成本、发展机会成本和生态服务价值的基础上，采用行政或市场等方式，由生态保护受益者或生态损害加害者通过向生态保护者或因生态损害而受损者以支付金钱、物质或提供其他非物质利益等方式，弥补其成本支出以及其他相关损失的行为，从而实现利益均衡。农地城市流转生态补偿机制以调整人地关系与社会利益主体之间的关系为目的，以"谁破坏、谁补偿"为原则，通过相关法律、政策和制度规范、引导和激励农地城市流转过程中相关利益主体的行为，是由补偿主体、补偿对象、补偿资金及形式、补偿标准、补偿方式、保障体系等要素构成的运作机制，其中界定利益相关者、确定补偿金额及补偿方式是关键问题（见图5-6）。

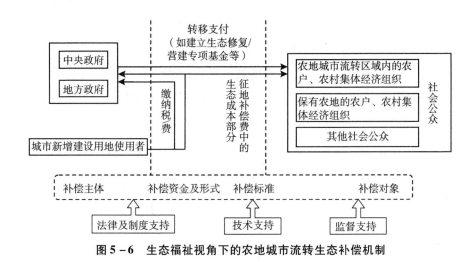

图5-6 生态福祉视角下的农地城市流转生态补偿机制

（1）运作模式。

国外常见的生态补偿实践模式主要有政府主导型和市场主导型（基于市场交易）两种类型，而前者更适用于农地城市流转生态补偿。

政府主导型的生态补偿是生态实践中最常见的形式，多通过制定相关政策、法规、制度、建立专项基金、收取相关费用或支付相关补贴等实施转移支付，以调节生态系统服务的代内和代际分配，维护社会公平。政府成为生态补偿主体有其合理性：其一，农地所提供的生态系统服务以受益的非排他性为特征，具有公共物品属性，而为全社会提供公共物品和服务是政府的重要职能之一；其二，在我国，政府作为公权力的主体为满足"公共利益"需要而实施农地城市流转，然而模糊的、偏向物质利益的"公共利益"界定导致其生态成本由社会公众承担，表现为农地城市流转导致不同尺度上的社会生态福祉下降，因此由政府主导生态补偿责无旁贷；其三，当生态系统服务的受损主体清晰和受损价值明确时，可以采用市场主导的生态补偿机制，通过直接的市场交易，由受益方直接付费或者通过产权让渡实现利益均衡。而农地城市流转导致社会整体生态福祉下降，下降幅度因人们的认知水平和社会经济的发展而动态变化、受损主体也具有普遍性和不特定性，因此，生态补偿的实现难以通过市场等私人选择机制实现，而有赖于以政府为代表的公共选择机制。

（2）补偿主体。

按照"谁破坏、谁补偿"的原则，地方政府和城市新增建设用地使用者作为农地城市流转过程中生态损害的加害者应是生态补偿的主体（任平，2014）。农地城市流转生态补偿的主体是指在农地城市流转过程中导致农地资源数量减少，从而降低社会公众生态福祉水平的利益主体，主要包括政府（含中央政府和地方政府）及城市新增建设用地使用者。

①政府（中央政府和地方政府）。

在供给侧，由中央政府和各级地方政府构成的权力机关是农地城市流转的核准、审批机构。它们扮演着"经济发展推动者"和"保护农地倡导者"的双重角色，处于发展与保护的两难境地。对中央政府而言，持续的建设用地投入是保障国家经济稳定增长的要素基础，而农地城市流转是增加土地要素投入的唯一可行途径；对于地方政府而言，由于城市存量土地的有限性、改造使用的高成本以及对土地财政的依赖，地方政府倾向于不断扩大和加快农地城市流转的数量和速度。二者在实际的经济决策中常常低估或回避农地城市流转的生态成本，通过低地价或零地价供地的方式换取低质的经济增长。

②城市新增建设用地使用者。

在需求侧，基于上述"重经济发展、轻生态保护"的土地要素投入模式和经济增长方式，城市新增建设用地使用者作为农地开发利用的实施者破坏了农地资源的生态系统，得以以不含生态成本的、较低的地价满足自身的用地需求。农地城市流转的私人成本远低于社会成本，农地城市流转所导致的公众生态福祉损失就这样以负外部效应的形式存在。

（3）补偿对象。

农地城市流转生态补偿的对象可以从三个维度确定。一是因遭受直接生态损失而导致生态福祉水平下降的利益主体，主要包括农地城市流转发生区域内的农户和农村集体经济组织；二是保有农地的行为人，主要包括仍保有一定数量农地、提供和维持农地生态系统服务功能的农户和农村集体经济组织，他们的行为具有明显的正外部性，因此也应纳入补偿对象；三是因农地城市流转遭受破坏的生态环境本身，这一般可以通过生态修复和生态营建实现，实际的受益人是广泛的社会公众，即因农地减少而导致其所享受的供给、调节、文化和支持服务下降的居民。

（4）补偿资金及形式。

政府的财政转移支付、城市新增建设用地使用者支付的农地城市流转"价格"或缴纳的税、费可作为生态补偿资金的来源。一方面，通过明确政府间生态补偿的事权划分建立中央政府与地方政府间合作共治的生态补偿机制，完善生态补偿纵向转移支付制度；另一方面，应重构农地征收的价格形成机制，使征地的"社会价格"能反映出农地的稀缺性和农地城市流转对生态系统服务减损的负外部效应，即在结构上应包括征地补偿费和强加于社会公众的生态损害成本，后者可作为生态补偿的资金来源；除此之外，也可以对城市新增建设用地使用者收费或征税以显化农地城市流转对社会造成的生态损害，通过设立生态建设或修复的专项基金等方式用于生态建设或修复。

（5）补偿标准。

生态补偿标准的科学制定与动态调整是农地城市流转生态补偿机制构建的关键问题。社会公众比较容易感受到对农地城市流转引发的生态损害，但由于技术原因较难反馈到生态福祉损失的量化评价中。本书建议通过从生态系统服务变化角度建立农地城市流转与人类生态福祉变化的关联，完善农地城市流转过程中农地生态系统服务及人类生态福祉变化的描述与测度。进一步地，借鉴 MA 的研究，通过评价农地城市流转引起的农地各项生态系统服务功能（供给服务、调解服务、文化服务、支持服务）的变化，从维持高质量生活的最低物质条件、健康、良好的社会关系、安全、自由与选择五个维度着手，采用选择实验法等非市场价值评估技术量化农地城市流转导致的社会公众生态福祉损失。最后根据"损失多少，补偿多少"的原则确定生态补偿标准。

（6）保障体系。

生态补偿机制的构建和实施需要必要的保障措施作为支撑。一是法律及制度支持。我国目前有关农地城市流转补偿的法律和制度建设主要集中在征地补偿方面，但现行补偿标准仅由农地产值（经济价值）决定，并未考虑生态补偿部分，因此，亟须对农地城市流转生态补偿进行针对性的立法和制度建设。二是技术支持。一方面，建立生态环境监测体系，跟踪农地城市流转引起的生态服务功能环境变化；另一方面，通过更为深入的科学研究和实践探索，改进农地生态系统服务功能损失的测度方法，为制定生态补偿标准提供可靠依据。三是监督支持。生态补偿机制的落地表现为生态补偿资金的落实以及生态环境的修复或营建，前者涉及多方利益主体，后者需要漫长的时间，这都要求为生态补偿机制的运行建立严格的、动态的监督和查处机制。

5.2.4.3　基于空间异质性的区域间生态补偿机制

由于区域间自然资源禀赋的差异，生态系统服务具有强烈的空间异质性，生态系统服务的持续流动使生态资源丰富地区的生态福祉外溢，被生态资源稀缺地区无偿享用，导致社会分配不公平和社会发展低效率。因此，亟须基于空间异质性建立区域生态补偿机制，以协调区域间经济发展与生态环境保护的关系。区域生态补偿机制是一种市场经济条件下各地区利益共享的制度安排，将生态受益方和生态受损方等利益主体定位于区域尺度，受益地区通过交纳生态税费等方式向受损地区转移支付生态补偿，以此弥补生态系统服务生产与消费等过程中的制度缺位，协调人地关系中的区域关系问题（见图5-7）。

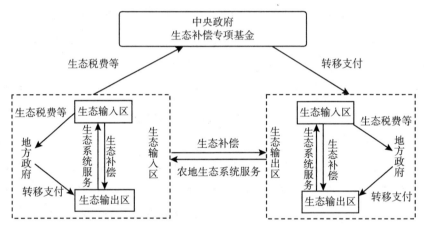

图5-7　农地城市流转中区域间生态补偿框架

补偿标准、优先次序和区域范围的界定以及区域间与区域内的关系，是实施跨区域补偿的关键和难点。关于补偿标准的确定，可以结合亏损地区的生态系统服务价值及受偿意愿、受益地区的支付能力及支付意愿，通过地方政府和区域政府协商和博弈确定。确定生态补偿的优先次序，关键在于核算各地区的生态福祉损失，根据损益程度确定各地区生态补偿的紧迫性。关于生态补偿区域范围的界定，区域间可以行政区域为界线，区域内可以功能区划为界线。其合理性有以下两点：第一，在政治因素上，行政区域较其他区域类型具有清晰的边界，利益边界与区域边界相一致；存在掌控区域各类资源和代表区域利益的代言人——地方政府（王昱等，2010），按照行政区域划定生态补偿界线可以充分利用各级政府的作用，政策实施较为便利（王女杰等，2010）。第二，在生态环境和社会经济因素方面，我国根据资源环境承载能力、现有开发密度和发展潜力，将国土空间划分为优化开发、重点开发、限制开发和禁止开发四类主体功能区，是我国在区域关系空间管制上的重要战略。因此，将行政区域与功能区划相结合确定区域内与区域间的生态补偿界线具有一定的理论依据和现实意义。区域间与区域内生态补偿关系实质在于处理好中央政府和地方政府的关系。由于生态环境所提供的服务与供给是具有公共产品属性的非物质产品，理性的经济人不会主动进行生态环境保护，区域生态补偿必须依靠政府在法规和政策层面提供协商与仲裁。区域间的生态补偿应以中央政府为主导，生态盈余区通过上缴新增建设用地生态税费，建立生态专项基金，通过转移支付向生态亏损区补偿；区域内的生态补偿应以地方政府为主导，由区域内的生态盈余区向区域内的生态亏损区转移支付。

前文通过对东、中、西部地区的农村居民和城镇居民的支付意愿的调查研究，核算了各区域农户生态福祉损失和城镇居民生态补偿额度。若农户生态福祉损失大于城镇居民生态补偿额度，意味着该区域消费了其他区域所提供的农地生态系统服务；反之，若农村居民生态福祉损失小于城镇居民生态补偿额度，意味着其他区域消费者消费了该区域所提供的农地生态系统服务，从而确定该区域是补偿区域还是受偿区域。研究结果表明，东部地区（广东省）生态福祉损益处于盈余状态，属于生态补偿区。中部地区（湖北省）略有盈余，属于潜在补偿区；西部地区（贵州省）处于亏损状态，应作为优先受偿区。即东部地区应优先补偿西部地区的生态福祉损失，为消费的农地生态系统服务功能付费。跨区域生态补偿优先度与生态脆弱性呈现出吻合趋同的状态，西部地区既是优先补偿区，又是重要生态区和生态脆弱区。

我国实行土地利用用途管制等行政手段对农地转为建设用地进行了严格限制，这在维持全国或地区生态环境质量的同时，却往往使拥有大量农地生态系统服务、生态环境较脆弱的地区陷入"资源诅咒"的困境，造成区域之间社会经济的非均衡发展。区域之间环境、生态和经济等方面的利益冲突以及区域间的激烈竞争，将在一段时期内成为我国区域关系的主要方面（王昱等，2010）。因此，在可持续发展观的引领下，如何协调区域关系，如何统筹区域发展，都对区域生态补偿研究提出了迫切的现实要求。

5.3 基于不同流向的农地城市流转的综合负外部性及其治理

农地流转为城市建设用地的用途是多样化的，农地的不同流向分别会引发哪些负外部性问题以及如何对其进行更为精确的测度？这一问题并未得到很好的解答。李霜和张安录（2014）在此方面曾进行了一些探索研究，结果表明，农地城市流转引致社会的外部性损失，并且损失的大小与农地城市流转的用途和周围环境有关，但该研究并未进一步定量揭示其关联性如何。因此，本研究在对农地流转为城市建设用地的不同流向进行归并的基础上，运用选择实验法，以武汉市和鄂州市的农地城市流转高发区作为研究区域，对不同流向下农地城市流转所产生的负外部效应进行量化分析。本书的研究结果力图为农地城市流转管制政策的制定和实施提供依据，促使农地城市流转的决策者和管理者正视不同流向下农地城市流转的社会成本，并使其能够根据农地流转为城市建设用地的不同用途进行松弛有度的、更具针对性的管制。

5.3.1 不同流向下农地城市流转的负外部性理论分析

5.3.1.1 农地城市流转的流向归并

土地用途转变是农地城市流转的现实表征，因此本研究所关注的"不同流向"指的是土地资源由原农用地用途转变为不同的城市建设用地用途的过程。根据《土地利用现状分类》（GB/T 21010－2007）标准，一级地类中主要涉及商服用地、工矿仓储用地、住宅用地、公共管理与公共服务用地、特殊用地、交通运输用地六类建设用地用途。结合我国农地城市流转的实际发生情况以及已有研究（李霜和张安录，2014；宋敏，2013），本书将农地城市流转的流向归并为以下三类：

①居住与商服用地。此流向包括了住宅用地、商服用地两个用途，实际上住宅用地通常都会配套一定的商服用地以满足人们的生活需求，两类用地通常在位置上相连、相近甚至同一。

②工矿仓储及交通运输用地。此流向包含工矿仓储用地、交通运输用地两个用途，二者具有很强的关联性，工矿仓储用地一般远离市区中心，寻求交通运输条件优越的低平地带以便设备安装及货品运输。

③公共管理与公共服务用地。此流向主要支持公益事业和提供公共服务，具有服务共享性和福利性的特点。

5.3.1.2 不同流向下农地城市流转的负外部效应

结合已有研究对农地城市流转的负外部性的分析和预调查结果，本书将其归纳为交通拥堵、噪声污染、公共设施不足、治安状况恶化、空气质量下降、自然景观破坏、人身安全受到威胁七个方面。不同流向的农地城市流转带来的负外部效应在类型和程度上有所差异（见表5-40）。

表 5-40　　　　　　　不同流向下农地城市流转的主要负外部性

流转后用地类型（流向）	交通拥挤	噪声污染	公共设施不足	治安状况恶化	空气质量下降	自然景观破坏	人身安全受到威胁
住宅及商服用地	√	√	√	√			
工矿仓储及交通运输用地		√			√	√	√
公共管理与公共服务用地	√	√	—	√	—	—	—

5.3.2 测度方法选取及实验方案设计

5.3.2.1 外部效应测度方法选取

外部效应的大小（本研究称为"经济量"）难以通过市场价格直接衡量，而居民的福利变化能够间接揭示生态或社会性外部效应对社会公众的影响大小，因此研究者常用陈述性偏好法（stated preference）通过构建假想市场揭示居民偏好，从而实现对外部效应大小的间接测度，其中条件价值法（CVM）和选择实验法（CE）是两种常用方法（Hoyos，2010；Gregory，2013；李京梅，2015）。然而 CVM 在运用中存在一定的局限性，即仅适用于假想市场中单一环境变化状态引起的福利变化，且只适用于环境整体发生一种变化的价值估计。而现实中外部效应的大小通常是多重属性共同作用的结果，因此，近年来 CE 在公共物品及资源环境物品的非市场价值评估领域的适用性得到了越来越多的认可（王尔大等，2015）。兰开斯特的消费者选择模型和随机效用理论为 CE 提供了基础，他认为消费者偏好于商品的属性，而非商品自身；受访者能够结合自身偏好、商品属性及其水平在众多的选择集中做出选择。运用 CE 问卷对受访者进行调查，实质上就是让受访者在诸多通过虚拟场景设定的物品或服务的属性水平组合中，选择其认为可实现效用最大化的方案，最后通过构造选择的随机效用模型把受访者的属性选择问题转变为效用比较问题（石春娜，2016）。受访者从选择集中选择某个物品或服务的属性水平组合所获得的效用函数可表示为：

$$U_m = V_m + \varepsilon_m \qquad\qquad (5-32)$$

式中：U_m 为消费者选择选项 m 而得到的总效用；V_m 为第 m 个选择集的可观测效用部分，可由属性（x_m）和受访者的个人特征（s）决定；ε_m 为作随机项处理的不可观测效用部分。对于给定的选择集，受访者选择选项 m（即 $m=1$）而非选项 n 的概率为：

$$P(m=1) = P(U_m > U_n, \forall\, m \neq n)$$

$$= P\left[\left(V_m + \varepsilon_m\right) > \left(V_n + \varepsilon_n\right), \forall\, m \neq n\right] \qquad (5-33)$$

在具体研究中，受访者的效用函数模型通常被简化为线性函数形式：

$$\begin{aligned} U_m &= V_m + \varepsilon_m \\ &= C + \beta' x_m + \varepsilon_m \end{aligned} \qquad (5.34)$$

式中：C 为常数项，它可以解释模型中未包含的因素对效用的平均影响；β' 为效用参数矩阵；x_m 为选择集中包括价格水平在内的各属性水平矩阵。

由于理论基础的原因，该方法在设计调查问卷时会罗列出较多的选择集，这可能会使受访者在面对众多选择集时产生抵触情绪，从而影响其偏好的真实表达。为此，可以在设计调查问卷时采取正交试验等方法剔除重叠、无效的选项，以解决选择集冗长的问题；此外，调查者也可以通过充分的前期准备以尽可能简洁明了的介绍调研背景与目的，快速引导受访者进入受访状态。本研究选择 CE 作为测度农地城市流转负外部性的基本方法。

5.3.2.2 负外部性测度的选择实验方案设计

（1）农地城市流转负外部效应调查情景设计。

农地城市流转是城市化在土地资源配置方面的表现，它意味着对原有地貌和自然环境的改变。虽然农地流转为城市建设用地会增加基础设施建设，产生更多非农就业机会，带来更高的经济效益，但同时农地流转为城市土地后用于修建住宅、商业区、工厂或者是公共服务场所又可能产生生态或社会方面的负面影响，由于此类影响通常以外溢效应或者说外部性的方式存在，故而易被农地城市流转决策者忽视。

（2）问卷内容设计。

根据农地流转为城市用地后的用途，将问卷分为农地流转为住宅及商服用地、工矿仓储及交通运输用地、公共管理与公共服务用地三个部分，受访者根据实际情况选择性作答（详见附录的调查问卷Ⅳ）。调查问卷主体包含四方面内容：

①调查背景及选项介绍。帮助受访者尽快了解此次问卷调查的背景知识，引导受访者快速进入作答状态。

②选择集。受访者根据自身周围农地城市流转的不同流向在对应的

选择集中作答。

③受访者个人及家庭收入情况调查。包含受访者的性别、年龄、受教育程度、家庭年收入等选项。

④问卷有效性检验。检验受访者是否真正理解了该调查问卷。若受访者未能正确理解该问卷的内容，则标记为无效问卷。

（3）属性及状态水平确定。

本书参考已有研究对农地城市流转负外部效应的分类（Clark，2006；宋敏，2013），且在对农地城市流转的实际发生情况特别是居民对其负外部效应的直观感受进行预调研的基础上，依据农地城市流转的不同流向分别进行负外部效应属性及状态水平的设定。

以农地转变为住宅及商服用地为例，其负外部性主要体现在交通拥堵、噪声过大、公共设施不足和治安状况下降四个方面。负外部性的属性及其设置水平见表5-41。其属性水平主要依据属性的当前（基准）状况及农地城市流转负外部性得到治理（改善）后所能达到的效果确定。住宅及商服用地一般都是人员高度聚集地，农地流转为住宅及商服用地后，常出现周围交通状况恶化、噪声增大、公共设施不足和治安状况下降等问题。受访者多期望通过农地城市流转管制降低负外部效应，即各属性水平有所改善或者提高。因此将属性水平分别设置为"变差"和"改善"两种，参考近年国内学者运用CVM方法对居民保护农地的支付意愿进行调查的结果（牛海鹏，2014；刘利花，2015），将价格属性即支付费用的水平状态确定为80元/户·年、150元/户·年、220元/户·年。农地转变为工矿仓储与交通运输用地、公共管理与公共服务用地的属性及其水平范围的设定方法与此类似。

表5-41　　不同流向下农地城市流转负外部性的属性及水平范围确定

流转后用地类型（流向）	方案属性	交通情况	噪声	公共设施	治安状况	空气质量	自然景观	人身安全	支付费用（元/户·年）
居住商服用地	现状	拥堵	吵闹	不足	较差	—	—	—	0
	改善	改善	改善	改善	改善	—	—	—	80；150；220

续表

流转后用地类型（流向）	方案属性	交通情况	噪声	公共设施	治安状况	空气质量	自然景观	人身安全	支付费用（元/户·年）
工矿仓储与交通运输用地	现状	—	吵闹	—	—	差	破坏	危险	0
	改善	—	改善	—	—	改善	复原	安全	80；150；220
公共管理与公共服务用地	现状	拥堵	吵闹	—	差	—	—	—	0
	最佳水平	畅通	改善	—	改善	—	—	—	80；150；220

根据表 5-41，居住商服用地负外部性的属性有四个，根据因子设计法，四因素二水平与一因素三水平可以构成 $2^4 \times 3$ 个选择集，但是在实际调查过程中，冗长的问卷不但会耗费更多的调查时间，而且也会增加受访者的抵触情绪，不利于有效的反映出受访者真实的偏好。因此本书采用 SPSS16.0 进行正交分析，剔除不符合逻辑的选择集，受访者根据自身的偏好在各选择集中进行选择。类似地，可得到农地转变为工矿仓储与交通运输与用地、公共管理与公共服务用地的负外部效应属性选择的正交集，详见表 5-42。

表 5-42　　不同流向下农地城市流转负外部性的属性选择正交集设计

流转后用地类型（流向）	选择集	交通情况	噪声	公共设施	治安状况	空气质量	自然景观	人身安全	支付费用（元/户·年）
居住商服用地	1	拥堵	吵闹	不足	改善				80
	2	畅通	吵闹	不足	变差				80
	3	拥堵	改善	充足	变差				150
	4	畅通	改善	不足	变差				150
	5	拥堵	吵闹	充足	改善				150
	6	拥堵	改善	充足	改善				220
	7	畅通	改善	不足	改善				220
	8	畅通	改善	充足	改善				220

续表

流转后用地类型（流向）	选择集	交通情况	噪声	公共设施	治安状况	空气质量	自然景观	人身安全	支付费用（元/户·年）
工矿仓储与交通运输用地	1	改善				改善	破坏	危险	80
	2	吵闹				改善	破坏	安全	80
	3	改善				变差	改善	危险	80
	4	改善				改善	破坏	安全	150
	5	吵闹				改善	改善	安全	150
	6	改善				改善	改善	危险	150
	7	改善				变差	改善	安全	220
	8	改善				改善	改善	安全	220
公共管理与公共服务用地	1	拥堵	吵闹		改善				80
	2	畅通	改善		变差				80
	3	拥堵	改善		改善				150
	4	畅通	吵闹		变差				150
	5	拥堵	畅通		变差				220
	6	畅通	吵闹		改善				220
	7	畅通	改善		改善				220

5.3.3 实证分析

5.3.3.1 研究区域概况及数据来源

（1）研究区域概况。

农地城市流转区域多为城乡生态经济交错区，本书选取城镇化速度较快的武汉市东湖新技术开发区花山镇及与其毗邻的鄂州市华容区葛店镇、梁子湖区东沟镇作为实证研究区域。花山镇位于武汉市洪山区城郊，是武汉市中心城镇之一，东至左岭镇，北至武汉北湖新城，南至武汉科技新城，西至东湖风景区。华容区葛店镇隶属鄂州市华容区，距鄂州市城区38公里，西至武汉市洪山区。2012年，经国务院批准，葛店经济技术开发区升级为国家级经济技术开发区。梁子湖区东沟镇位于鄂州市西南部，梁子湖的北岸，西与武汉市江夏区接壤，辖大垅村、月山村等7个行政村。2009年东沟镇作为两型社会综合改革核心展示区的建设试点，开始开发建设梧桐湖新城。上述开发区及新城的营建引发了当地农地城市流转的大量发生。因此本书选取这些区域进行实证研究。

（2）数据来源。

已有研究多是以行政区划为单位划定外部效应的作用范围（Loomis，2013），因此本书以行政村为单位，于2014年10～11月通过面对面访谈的形式对研究区域内农地城市流转区域影响范围内的居民展开调研。样本数量（见表5-43）由下式计算得到：

$$N^* = N/[(N-1) \times \sigma^2 + 1] \qquad (5-35)$$

式中：N^* 为要调查的样本数量；N 为调查区域总的人口数量；σ 为样本选取的精确程度，多设置为0.15。

表5-43 调查样本点分布状况

县（市、区）		乡镇（街道）	村名	人口数（人）	理论样本量（个）	实际样本量（个）
武汉市	洪山区	花山街道	春和村	2300	44	50
			河刘村	2450	44	50
			方梁村	1650	43	50
鄂州市	华容区	葛店镇	庙湾村	3600	44	50
			张铁村	3150	44	50
	梁子湖区	东沟镇	大垅村	3650	44	50
			月山村	3550	44	50
			六十村	3100	44	50

三个调研区域都存在农地流转为各类城市建设用地的情形，实际样本分布情况见表5-43。为保证有效调查问卷的数量，每个行政村实际

发放调查问卷 50 份，共发放问卷 400 份。因 *CE* 为陈述偏好方法，因此在筛选问卷时需区别真实零支付和抗拒性零支付，并将后者作为无效问卷去除。二者差别主要在于受访者是否同意问卷中的情境假设，以"家庭经济原因无力支付"或"情景方案对改善负外部性的作用不明显"为由选择"我都不选"这一选项的问卷为真实零支付，以"控制农地城市流转，降低负外部效应是政府职责"为由选择"我都不选"则为抗拒性零支付。本次调查涉及抗拒性零支付 9 份，占样本总数的 2.25%。剔除其余 52 份无效问卷后共得到有效问卷 339 份，其中居住商服用地流向、工矿仓储与交通运输用地流向、公共管理与服务用地流向的问卷分别为121 份、112 份和 106 份，问卷有效率 84.75%。

5.3.3.2　模型构建、变量定义与边际价值估算

（1）模型构建与变量定义。

通过建立两个多元 Logit 模型（MNL）来拟合调查数据，从而测算农地流转为不同城市建设用地类型后各属性的货币值。模型 I 仅考虑选择方案的各个属性及其水平；模型 II 则引入受访者个体特征，从而研究受访者个体特征对其选择结果的影响。

$$模型 I：V_j = ASC_j + \sum \beta_j X_{ij} \qquad (5-36)$$

$$模型 II：V_j = ASC_j + \sum \beta_j X_{ij} + \sum \theta_j Z_{ij} + \sum \varphi_j X_{ij} Z_{ij}$$
$$+ \sum \lambda_j ASC_j \cdot X_{ij} \qquad (5-37)$$

其中：V_j 是农地流转为第 j 种用途的城市建设用地时受访者可从选择集中获得的总效用，是第 j 种流向下农地流转城市流转负外部效应的间接测度（$j=1，2，3$ 分别表示农地流向为住宅及商服用地、工矿仓储及交通运输用地、公共管理与公共服务用地）；X_{ij} 表示第 j 种流向下的 i 个属性水平（当农地城市流转的流向为住宅及商服用地或工矿仓储及交通运输用地时，$i=1，\cdots，5$；当流向为公共管理与公共服务用地时，$i=1，\cdots，4$），构成方案的属性向量。ASC_j 为截距，β_j、θ_j、φ_j、λ_j 均为参数向量，Z_{ij} 为个人特征向量，$X_{ij}Z_{ij}$、$ASC_j \cdot X_{ij}$ 均为交互效应的向

量。不同流向下各属性变量定义及预期符号如表 5 - 44 所示。

表 5 - 44 变量定义

流转后用地类型（流向）	属性名称	变量	变量取值	预计符号
住宅及商服用地	交通状况	X_{11}	交通畅通时 $X_{11}=1$，交通拥堵时 $X_{11}=0$	+
	噪声	X_{21}	无噪声污染 $X_{21}=1$，有噪声污染 $X_{21}=0$	+
	公共设施	X_{31}	公共设施充足 $X_{31}=1$，公共设施不足 $X_{31}=0$	+
	治安状况	X_{41}	当治安状况好 $X_{41}=1$，治安状况差 $X_{41}=0$	+
	支付费用	X_{51}	80，150，220（元/户·年）	-
	性别	$ASC-gen_1$	男 $=1$，女 $=0$	+
	年龄	$ASC-age_1$	年龄	-
	政治面貌	$ASC-pol_1$	党员 $=1$，其他 $=2$	+
	受教育程度	$ASC-edu_1$	未受教育 $=0$，小学 $=1$，初中 $=2$，高中 $=3$，大专 $=4$，本科及以上 $=5$	+
	家庭收入水平	$ASC-inc_1$	家庭月收入（元）	+
工矿仓储及交通运输用地	空气质量	Y_{12}	空气质量好时 $Y_{12}=1$，当空气质量差 $Y_{12}=0$	+
	噪声	Y_{22}	无噪声污染时 $Y_{22}=1$，当有噪声污染 $Y_{22}=0$	+
	自然景观	Y_{32}	自然景观无破坏 $Y_{32}=1$，自然景观破坏 $Y_{32}=0$	+
	人身安全	Y_{42}	无人身安全问题 $Y_{42}=1$，人身安全受威胁 $Y_{42}=0$	+
	支付费用	Y_{52}	80，150，220（元/户·年）	-
	性别	$ASC-gen_2$	男 $=1$，女 $=0$	+
	年龄	$ASC-age_2$	年龄	-
	政治面貌	$ASC-pol_2$	党员 $=1$，其他 $=2$	+
	受教育程度	$ASC-edu_2$	未受教育 $=0$，小学 $=1$，初中 $=2$，高中 $=3$，大专 $=4$，本科及以上 $=5$	+
	家庭收入水平	$ASC-inc_2$	家庭月收入（元）	+

流转后用地类型（流向）	属性名称	变量	变量取值	预计符号
公共管理与公共服务用地	交通状况	Z_{13}	当交通畅通时 $Z_{13}=1$，当交通拥堵时 $Z_{13}=0$	+
	噪声	Z_{23}	当无噪声污染时 $Z_{23}=1$，当有噪声污染时 $Z_{23}=0$	+
	治安状况	Z_{33}	治安状况好时 $Z_{33}=1$，治安状况差时 $Z_{33}=0$	+
	支付费用	Z_{43}	80，150，220（元/户·年）	−
	性别	$ASC-gen_3$	男 =1，女 =0	+
	年龄	$ASC-age_3$	年龄	−
	政治面貌	$ASC-pol_3$	党员 =1，其他 =2	+
	受教育程度	$ASC-edu_3$	未受教育 =0，小学 =1，初中 =2，高中 =3，大专 =4，本科及以上 =5	+
	家庭收入水平	$ASC-inc_3$	家庭月收入/元	+

（2）负外部性属性的边际价值估计。

当备选方案包含价格属性时，通过求取边际替代率可得到任意一个边际价值的估计值或隐性价格，它表示的就是不同属性水平下的边际支付意愿（marginal WTP，MWTP）。因此，可根据上述模型分析结果估算受访者为使其中一个特定的属性达到理想状态时所愿意支付的费用。即固定被估算属性以外的其他属性变量，估计该属性相对于基准水平的边际价值。模型中，当个人效用最大化时，dV_1、dV_2、dV_3 均等于 0，则不同流向下各负外部性属性的价值分别为：

$$MWTP_{X_{i1}} = \frac{dX_{51}}{dX_{i1}} = -\frac{\partial V_1}{\partial X_{i1}} \Big/ \frac{\partial V_1}{\partial X_{51}} = -\beta_{i1}/\beta_5 \quad (i=1,\cdots,4)$$

$$MWTP_{X_{i2}} = \frac{dX_{52}}{dX_{i2}} = -\frac{\partial V_2}{\partial X_{i2}} \Big/ \frac{\partial V_2}{\partial X_{52}} = -\beta_{i2}/\beta_5 \quad (i=1,\cdots,4)$$

$$MWTP_{X_{i3}} = \frac{dX_{43}}{dX_{i3}} = -\frac{\partial V_3}{\partial X_{i3}} \Big/ \frac{\partial V_3}{\partial X_{43}} = -\beta_{i3}/\beta_4 \quad (i=1,\cdots,3) \quad (5-38)$$

即各负外部性属性的价值等于支付额对于各属性变化水平的微商。

（3）负外部性的补偿剩余测算。

不同流向下农地城市流转负外部性的补偿剩余（CS）可由式（5－39）得到（以农地流转为住宅及商服用地为例）：

$$CS = -(C + \sum_{i=1}^{4} \Delta\beta_{i1})/\beta_5 \qquad (5-39)$$

式中：$\Delta\beta_{i1}$ 为选择集中第 i 个属性的估计系数与其属性水平变化差值（0或1）的乘积。通过计算各选择集的补偿剩余价值，分析各选择集相对于现状的补偿剩余，则补偿剩余最大的选择集即为最优选择集。

（4）负外部效应的经济总量测算。

已有研究多把行政辖区范围与外部效应（或公共物品）的影响范围相等同（Loomis，2013），用以测算外部效应的经济总量。本书沿用此种方法来测度不同流向下农地城市流转负外部效应的大小，则有：

负外部效应经济总量＝补偿剩余价值×行政辖区内总户数

×（1－抗议性零支付率） （5－40）

5.3.3.3 结果与分析

模型因变量选取的是受访者在每个选择集中所做选择的概率，自变量为每个选择集中各属性水平的取值，分析结果详见表5－45。可见在三种流向下，模型Ⅰ与模型Ⅱ均通过了整体显著性检验，且模型Ⅱ的拟合优度高于模型Ⅰ。各属性因素分别在不同的水平（0.1%、1%、5%）上显著。

表5－45　　　　　　　　　　回归模型分析结果

流转后用地类型（流向）	变量	模型Ⅰ			模型Ⅱ		
		系数	标准差	$Pr(>|t|)$	系数	标准差	$Pr(>|t|)$
住宅及商服用地	ASC_1	0.3018	0.0740	0.0612 *	0.3276	0.0628	0.0263 **
	X_{11}	0.6081	0.0481	0.0389 **	0.5829	0.0417	0.0279 **
	X_{21}	0.6153	0.0356	0.0424 **	0.6014	0.0309	0.0417 **

续表

流转后用地类型（流向）	变量	模型 I			模型 II		
		系数	标准差	$Pr(>\mid t\mid)$	系数	标准差	$Pr(>\mid t\mid)$
住宅及商服用地	X_{31}	0.4728	0.0352	0.0767 *	0.4497	0.0299	0.0925 *
	X_{41}	0.2241	0.0378	0.0812 *	0.2116	0.0328	0.0804 *
	X_{51}	−0.0054	0.0012	0.0008 ***	−0.0049	0.0026	0.0003 ***
	$ASC-gen_1$				−0.0291	0.0656	0.1879
	$ASC-age_1$				0.0035	0.0467	0.1482
	$ASC-pol_1$				0.2617	0.0325	0.1322
	$ASC-edu_1$				0.0268	0.0411	0.0756 *
	$ASC-inc_1$				0.5233	0.0422	0.0482 **
	$Adjusted\ R^2$	0.9891			0.9924		
工矿仓储及交通运输用地	ASC_2	0.2109	0.0651	0.0373 **	0.4307	0.0594	0.0009 ***
	Y_{12}	0.7411	0.0433	0.0441 **	0.7429	0.0417	0.0421 **
	Y_{22}	0.4630	0.0437	0.0739 *	0.4811	0.0389	0.0360 **
	Y_{32}	0.4495	0.0437	0.0527 *	0.4601	0.0374	0.0344 **
	Y_{42}	0.8574	0.0391	0.0535 *	0.8560	0.0311	0.0989 *
	Y_{52}	−0.0052	0.0050	0.0007 ***	−0.0046	0.0029	0.0002 ***
	$ASC-gen_2$				−0.0351	0.0529	0.1077
	$ASC-age_2$				0.0058	0.0267	0.1814
	$ASC-pol_2$				0.1092	0.0210	0.1452
	$ASC-edu_2$				0.0452	0.0121	0.0864 *
	$ASC-inc_2$				0.5094	0.0258	0.0431 **
	$Adjusted\ R^2$	0.9902			0.9952		
公共管理与公共服务用地	ASC_3	0.2539	0.0751	0.0798 *	0.2610	0.0724	0.0002 ***
	Z_{13}	0.7282	0.0462	0.0445 **	0.7015	0.0481	0.0237 **
	Z_{23}	0.4791	0.0462	0.0837 *	0.4602	0.0402	0.0329 **
	Z_{33}	0.7590	0.0459	0.0316 **	0.7121	0.0446	0.0004 ***
	Z_{43}	−0.0041	0.0057	0.0002 ***	−0.0039	0.0023	0.0709 *

续表

流转后用地类型（流向）	变量	模型 I			模型 II		
		系数	标准差	$Pr(>|t|)$	系数	标准差	$Pr(>|t|)$
公共管理与公共服务用地	$ASC-gen_3$				-0.0191	0.0632	0.2160
	$ASC-age_3$				0.0125	0.0539	0.1662
	$ASC-pol_3$				0.0913	0.0212	0.1360
	$ASC-edu_3$				0.0217	0.0116	0.0764 *
	$ASC-inc_3$				0.4923	0.0346	0.0731 *
	$Adjusted\ R^2$	0.9826			0.9848		

注：***、**、* 分别表示统计检验达到1%、5%、10%的显著水平。

拟合度较好的模型 II 的估计结果表明：

①ASC 值均大于零，说明实验方案对绝大部分受访者而言具有一定的吸引力，实验方案较好地揭示了受访者的偏好。更进一步地，可以发现 $ASC_1 > ASC_3 > ASC_2$，说明受访者对治理（改善）农地流转为住宅及商服用地的负外部效应有更高的参与度，其次是公共管理及商服用地，最次是工矿仓储及交通运输用地。

②对于农地城市流转的不同流向，受访者在选择治理方案时对各属性的偏好程度存在差异。对于农地流转为住宅及商服用地这一流向而言，受访者倾向于选择对交通状况和噪声两种负外部性改善明显的治理方案，即：在保持其他属性水平不变的情形下，交通状况每改善1个单位，则受访者参加农地城市流转负外部性治理的概率提高58.29%；噪声状况每改善1个单位，则受访者参加农地城市流转负外部性治理的概率提高60.14%。同理可知，对于农地流转为工矿仓储及交通运输用地而言，受访者倾向于选择对空气质量和人身安全两种负外部性改善明显的治理方案；而对农地流转为公共管理与公共服务用地流向而言，受访者则倾向于选择对交通状况和公共设施状况两种负外部性改善明显的治理方案。

③在引入的受访者个体社会经济特征中，受访者的受教育程度和家庭收入水平对选择偏好的影响表现出一定的显著性，其他个体特征的影响则不显著。也就是说，受教育程度较高的个体，对农地城市流转负外部效应的认知程度更高，感受也更为敏感和深刻，更支持对农地城市流转的负外部性进行治理，或者说希望政府对农地城市流转进行管制的意愿更为强烈；此外，家庭收入水平越高的个体对治理农地城市流转负外部性的支付意愿也越强烈。对受访者社会经济信息变量的估计结果能够为农地城市流转管制的决策者制定有针对性的政策提供依据。

由式（5-38）得到农地城市流转不同流向下产生的负外部性的属性价值（见表5-46）。

表5-46　　　　　不同流向下农地城市流转负外部
效应的属性价值　　　　　单位：元/户·年

流转后用地类型（流向）	模型	交通情况	噪声	公共设施	治安状况	空气质量	自然景观	人身安全
住宅及商服用地	模型Ⅰ	121.61	113.95	87.56	41.50			
	模型Ⅱ	118.96	122.73	91.78	43.18			
工矿仓储及交通运输用地	模型Ⅰ		89.04			142.52	86.44	164.88
	模型Ⅱ		104.59			161.50	100.02	186.09
公共管理与公共服务用地	模型Ⅰ	177.61	116.85		185.12			
	模型Ⅱ	179.87	118.00		182.59			

根据表5-46中不同流向下农地城市流转负外部性模型分析结果，由式（5-39）得到三种流向下各选择集的补偿剩余情况（见表5-47）。

表 5 - 47   各选择集的补偿剩余情况

流转后用地类型（流向）	选择集	交通	噪声	公共设施	治安状况	空气质量	自然景观	人身安全	补偿剩余价值（元/户·年）	
									模型Ⅰ	模型Ⅱ
住宅及商服用地	1	0	0	0	1				97.38	110.04
	2	1	0	0	0				168.50	185.82
	3	0	1	1	0				257.39	281.37
	4	1	1	0	0				282.44	308.55
	5	0	0	1	1				184.94	201.82
	6	0	1	1	1				298.89	324.55
	7	1	1	0	1				323.94	351.73
	8	1	1	1	1				411.50	443.51
工业及交通运输用地	1		1			1	0	0	272.12	288.52
	2		0			1	0	1	347.96	370.02
	3		1			0	1	0	216.04	227.04
	4		1			1	0	1	437.00	474.61
	5		0			1	1	1	434.40	470.04
	6		1			1	1	0	358.56	388.54
	7		1			0	1	0	216.04	227.04
	8		1			1	1	1	523.44	574.63
公共管理与公共服务用地	1	0	0		1				247.05	249.51
	2	1	1		0				356.39	364.79
	3	0	1		1				363.90	367.51
	4	1	0		0				239.54	246.79
	5	0	1		0				178.78	184.92
	6	1	0		1				424.66	429.38
	7	1	1		1				541.51	547.38

表 5 - 47 表明，当农地流转为住宅及商服用地、工业及交通运输用地、公共管理与公共服务用地时，最后一项选择集均为各流向下剩余价

值最高的选择集，这表明居民对当前由农地城市流转而引起的各种负外部效应均存在改善需求，希望能够使上述负外部影响有所降低，并愿意为之支付相应的费用。当农地流转为住宅及商服用地、工业及交通运输用地、公共管理与公共服务用地时，与之相对应的最优选择集下（最优方案的环境改善情况下）受访者的支付意愿分别为443.51元/户·年、574.63元/户·年、547.38元/户·年。

依据拟合程度更高的模型 Ⅱ 的计量结果及式（5－35），以2015年武汉市288.02万户居民和鄂州市35.77万户居民为作为支付群体进行计算①，去除2.25%的抗议性零支付率，则可得到如表5－48所示的两市农地城市流转所产生的负外部效应的经济总量，其中农地流转为工业及交通运输用地所产生的负外部效应的经济总量最大（18.63亿元/年），其次为公共管理与公共服务用地流向（17.75亿元/年），最低的为住宅及商服用地流向（14.38亿元/年）。

表5－48 不同流向下负外部效应经济总量 单位：亿元/年

流转后用地类型（流向）	负外部效应经济总量值		
	武汉市	鄂州市	小计
住宅及商服用地	12.77	1.61	14.38
工业及交通运输用地	16.55	2.08	18.63
公共管理与公共服务用地	15.77	1.98	17.75

5.3.4 主要结论与治理措施

5.3.4.1 主要结论

本研究基于武汉市和鄂州市的调研数据，运用选择实验法测算了农

---

① 资料来源：武汉市统计信息网．武汉统计年鉴（2015），http://www.whtj.gov.cn/Attachment/201604/201604201721390237.pdf；湖北省统计局．鄂州统计年鉴（2014），http://www.stats－hb.gov.cn/CMSwww/201605/201605170531024.pdf.

地流转为城市住宅及商服用地、工业及交通运输用地、公共管理与公共服务用地三种不同流向时所产生的负外部效应的经济总量，即对不同流向下农地城市流转的负外部效应进行了量化。该结果可以为农地城市流转管制政策的制定与实施提供参考依据。

（1）预调查及大样本问卷调查结果表明，多数居民对农地城市流转所产生的负外部效应有一定的认识和感受，主要集中在交通拥挤、噪声、公共设施不足、治安状况恶化、空气质量下降、自然景观破坏、人身安全受到威胁七个方面，这反映了农地城市流转的负外部效应客观存在；而不同流向下农地城市流转产生的负外部效应在类型和强度上有所差异。

（2）约97.75%的居民对治理农地城市流转的负外部性具有支付意愿，反映出绝大多数居民支持政府对农地城市流转的数量和规模进行管制，从而降低其负外部效应。相较于模型Ⅰ而言，引入受访者个体特征的模型Ⅱ具有更好的拟合优度，能够更好地解释居民对选择集的偏好。就参与程度而言，居民对治理农地流转为住宅及商服用地的负外部性有更高的参与度（$ASC_1 = 0.3018$），其次是公共管理及商服用地（$ASC_3 = 0.2539$），参与度最低的是工矿仓储及交通运输用地（$ASC_2 = 0.2109$）；就参与强度（即支付额）而言，居民对降低农地流转为工业及交通运输用地所产生的负外部性的支付意愿最高（574.63元/户·年），其后依次是公共管理与公共服务用地（547.38元/户·年）和住宅及商服用地（443.51元/户·年）；从居民特征分析其对实验方案的偏好可知，居民受教育程度和家庭收入水平对选择效用的影响表现出一定的显著性且呈正相关，即受教育程度越高、家庭收入水平越高的居民家庭对治理农地城市流转负外部性的支付意愿越强烈。

（3）研究区域内农地城市流转所产生的负外部效应的经济总量不可小觑，其中农地流转为工业及交通运输用地所产生的负外部效应的经济总量最大（18.63亿元/年），其次为公共管理与公共服务用地流向（17.75亿元/年），最小的为住宅及商服用地流向（14.38亿元/年）。说明农地流转为城市工业及交通运输用地所产生的负外部效应最为明显，其所带来的交通状况恶化、噪声污染、公共设施不足和治安状况恶化四个方面负外部效应对居民作用明显。这与已有相关研究在结论上具有一致性，如吴晓忠和倪志良的研究指出，农地非农化虽然提高了经济效益，但生态效益和社会效益损失巨大，导致整个社会福利的损失（吴晓忠和倪志良，2015）；李霜和张安录（2014）的研究也表明，农地流转的净外部性小于农地保有的外部性，是社会的外部性损失的源头。

5.3.4.2　治理措施

作为农地城市流转管制的主体，政府部门应当通过多样化的管制手段对农地城市流转进行管制，具体而言：首先，应从总体上控制农地城市流转的总体规模和速度，尽量减少其所产生的负外部效应，从而使社会公众福利免受损害；其次，在总体管制的基础上，应对不同流向下农地城市流转的规模和速度进行强度差异化的管制，其中对农地流转为工业及交通运输用地的管制应最为严格，对农地流转为公共管理与公共服务用地的管制次之，对农地流转为住宅及商服用地的管制强度可相对宽松；最后在管制实施层面，农地城市流转管制政策工具可从经济性管制与社会性管制两个方面并举，前者可通过价格结构管制和公共特许分配实现，后者可通过信息管制、进入管制和经济工具管制实现。

6

基于负外部性治理的农地
城市流转政府管制分析

6.1 基于负外部性治理的农地城市
流转政府管制供需分析

6.1.1 农地城市流转政府管制的依据

王俊豪（2007）等学者将"管制"定义为：具有法律地位的、相对独立的管制者，依照一定的法规对被管制者所采取的一系列行政管理与监督行为。学者们普遍认为，管制源于市场失灵的出现，它是解决因外部性存在而导致的资源配置失序的重要途径，可用于修正市场的自身缺陷，避免市场化运作可能给社会公众带来的成本和弊端。

管制是政府的一项重要职能。由于经济活动普遍存在外部效应，加之市场机制无法优化配置各种公共资源而造成市场失灵，因此从公共利益的角度看，必须借助代表全社会的公共利益的政府对市场进行适当的干预，通过治理经济活动的负外部性来实现社会公平正义和社会福祉最大化。这是人们对管制目标或原因的传统认识，也是管制理论发展的逻辑起点。波斯纳（Posner，1974）将其归结为基于公共利益概念的一个理论，即管制的公共利益（public interest）理论，并提出管制的公共利益理论建立在两个假设基础之上：一是市场自行运转会失灵；二是政府经济管制的成本为零。在这两个前提下，无成本的政府管制就是合理有效的。

正如前文所述，农地城市流转会产生极其复杂的社会影响和生态影响，其中以社会性负外部性和生态性负外部性的形式存在的部分并未纳入农地城市流转的社会成本收益核算体系，加之涉及代内和代际的公平、个体与社会的冲突问题，完全依靠市场机制是无法妥善解决的。根据管制理论中的公共利益理论，在农地城市流转过程中，政府（包括社会公共机构及行政机关）代表了全社会的公共利益，是农地城市流转管制的恰当主体。

6.1.2 农地城市流转政府管制的需求

6.1.2.1 经济层面

经济学家米德在描述政府必须采取干预与控制措施介入的八种情形时指出，市场机制通常不能妥善地解决因个人利益与社会利益的对立而导致诸多社会问题（如环境污染、资源枯竭等），此时需借助政府的控制和干预行动。

在农地城市流转的过程中，由于生态性负外部性和社会性负外部性的存在，农地城市流转的边际社会成本（MSC）是大于边际私人成本（MC）的，两者差额为边际外部成本（MEC）。在农地需求曲线为 D 的市场条件下，理性的"经济人"基于私人成本收益的考虑，倾向于将数量为 Q_1 的农地流转为建设用地；而基于社会成本收益考虑的社会最优农地城市流转数量仅为 Q^*。因此，在缺乏政府管制，仅依靠市场机制进行配置的情形下，农地转为城市建设用地的数量 Q_1 将大于社会最优量 Q^*，数量 $Q_1 - Q^*$ 的农地被过量转为建设用地，农地城市流转的负外部性由社会公众所承担。换句话说，在完全的市场机制作用下，土地使用者所付出的边际私人成本（市场价格表现为 P_1）远低于社会成本（市场价格表现为 P^*），且土地使用者无须承担其行为后果，农地城市流转存在显著的负外部性，这就要求政府管制的介入（见图 6-1）。

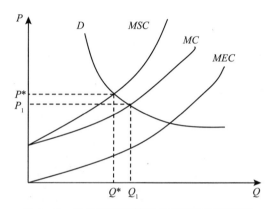

图 6-1　农地城市流转的外部性及市场均衡

经济调节、政府管制、社会管理与公共服务是现代政府的四大职能。政府的这四项职能都是在一个庞大而复杂的社会系统中运行。在这个复杂的系统里，政府管制已经成为其中的一个内生变量，无论是政府还是企业，都必须将管制视为经济系统中的一个重要因素，并将管制成本算入企业经营成本与政府管理成本。

6.1.2.2　政治层面

管制实质上是一个行政过程，涉及各种观点、各个利益群体和各类标准，需要在价值选择的前提下确定管制目标。所以，管制决策富有政治性，特别是当其涉及资源或利益的分配与选择时。政府管制必须考虑不同利益主体的诉求、平衡各种政治与经济权力、防范经济权力的滥用、保障社会公众的安全与健康等方面的因素。农地城市流转涉及各利益主体，要平衡经济发展与农地（特别是耕地）保护之间的关系，需防止寻租等行为的出现，更需确保社会公众的福祉不受影响，这充分表明农地城市流转管制是一种针对私人经济行为的公共行政政策，是基于公共利益而制定的规则。

6.1.2.3　社会层面

政府管制源自对社会公平的考虑。有效的农地城市流转政府管制可以为农地城市流转市场的建立、健康运行、完善及维护社会公平提供制度保障。它能够调整农地城市流转过程中社会成本和收益的分配格局，甚至可以引导利益在不同主体间的转移。从整体的社会福利水平来衡量，这种利益的调整或转移的目的和结果是提高整个社会的福利水平。

6.1.2.4　相关利益者诉求层面

对农地城市流转管制的需求也来自各利益主体，农地城市流转的管制过程是在一定的管制制度下各个相关利益主体的博弈过程。政府管制的目的之一在于平衡农地城市流转过程中各个相关利益主体之间的收益分配关系。其中，城市新增建设用地使用者（如开发商等）是农地城市流转管制中最主要的利益主体，也是管制的主要对象。在农地城市流转管制过程中，该利益群体有可能为实现自身利益的最大化而通过游说、收买和贿赂地方政府，令其制定有利于自身利益的管制政策，并对其执行过程施加影响。此时，如果缺少中央政府的管制以及弱势群体即负外部性承受者和社会公众的监督和压力，则会对社会公共利益和福利水平产生不利影响。

6.1.3　政府管制农地城市流转的供给

政府管制农地城市流转的供给是指政府为了满足农地城市流转管制需求而提供的制度性公共产品，多以各级和各类法律法规、行政手段、经济措施等形式存在，其供给的目的在于满足农地城市流转管制的需求，抑制农地过度、过快地流转为城市建设用地。

6.1.3.1　法律法规

自1982年以来，我国陆续出台了大量有关农地城市流转管制的法律法规（见表6-1），体现出我国各级政府对农地城市流转管制的重视。

表6-1　　　　　　　　农地城市流转管制的相关法律法规

颁布时间	颁布部门	法律、法规或文件	相关条例
1982.2.13	国务院	《村镇建房用地管理条例》	……珍惜和合理利用每寸土地是我们的国策。村镇建房必须统一规划、节约用地，凡能利用荒地的，不得占用耕地，凡能利用坡地、薄地的，不得占用平地、好地、园地……
1982.5.14	国务院	《国家建设征用土地条例》	一切工程……凡有荒地可以利用的，不得占用耕地；凡有劣地可以利用的，不得占用良田，尤其不得占用菜地、园地、精美鱼塘等经济效益高的土地
1986.3.21	中共中央、国务院	《关于加强土地管理、制止乱占耕地的通知》	十分珍惜和合理利用每寸土地、切实保护耕地是我国必须长期坚持的一项基本国策
1986.6.25	第六届全国人代会常委会	《土地管理法》	严格限制农用地转为建设用地，控制建设用地总量，对耕地实行特殊保护；国家保护耕地，严格控制耕地转为非耕地
1987.4	国务院	《中华人民共和国耕地占用税暂行条例》	开征耕地占用税
1987.10	国家土地管理局	《建设用地计划管理暂行办法》	对全国年度非农业建设用地特别是占用耕地实行计划管理
1992.11.18	国务院	《国务院关于严格制止乱占、滥用耕地的紧急通知》	要正确处理经济发展与耕地保护的关系，力求少占耕地，特别要严格控制占用高产良田和菜地；开发区的用地禁止多占少用、占而不用，严格控制占用高产农田和菜地
1992.12.9	国务院	《关于严禁开发区和城镇建设占用耕地撂荒的通知》	对各类开发区和城镇建设用地作了明确的规定。……严格控制各类开发区的数量，严格执行各类开发区和城镇建设用地特别是占用耕地的审批制度
1996	原国家土地管理局	耕地总量战略平衡战略目标	提出把保持耕地总量动态平衡作为土地管理工作的首要战略目标

颁布时间	颁布部门	法律、法规或文件	相关条例
1997.5.18	国务院	《中共中央国务院关于进一步加强土地管理切实保护耕地的通知》	对农地和非农地实行严格的用途管制。……冻结非农业建设项目占用耕地一年，确实需要占用耕地的，报国务院审批。严格控制大城市的用地规模，特别要严格控制中等城市和小城市的用地。……自本通知下发之日起，冻结县改市的审批
1998.12	国务院	《中华人民共和国土地管理法》实施条例	突出了土地用途管制和耕地占补平衡。颁布征地补偿、安置方案的相关规定
1998.12.27	国务院	《基本农田保护条例》	明确基本农田占用、转用的批准限制：基本农田保护区经依法划定后，任何单位和个人不得改变或者占用。国家能源、交通、水利、军事设施等重点建设项目选址确实无法避开基本农田保护区，需要占用基本农田，涉及农用地转用或者征用土地的，必须经国务院批准
2003.9	国土资源部	《国土资源部关于严禁非农业建设违法占用基本农田的通知》	严格执行非农业建设占用基本农田审批制度，加大监督检查力度
2004.3	全国人大	《中华人民共和国宪法》修正案	国家为了公共利益的需要，可以依照法律规定对土地实行征收或者征用
2004.8	全国人大	《中华人民共和国土地管理法》修正案	对征地主体，审批权限和征地的原则进行详细的规定
2004.10.21	国务院	《国务院关于深化改革严格土地管理的决定》	从严从紧控制农用地转为建设用地的总量和速度。加强农用地转用审批的规划和计划审查，强化土地利用总体规划和土地利用年度计划对农用地的转用的控制和引导，凡不符合规划、没有农用地转用年度计划指标的，不得批准用地
2004.11	国土资源部	《关于完善农用地转用和土地征收审查报批工作的意见》	严格控制农用地转用和土地征收报批条件，对违法下放审批权、年度计划指标用完、现有基本农田未落到地块的，继续暂停农用地转用和土地征收报批。完善农用地和土地征收审查制度，强调未及时全额收到征地安置补偿款的被征地农村居民有权拒绝建设动工

颁布时间	颁布部门	法律、法规或文件	相关条例
2004.11	国土资源部	《关于完善征地补偿安置制度的指导意见》	征地补偿的最高限额，以使被征地农村居民保持原有生活水平；农村集体经济组织和农户对于征地程序有知情权；用地单位应优先吸收被征地农村居民就业。制定省域内各县（市）征地区片综合地价，实行征地补偿
2005	国土资源部	《国土资源"十一五规划纲要"》	在规划期（2006～2010年）内，落实最严格的土地管理制度，有效保护耕地，统筹安排各类、各业经济发展用地，统筹城乡协调发展，确定各级、各类城市的规模和布局，切实防止城市无序扩张。加强建设用地审批管理，严格核定各类建设占用耕地的数量，有效控制耕地减少过多状况
2005.10.28	国务院	《省级政府耕地保护责任目标考核办法》	首次明确地方政府对土地管理与耕地保护的责任。地方各级人民政府主要负责人对本行政区域内耕地保有量和基本农田保护面积、土地利用总体规划的年度计划执行情况负总责。耕地保护责任目标考核结果，列为省级人民政府第一责任人工作业绩考核的重要内容
2006.8.31	国务院	《关于加强土地调控有关问题的通知》	禁止擅自将农用地转为建设用地。农用地转为建设用地，必须符合土地利用总体规划、城市总体规划、村庄和集镇规划，纳入年度土地利用计划，并依法办理农用地转用审批手续。禁止通过"以租代征"等方式使用农村居民集体所有农用地进行非农业建设，擅自扩大建设用地规模。农村居民集体所有建设用地使用权流转，必须符合规划并严格限定在依法取得的建设用地范围内
2006.11	财政部、国土资源部、中国人民银行	《关于调整新增建设用地土地有偿使用费政策等问题的通知》	决定从2007年1月1日起，新批准新增建设用地土地有偿使用费征收标准将在原有基础上提高一倍

颁布时间	颁布部门	法律、法规或文件	相关条例
2006.12	国土资源部	《土地利用年度计划管理办法》（2006 年修正）	加强土地管理和调控，严格实施土地用途管制，切实保护耕地，合理控制建设用地总量
2007.4	国土资源部	《2007 年全国土地利用计划》	首次把建设用地总量纳入计划管理，执行从严从紧的用地政策，在严格控制农用地转用的同时，严格控制新增建设用地总量
2008.12.30	国土资源部	《关于切实做好扩大内需促进经济较快平稳发展的用地保障和管理的通知》	落实最严格的耕地保护制度。各类建设项目要加强用地论证，优化设计方案，尽量不占或少占耕地特别是基本农田。确实无法避让耕地的，要按照先补后占、占补平衡的要求，落实补充耕地。……加强对扩大内需建设项目用地的监管，对严重违规违法占地，耕地保有量和基本农田保护面积不达标的地方人民政府主要负责人实行严格问责
2008.10.6	国务院	国务院印发《全国土地利用总体规划纲要（2006 – 2020 年）》的通知	地方各级人民政府主要负责人要对本行政区域内的土地利用总体规划和年度计划执行情况负责，严格落实保护耕地目标责任制，确保《纲要》确定的耕地保有量和基本农田保护面积不减少、质量有提高
2009	国土资源部	《国土资源部办公厅关于印发市县乡级土地利用总体规划编制指导意见的通知》	城镇新增用地，应当尽量依托城镇已有的基础设施，少占耕地和水域，避让基本农田、地质灾害危险区、泄洪滞洪区和重要生态环境用地。……建设用地规模边界按照有利发展、保护资源、保护环境的要求，在建设用地适宜性评价以及与其他相关规划充分协调的基础上，根据各类建设用地规模控制指标划定
2010.7.13	国土资源部	《关于进一步做好征地管理工作的通知》	各地应建立征地补偿标准动态调整机制，根据经济发展水平、当地人均收入增长幅度等情况，每 2～3 年对征地补偿标准进行调整，逐步提高征地补偿水平

颁布时间	颁布部门	法律、法规或文件	相关条例
2011.1.8	国务院	《中华人民共和国土地管理法实施条例（2011 年修正）》	第十九条　建设占用土地，涉及农用地转为建设用地的，应当符合土地利用总体规划和土地利用年度计划中确定的农用地转用指标；城市和村庄、集镇建设占用土地，涉及农用地转用的，还应当符合城市规划和村庄、集镇规划。不符合规定的，不得批准农用地转为建设用地
2012	国土资源部	《关于严格土地利用总体规划实施管理的通知》	落实建设用地管制边界和管制区域。各地要严格按照土地利用总体规划划定的"三界四区"（即城乡建设用地规模边界、扩展边界和禁止建设边界，允许建设区、有条件建设区、限制建设区和禁止建设区），尽快将城镇建设用地管制边界和管制区域落到实地，明确四至范围，确定管制边界的拐点坐标，在主要拐点设置标识，并向社会公告，防止城镇建设无序蔓延扩张
2013.5	国土资源部	《关于严格管理防止违法违规征地的紧急通知》	加快推进征地改革制度，依法进行土地征收。要求处理好"保发展、保红线、保权益"的关系，不得强行实施征地，杜绝暴力征地。征地程序不规范、补偿不到位、安置不落实的地区，必须立即进行整改；存在违法违规强行征地行为地区，要严肃查处；凡整改、查处不到位的地区，不得继续实施征地
2014.2.20	国土资源部	《关于强化管控落实最严格耕地保护制度的通知》	进一步严格建设占用耕地审批。强化建设项目预审，严格项目选址把关。凡不符合土地利用总体规划、耕地占补平衡要求、征地补偿安置政策、用地标准、产业和供地政策的项目，不得通过用地预审。……严防集体土地流转"非农化"。农村土地管理制度改革要按照守住底线、试点先行的原则稳步推进，严格依据经中央批准的改革方案、在批准的试点范围内进行，坚持以符合规划和用途管制为前提，严防擅自扩大建设用地规模、乱占滥用耕地

颁布时间	颁布部门	法律、法规或文件	相关条例
2014.10.18	国土资源部、农业部	《关于进一步做好永久基本农田划定工作的通知》	……进一步做好永久基本农田划定工作，结合划定城市开发边界、生态保护红线，引导各地走串联式、组团式、卫星城式的新型城镇化发展之路，逐步形成合理的空间开发格局，科学控制城镇规模，推进耕地保护和节约集约用地
2015.2.1	中共中央、国务院	《关于加大改革创新力度加快农业现代化建设的若干意见》	提高农业补贴政策效能。……健全粮食主产区利益补偿、耕地保护补偿、生态补偿制度
2017.1.9	中共中央、国务院	《中共中央国务院关于加强耕地保护和改进占补平衡的意见》	加强土地规划管控和用途管制。充分发挥土地利用总体规划的整体管控作用，从严核定新增建设用地规模，优化建设用地布局，从严控制建设占用耕地特别是优质耕地。……探索建立土地用途转用许可制，强化非农建设占用耕地的转用管控

6.1.3.2　行政手段

行政方式是政府采用强制性的行政命令进行管理的情况。行政手段通常包括命令、指标、规定、通知、章程、条例和指令性计划等方式。2006年9月，针对我国土地管理中出现的建设用地总量增长过快，工业用地过度扩张，违法用地、违法占有耕地现象，国务院提出了《国务院关于加强土地调控有关问题的通知》，以此通过更加严格的管理措施加强农地城市流转管理工作。2014年2月，国土资源部规划司发布了《关于强化管控落实最严格耕地保护制度的通知》，提出要严防集体土地流转"非农化"，农村土地承包经营权流转和抵押、担保等，必须在坚持和完善最严格的耕地保护制度前提下进行，坚持农地农用，不得借农地流转之名违规搞非农业建设，严禁在流转农地上建设旅游度假村、高尔夫球场、别墅、农家乐、私人会所等。

6.1.3.3　经济措施

近年来，我国开始尝试采用财政、税收、地价等多种经济手段对农地城市流转进行管理。例如，江苏省苏州市委、市政府于 2010 年出台《关于建立生态补偿机制的意见（试行）》（以下简称《意见》），将基本农田纳入生态补偿重点范围，要求通过政府财政转移支付方式对因保护资源而在经济发展上受到限制的地区及个人给予一定的补偿。《意见》明确了生态补偿标准：对水稻主产区，连片 1000 ~ 10000 亩的水稻田按每亩 200 元予以生态补偿；连片 1 万亩以上的水稻田按每亩 400 元予以生态补偿。苏州市要求生态补偿资金拨付到镇、村，对直接承担生态保护责任的农户进行补贴。苏州市还建立了耕地保护专项资金，专项用于开展土地复垦复耕、土地整理、高标准农田建设及对土地流转农户、经营大户进行补贴等，要求各级政府应通过多种渠道设立生态补偿专项资金，且资金数额随政府财力增长同步增加；而对未尽到保护责任的，将缓拨、减拨、停拨甚至收回生态补偿资金。再例如，2014 年 1 月，广东省中山市委提出要"结合主体功能区建设，探索建立分区域激励型财政政策和生态补偿横向转移支付机制"，并经过多次论证，最终确定了提高基本农田和生态公益林的补偿标准，扩大补偿范围到其他耕地，逐年提高标准，三年后达周边城市平均水平的方案，即 2015 ~ 2017 年，基本农田生态补偿分别执行 100 元/年·亩、150 元/年·亩和 200 元/年·亩标准，其他耕地生态补偿分别执行 50 元/年·亩、75 元/年·亩和 100 元/年·亩标准；生态公益林生态补偿方面，分别调整为 80 元/年·亩、100 元/年·亩和 120 元/年·亩①。

6.2 基于负外部性治理的农地城市流转管制政府间博弈

作为一种经济活动，农地城市流转在生态方面的负外部效应非常显

---

① 资料来源：中山市环境保护局. 中山市成广东省首个实施"统筹型"生态补偿政策城市 [DB/OL]. http://www.zsepb.gov.cn/cjsts/gzdt/201412/t20141212_14472.jsp.

著，忽视此类负外部性极有可能导致社会公众福祉水平下降，因而需要通过建立恰当的生态补偿机制对农地城市流转的速度、规模等加以管制。目前，政府主导型和市场主导型（基于市场交易）是国内外常见的两种生态补偿实践模式。已有研究认为，前者更适用于农地城市流转过程中的生态补偿（宋敏和韩曼曼，2016）。然而，作为农地城市流转管制的主要执行者，各地方政府因在经济、社会和资源环境利益与目标上存在不一致，使其对农地城市流转中的生态补偿机制运行与农地城市流转管制具有典型的博弈特征。国外学者较早地将外部性问题纳入农地转用的决策研究（Muth，1961；Arrow，1974；Hodge，1984；Irwin，2004），国内学者的研究结合我国国情，揭示了地方政府目标激励偏差是农地非农化中土地资源配置失灵的重要原因（李殿伟，2008），并认为地方政府在制定农地非农化决策时存在偏好差异（陈竹，2015）。

然而，这种过快的农地城市流转带来的负面效应也日益凸显，例如优质耕地流失、生态环境破坏等，对社会总体福利水平产生负面影响，这种影响因无法通过市场表现出来而具有外部性。因此，从负外部性治理的视角，研究农地城市流转的规制问题，对促进我国农地资源保护、提高社会福利水平具有重要意义。农地城市流转负外部性生态补偿涉及多个政府机关，各地方政府因存在经济社会和资源环境目标和利益上的不一致，使地方政府对农地城市流转负外部性的规制和补偿具有典型的博弈特征。本书通过构建基于成本收益的博弈模型，系统研究我国农地城市流转负外部性政府规制和生态补偿存在的问题及应对策略，为完善我国地方政府农地城市流转规制机制和生态补偿机制，缓解农地城市流转带来的负外部效应及地方政府间的利益冲突提供科学依据。

6.2.1　基于负外部性治理的农地城市流转政府管制困境

近年来，随着我国城市化的快速发展，城市规模不断扩大，城市建设用地需求量增加，农地尤其是耕地表现出加速向城市建设用地流转的趋势。作为农业用途的土地，除了具有基本的生产功能外，合理的农地保护还具有明显的社会效益、生态效益。如合理地保护耕地不仅是农业稳定生产的基础，同时也伴随着水利、气候、环境等自然条件的良性循环，保护耕地从而达到农业稳定生产是解决粮食安全的根本；林地、牧草地不仅具有生产功能，同时也具有对环境的防护、调节功能。农用地带来的这种社会效益、生态效益等被置于公共领域，因此具有一定的公共物品的属性，属于准公共物品。由于农地具有公共物品的属性，具有非排他性的特点，因此人们会尽可能从中获得足够多的收益而不付任何代价来享受通过他人的贡献而提供的公共产品的效益。

地方政府为了追求最大经济利益而进行过度的农地城市流转，其产生的农地城市流转负外部性并不局限于一定的地点，它可能对该区域以外的人口产生不良影响，或者将农地城市流转负外部性直接转嫁给其他区域。如果某一地方政府对农地城市流转负外部性进行了规制，那么与其相毗邻的地方政府在不付费的情况下也可以享用到溢出的正外部性，而付出了规制成本的地方政府不能从市场上自动获得经济效益和补偿，即出现"搭便车"现象，使得对农地城市流转负外部性进行了规制的地方政府对这种"公益事业"投入的意愿不强、积极性和主动性逐渐下降。政府规制源于对社会公平的考虑，目的是提高整个社会的福利水平，然而由于地方政府之间这种对农地城市流转负外部性进行规制与生态补偿的博弈困境，致使整个社会福利水平偏离了最优状态。建立生态补偿的目的是平衡相关利益主体在生态保护过程中导致的利益分配不公平的问题，从而实现生态服务功能的可持续供给和发展。通过对损坏资源环境的行为进行收费或对保护资源环境的行为进行补偿，使外部成本内部化，明确利益相关方的责任界定，协调利益相关方的利益冲突，平衡利益关系，同时达到保护环境的目的。因此，从生态环境保护及地方政府之间利益关系协调等出发，完善农地城市流转负外部性地方政府规制和补偿机制具有十分重要的意义。

6.2.2 地方政府农地城市流转负外部性规制与补偿博弈分析

由于我国生态补偿机制还不够完善，法律法规中并未明确界定生态补偿的主体，而地方政府之间因存在经济社会和资源环境目标和利益上的各种矛盾冲突，使地方政府对于农地城市流转产生的负外部性进行规制与补偿具有典型的博弈特征。

6.2.2.1 地方政府农地城市流转负外部性规制与补偿博弈模型构建

（1）基本假设。

农地城市流转负外部性规制和补偿主体是博弈模型的主体，为了便于研究，本书假设农地城市流转负外部性影响的区域分为地方政府 A 管辖的区域和与其毗邻的地方政府 B 管辖的区域。假设地方政府 A 为了经济社会的可持续发展而对农地城市流转的负外部性进行了规制，则地方政府 A 付出一定的规制成本，这将限制 A 地方短期内的经济发展，而其毗邻的地方政府 B 因为在不付费的情况下享用了地方政府 A 规制农地城市流转负外部性溢出的正外部性，因此需向地方政府 A 支付补偿费用。则对农地城市流转负外部性进行规制的地方政府 A 和未对农地城市流转负外部性进行规制但进行了补偿的地方政府 B 均为理性主体。

（2）变量设定。

地方政府 A 对于农地城市流转负外部性有两种策略选择：规制和不规制；与其相毗邻的地方政府 B 也有两种策略选择：补偿和不补偿。根据地方政府不同策略时的不同收益，建立如下变量：

P 为地方政府 A 选择不规制农地城市流转策略所获得的收益，即原有的收益；$P_{内}$ 为地方政府 A 选择规制农地城市流转时由于规制政策而给该地区带来的收益，即该地区环境改善后，该地区获得的收益；C 为地方政府 A 规制农地城市流转的直接成本和因规制而丧失的机会成本；c 为毗邻地方政府 B 对进行了规制的地方政府 A 的补偿费用；p 为毗邻地方政府 B 选择不规制和不补偿策略下得到的收益，即原有的收益；

$P_{外}$为毗邻地方政府 B 在采取规制措施的地方政府 A 选取规制策略下得到的外溢正外部收益。

（3）农地城市流转负外部性地方政府规制和生态补偿的博弈模型。

第一，农地城市流转负外部性规制与补偿政府收益函数。

根据地方政府规制农地城市流转负外部性与毗邻地方政府补偿策略变量的设定，当博弈双方选择不同策略时，各地方政府的收益存在一定的差别，具体为：

①当地方政府 A 选择规制农地城市流转负外部性策略，毗邻地方政府 B 选择对地方政府 A 进行补偿策略时，选择规制策略的地方政府 A 的收益函数为：$f_{A_1} = P + P_{内} - C + c$；而此时采取补偿策略的毗邻地方政府 B 的收益函数为：$f_{B_1} = p + P_{外} - c$。

②当地方政府 A 选择规制农地城市流转负外部性策略，而毗邻地方政府 B 并不对地方政府 A 进行补偿策略时，选择规制策略的地方政府 A 的收益函数为：$f_{A_2} = P + P_{内} - C$；则此时毗邻地方政府 B 的收益函数为：$f_{B_2} = p + P_{外}$。

③当地方政府 A 采取不规制农地城市流转负外部性策略，而毗邻地方政府 B 对地方政府 A 进行补偿策略时，地方政府 A 的收益函数为：$f_{A_3} = P + c$；毗邻地方政府 B 的收益函数为：$f_{B_3} = p - c$。

④当地方政府 A 采取不规制策略，毗邻地方政府也采取不补偿策略时，地方政府 A 的收益函数为：$f_{A_4} = P$；毗邻地方政府 B 的收益函数为：$f_{B_4} = p$。

第二，地方政府生态补偿的博弈模型。

地方政府生态补偿的目的是在保护生态环境的同时，获取区域环境收益最大化。假定地方政府 A 及其毗邻地方政府 B 对对方的策略空间以及收益函数完全了解，则地方政府之间的生态补偿博弈为完全信息下的静态非合作博弈。根据地方政府 A 及其毗邻地方政府 B 博弈双方的收益函数，可以建立博弈双方的成本收益矩阵（见表 6-2）。其中，地方政府 A 选择"规制"策略且毗邻地方政府 B 选择"补偿"策略时的收益为（$P+P_内-C+c$，$p+P_外-c$）；地方政府 A 选择"管制"策略且毗邻地方政府 B 选择"不补偿"策略时的收益为（$P+P_内-C$，$p+P_外$）；地方政府 A 选择"不规制"策略且毗邻地方政府 B 选择"补偿"策略时的收益为（$P+c$，$p-c$）；地方政府 A 选择"不规制"策略且毗邻地方政府 B 选择"不补偿"策略时的收益为（P，p）。

表 6 - 2　　　　农地城市流转负外部性地方政府规制和生态补偿的博弈模型

项目		毗邻地方政府 B	
		补偿	不补偿
地方政府 A	规制	（$P+P_内-C+c$，$p+P_外-c$）	（$P+P_内-C$，$p+P_外$）
	不规制	（$P+c$，$p-c$）	（P，p）

6.2.2.2　农地城市流转负外部性地方政府规制与补偿博弈分析

从博弈的成本收益矩阵可以看出，对于毗邻地方政府 B 而言，在地方政府 A 选择"规制"的策略下，毗邻地方政府 B 选择"补偿"策略的收益小于选择"不补偿"策略的收益（$p+P_外-c<p+P_外$）；当地方政府 A 选择"不规制"的策略下，毗邻地方政府 B 选择"补偿"策略的收益小于选择"不补偿"策略的收益（$p-c<p$）。所以，无论地方政府 A 选择何种策略，毗邻地方政府 B 选择"不补偿"策略的收益都要大于"补偿"策略的收益，即当地方政府 A 选择规制农地城市流转负外部性的策略时，毗邻地方政府选择"搭便车"策略，既不支付给地方政府 A 补偿费用，又可以得到地方政府 A 规制产生的溢出外部正效应，此时毗邻地方政府 B 的收益最大，即 $p+P_外>p+P_外-c$。而当地方政府 A 选择不规制农地城市流转负外部性的策略时，毗邻地方政府 B 更没有必要交纳补偿费用，即 $p>p-c$。因此"不补偿"是毗邻地方政府 B 的占优策略。

对于地方政府 A 而言，如果 $P_内-C>0$，即地方政府 A 采取规制农地城市流转负外部性所得的收益大于因此付出的直接成本和丧失的机会成本的总和；则当毗邻地方政府 B 选择"补偿"策略时，地方政府 A 选择"规制"策略的收益要大于选择"不规制"策略的收益（$P + P_内 - C + c > P + c$）；而当毗邻地方政府 B 选择"不补偿"策略时，地方政府 A 选择"规制"策略的收益要大于选择"不规制"策略的收益（$P + P_内 - C > P$）。也就是说，当 $P_内 - C > 0$ 时，无论毗邻地方政府 B 选择何种策略，地方政府 A 选择"规制"策略都会产生正效益，此时地方政府 A 具有规制农地城市流转负外部性的动力。此时，博弈模型的解为（$P + P_内 - C$，$p + P_外$），即地方政府 A 规制，而毗邻地方政府 B 不补偿。虽然毗邻地方政府 B 选择不补偿，但是由于地方政府 A 的规制成本小于其自身的收益，因此地方政府 A 会主要从自身的收益角度考虑，而不计较毗邻地方政府是否进行补偿，区域环境会不断改善，从而处于一种良性循环的状态。

但是，实践中，这种情况比较少见，因为规制农地城市流转负外部性的直接成本和机会成本的总和往往大于规制产生的内生收益，即 $P_内 - C < 0$。此时，当毗邻地方政府 B 选择"补偿"策略时，地方政府 A 选择"不规制"策略的收益要大于选择"规制"策略的收益（$P + c > P + P_内 - C + c$）；而当毗邻地方政府 B 选择"不补偿"策略时，地方政府 A 选择"不规制"策略的收益要大于选择"规制"策略的收益（$P > P + P_内 - C$）。所以，此时博弈的纳什均衡解为（P，p），即地方政府 A 不规制，毗邻地方政府 B 不补偿。此时地方政府农地城市流转负外部性规制与补偿博弈陷入"囚徒困境"，地方政府 A 没有规制的积极性，而毗邻地方政府 B 也就没有补偿的必要，从而处于恶性循环状态，农地过度向城市流转，其带来的负外部性不断恶化。

从整个博弈过程来看，生态补偿只是地方政府之间的横向财政转移，对整个区域的收益并未发生改变（博弈矩阵中地方政府 A 与毗邻地方政府 B 收益加和时生态补偿 c 抵消），所以，在该情景模式下，毗邻地方政府 B 的生态补偿并未起到生态补偿手段促进地方政府 A 进行农地城市流转负外部性规制的应有作用。而且，在地方政府 A 规制成本较高时，地方政府之间博弈陷入"囚徒困境"，而使地方政府 A 不规制、毗邻地方政府 B 不补偿。因此实践中，为了避免农地城市流转产生的负外部性恶性循环，中央政府应该对地方政府 A 的规制行为进行纵向的财政转移支付，改变收益矩阵，并引入"有约束力的协议"，摆脱囚徒困境。

6.2.2.3 政府间约束力协议及生态补偿因子确定

博弈分析结果显示，在生态补偿通过地方政府之间横向财政转移实现的情境下，地方政府 A 的规制行为主要受其改善生态环境质量的成本收益相关，与毗邻地方政府 B 的生态补偿行为关联性不大。若从整个区域甚至国家整体生态环境保护的视角，地方政府 A 规制农地城市流转负外部性时，国家也对其进行生态补偿（c'），并允许博弈中存在"有约束力的协议"，将有效提高地方政府 A 规制农地城市流转负外部性的积极性。

此时，国家以保护整体生态环境为目的的生态补偿，使地方政府 A 规制的收益为 $P + P_内 - C + c + c'$，当 $P_内 - C < 0$ 时，只要 $P_内 + c' > C$，即国家生态补偿与地方政府 A 规制行为的收益大于其成本，则不论毗邻地方政府 B 是否补偿，地方政府 A 均会选择对农地城市流转负外部性进行规制。

进一步确定生态补偿额度的大小。首先看地方政府 A 的策略选择，如图 6 - 2 所示，当 $P_内 - C > 0$，即地方政府 A 采取规制农地城市流转负外部性所得的收益大于因此付出的直接成本和丧失的机会成本的总和，那么地方政府 A 具有规制的动机；当 $P_内 - C < 0$，地方政府 A 则要同毗邻地方政府 B 就补偿标准进行协商，且只有当生态补偿金额 $c + c' > C - P_内$，即补偿费用能够弥补地方政府 A 因采取规制策略而付出的直接成本和丧失的机会成本与内生收益的差值时，地方政府 A 才有采取规制农地城市流转带来的负外部性的可能，否则地方政府 A 的收益小于成本，地方政府 A 不具有规制的动机。

同样，毗邻地方政府 B 在选择策略时，要考虑补偿金额与地方政府

A 溢出正外部性的大小，只有当补偿金额不大于它所获得的地方政府 A 溢出正外部效益时，即 $c \leq p_{外}$，它才会接受这个补偿金额，否则毗邻地方政府 B 不具有选择补偿策略的动机（见图 6-2）。

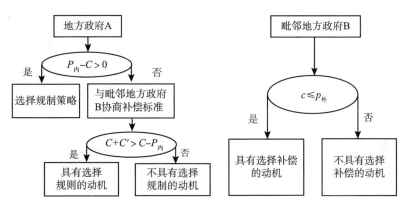

图 6-2　地方政府 A 与毗邻地方政府 B 策略选择示意

国家和毗邻地方政府 B 作为生态补偿的主体，生态补偿额度的分担为毗邻地方政府 B 的补偿额度不能超过其获得的收益，即 $c \leq p_{外}$，其他的生态补偿额度由国家承担，并确保 $c + c' > C - P_{内}$。

6.2.3　基本结论

农地城市流转是实现工业化和城市化所必须付出的一种代价，是经济发展和城市化、工业化中的普遍社会经济现象。农地城市流转带来的大量优质农地的流失所导致的负外部效应已不容忽视，对社会公众福利产生负面影响，造成社会经济的非可持续发展。地方政府农地城市流转负外部性生态补偿机制作为保护生态环境、实现社会经济可持续发展和协调地方政府之间利益平衡的有效手段，可以用来探索农地城市流转负外部性规制的有效途径。根据博弈分析结果，可以得出以下结论：

在农地城市流转负外部性规制与补偿行为缺乏有约束力协议的前提

下，地方政府 A 规制收益大于其规制成本时，不论毗邻地方政府 B 是否补偿，地方政府 A 均有规制农地城市流转负外部性的动力，则该区域的资源环境利用处于良性循环状态。但是，如果地方政府 A 规制成本高，成本收益为负，地方政府 A 的占优策略为不规制，则博弈陷入"囚徒困境"，则该区域的资源环境利用陷于恶性循环。博弈结果表明，地方政府间横向财政支付的生态补偿，因约束协议的缺失而导致其处于失效状态。所以，为发挥地方政府间横向转移支付的最大效用，地方政府之间必须就规制和补偿行为签订有约束的协议，规范其规制和补偿行为，摆脱"囚徒困境"。

生态补偿作为农地城市流转负外部性规制政府间利益平衡的重要手段，不仅有效协调政府之间对于农地城市流转负外部性规制的利益矛盾，还能保护区域整体环境。所以，在地方政府 A 规制成本较高、毗邻地方政府 B 支付能力受限的情形下，国家为了保护整体环境应通过中央财政转移支付承担部分生态补偿额度，分担比例以地方政府 A 规制成本收益和毗邻地方政府收益为参照确定。

综上所述，从区域整体生态环境保护及地方政府之间关系协调等出发，完善农地城市流转负外部性地方政府规制和补偿机制应做到：国家和地方政府应视情形共同或单独作为农地城市流转负外部性规制的补偿主体，并通过地方政府间有约束力的生态补偿协议规范政府规制与补偿行为，以地方政府规制成本和毗邻地方政府收益为参照确定生态补偿标准和国家与地方政府生态补偿分担比例，完善生态补偿法律法规体系建设，推进我国政府农地城市流转负外部性规制补偿制度的建立和实施。

7

基于负外部性治理的农地城市
流转管制制度框架构建

随着各个领域管制活动实践的发展，国内外学者提出了不尽相同的管制体系的划分方法，本研究以此为基础将基于负外部性治理的农地城市流转管制体系分为两部分：经济性管制和社会性管制（见图7-1）。

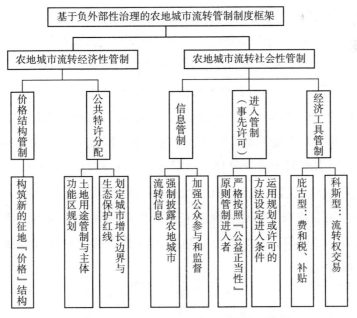

图7-1　基于负外部性治理的农地城市流转管制体系框架

7.1 农地城市流转的经济性管制

7.1.1 价格结构管制

由于外部性难以通过非价格机制反映，因此对农地城市流转产生的社会性和生态性负外部效应的忽视是导致农地城市流转私人成本收益与社会成本收益不一致的根本原因。目前，土地征收是我国农地城市流转的唯一合法实现途径，征地成本可视为农地城市流转的"成本"，本研究将其视为农地城市流转所需支付的"价格"。我国现行的《中华人民共和国土地管理法》第四十七条规定："征收土地的，按照被征收土地的原用途给予补偿。征收耕地的补偿费用包括土地补偿费、安置补助费以及地上附着物和青苗的补偿费……"。可见，现有的征地制度并未考虑农地城市流转的负外部效应，征地"价格"仅由农地产值（经济价值）决定，而将农地流转为城市用地所产生的负外部效应并未计入征地"价格"体系，这意味着农地城市流转的私人成本远小于社会成本，在经济利益最大化目标的驱动下土地需求者倾向于对农地征收产生更多的需求，由此造成农地城市流转过量过快发生。因此，要形成有利于社会福利最优的农地城市流转秩序，就需要依靠价格结构管制构筑新的征地"价格"形成机制，通过社会价格抑制对农地城市流转的需求。即征地的"社会价格"应能够反映农地的稀缺性和土地利用活动对社会经济的负外部效应，在结构上应包括征地补偿费和由社会公众所承担的外部成本。

7.1.2 公共特许分配

管制经济学认为，由于经济或其他方面的原因，政策制定者有时会对某些特殊市场的供应商数量进行限制或授予特殊许可，以确保所有的供应商及其产品或服务能够满足特定的最低标准，这种管制方法被称为公共特许分配。对于农地城市流转管制而言，则意味着需要对允许农地城市流转的区域给予限定。基于社会长期发展和维护社会福祉的需要，通过对农地城市流转区域的限制，可以达到控制农地城市流转的负外部性的大小和影响范围的目的。类似于国外的区划管理和划定城市增长边界，我国目前所施行的土地用途管制制度、主体功能规划以及划定城市生态红线均可被视为农地城市流转管制的公共特许分配管制方法。

7.1.2.1 土地用途管制与主体功能区规划

土地利用分区管制简称"分区管制（zoning）"，是将区域划分为若干用地类型区，并在此基础上制定和实施区内一致、区间差异的土地利用管制政策和规则，目的在于对土地开发进行控制。"分区（regionaliza-tion）"和"管制（regulation）"是分区管制的要素，美、德、法等发达国家均将其作为土地开发利用控制的最主要方式。我国的土地用途管制源自 20 世纪 90 年代开始实行的基本农田保护区制度和颁布的《基本农田保护条例》；而 1998 年修订的《中华人民共和国土地管理法》正式确立了以土地用途管制制度为核心的新型土地管理制度，保护有限的耕地资源是其核心目标；2011 年我国正式启动永久基本农田划定工作，并于 2016 年年底全面完成，这成为保护有限耕地资源的强力措施。另外，2011 年 6 月发布的《全国主体功能区规划》将我国国土空间划分为优化开发、重点开发、限制开发和禁止开发四类。按照主体功能区规划的相关要求，依据土地利用总体规划，实行差别化的管制政策，对于确立国土开发方向、控制开发强度意义重大。这实际上明确了禁止农地城市流转的区域、限制农地城市流转的区域和可流转的农地区域，通过限制农地城市流转的区域可以有效降低农地城市流转带来的负外部性影响，以确保人口、经济与资源环境之间的协调。

政府通过上述管制制度及强化措施得以在一定程度上限制农地城市流转的数量和区位。但由于我国分区管制的实践尚不成熟，如许可管制缺乏有效监督和寻租腐败问题频发，导致其管制效果不尽如人意。亟须在权利配置、效力范围和区划的编制实施方面加以优化和提升。

7.1.2.2 划定城市增长边界及生态保护红线

城市增长边界（urban growth boundary，UGB）是城市增长管理、控制城市无序蔓延的最有效方法之一。从政府管制的角度，可将其理解为"被政府所采用并在地图上标示，以区分城市化地区与周边生态开敞空间的重要界限"。张进（2002）首先将增长边界等城市增长管理工具引入中国①。改革开放以来，过度的农地城市流转导致城市盲目扩张、农地开发规模过大，其负外部效应日渐凸显，为协调城市发展与环境保护，城市增长边界和生态保护红线作为空间增长管理的政策工具已在我国展开试点。2014 年 7 月，住建部和国土部共同确定北京、沈阳、上海等 14 个城市开展划定城市开发边界试点工作；2014 年 2 月，环境保护部出台《国家生态保护红线——生态功能基线划定技术指南（试行）》，提出"在自然生态服务功能、环境质量安全、自然资源利用等方面，需要实行严格保护的空间边界与管理限值，以维护国家和区域生态安全及经济社会可持续发展，保障人民群众健康"，该技术指南成为我国首个生态保护红线划定的纲领性技术指导文件，内蒙古、江西、湖北、广西等地被列为生态红线划定试点省份。

城市开发边界和生态保护红线划定等工作的协同开展可以作为一种有效的管制工具，用于优化我国的国土空间开发格局，理顺经济发展与生态环境保护之间的关系，维持和提高生态系统服务功能。

---

① 张进. 美国的城市增长管理 [J]. 国外城市规划, 2002 (2): 37 - 40.

7.2 农地城市流转的社会性管制

7.2.1 信息管制

信息不对称在社会政治经济中广泛存在，信息不对称下的政府管制理论主要探讨管制者与被管制者之间的信息不对称问题以及相应的政府管制理论。信息管制一般分为两类：一是强制信息披露，即商品供应者有义务提供有关商品的价格、身份、成分、数量或质量方面的信息；二是控制错误或误导性信息（安东尼·奥格斯，2013）。

经济学理论表明，市场机制在完全竞争的条件下即具备提供所有质量、价格等信息的能力，强制的信息披露通常发生在不能通过竞争机制来诱使信息显示的市场中（丹尼尔·F. 史普博，2008），此时需要权力干预。我国的农地城市流转显然并非完全竞争市场，严重的信息不对称是土地资源配置难以实现帕累托最优的重要原因之一，这成为政府进行信息管制的必要条件。实际上，出于对短期经济利益的追逐，农地城市流转的负外部性往往被故意隐藏或忽略，加之社会公众对农地城市流转负外部效应的认知程度有限（即尚未意识到农地城市流转的社会性和生态性负外部效应），造成了农地城市流转市场信息的失真，由此导致社会公众被迫承受外部成本。因此，政府应对农地城市流转的社会经济影响、征地费用、农地城市流转决策（数量及区位）等信息进行强制性披露，运用信息管制手段矫正农地市场信息失真状况，从而优化土地资源在农业和非农业部门之间的配置。

信息公开是信息管制的基础，信息管制并不能脱离信息公开而行。肖兴志（2011）认为，政治捐献和利益集团的游说对管制标准执行与管制效果具有重要影响。在农地城市流转管制过程中，城市新增建设用地使用者作为直接相关的利益集团极有可能为实现自身经济利益的最大化而游说、收买和贿赂地方政府，使其制定有利于自身利益的管制政策，并对其执行过程施加影响。此时，如果缺少中央政府的监管以及弱势群体负外部性承受者和社会公众的监督和压力，则农地城市流转的管制效果将会大打折扣。因此，除了应对地方政府的农地城市流转决策和农地城市流转行为等信息进行强制性披露外，还应加强公众参与和接受公众监督，可通过举报信箱、热线电话、公众来信与来访、网上论坛、博客、微博及微信等形式收集公众意见，提高公众对农地城市流转过程的参与程度，发挥舆论及公众监督的作用。

7.2.2 进入管制（事先许可）

农地城市流转的进入管制也可称为事先许可，主要是从维护社会福祉的目的出发，针对城市新增建设用地使用者进行的管制，防止城市新增建设用地的需求者（如开发商）过度进入，从而控制农地城市流转的需求侧，降低因农地城市流转产生的负外部效应对社会福利的损害。目前我国的农地城市流转进入管制主要是通过由国土资源管理部门审核拟用地事项的"公益正当性"来进行的。我国《宪法》和《土地管理法》中均规定，国家为公共利益需要可以依照法律规定对土地实行征收或征用并予以相应补偿。这意味着土地征收必须符合公共利益需要，但因现有法规未对"公共利益"的范围和界限做出详细界定，且其本身也是一个动态、抽象的概念，这便为城市新增建设用地使用者搭乘公共利益的"便车"提供了便利，加之地方政府有发展地方经济、增加地方财政收入和提升政绩等考虑，所以进入管制并未达到预期效果。负外部效应的存在对农地城市流转的"公益正当性"提出了更高的要求，由于负外部效应的客观存在且影响深远，其所导致的市场失灵要求通过规划、许可等农地城市流转进入管制工具予以解决。

因此，本研究认为，一方面，进入管制必须在对"公共利益"的范围和界限做出详细界定的基础上，严格按照"公益正当性"的原则对城市新增建设用地使用者进行甄别和审核；另一方面，为降低农地城市流转负外部性的不利影响，该农地城市流转事项的边际社会成本应等于边际社会收益，使其符合公共利益模式的配置效率。如在英国的规划许可体系中，规划机关决策时必须考量"相关的开发规划""环境影响评估""任何其他的重要因素"，而在"任何其他的重要因素"中就包括了农地开发可能引起的社会成本。

7.2.3　经济工具管制

经济工具管制关注社会生产的市场过程中出现的不理想分配，涉及市场中不合理的价格形成过程、市场主体的不合理生产过程以及社会主体的要素收益的不合理形成过程。经济工具管制强调运用经济手段提高资源配置效率和确保利用者公平利用，主要通过"科斯型"管制和"庇古型"管制两种途径实现。

7.2.3.1　庇古型管制工具——费和税、补贴

庇古（1920）认为，外部性导致经济主体的私人成本和社会成本的不一致是资源配置市场失灵的原因。私人最优与社会最优的差异无法单靠市场本身解决，只能由政府通过征税或者补贴来校正经济当事人的私人成本，这被后人称之为庇古型管制工具。

（1）费和税。

从管理学角度看，农地城市流转税费的设置属于负强化理论的应用。农地城市流转过程中产生了负的外部效应，降低了社会福祉，理应对农地城市流转的需求者（城市新增建设用地使用者）收费或征税以显化外部成本。目前我国虽然在征收环节设置了征地管理费、耕地开垦费以及耕地占用税等费种和税种，目的在于通过增加占用农地的成本在农地城市流转过程中发挥了一定的管制和调节作用，但并未将降低农地城市流转负外部性所产生的社会成本纳入考虑，这也是农地城市流转管制

效果不佳的重要原因。因此，应当尽快完善我国的农地城市流转税费体系，通过给外部性定价制定合理的针对农地城市流转负外部性的费和税，形成有效的经济调节机制，促使城市新增建设用地使用者在减少对增量城市土地的需求和缴纳税费之间权衡。当需缴纳的税费达到一定水平时，使用者出于控制成本的考虑将主动地减少对增量城市土地的需求，从而达到对农地城市流转进行管制的目的。其中关键问题在于确定价格信号，即设置合理的税、费标准，包括计税依据、征税范围、征税对象、税率以及具体税费计算方法等，从而将农地城市流转管制落实到可操作的层面。

（2）补贴。

从管理学角度讲，对外部性给予补贴属于正强化理论的运用。农地城市流转过程是农地转变为城市建设用地的过程，保有一定数量和质量的农地具有很强的生态效益和社会效益等正外部效应，为使这种外部性得到更好的发挥，实现农地保护社会成本的公平分担和社会收益的公平享有，应当对农地保有者给予适当的补贴。按照"谁受益、谁付费"的原则，政府可以通过向农村居民或农村集体经济组织支付农地保护补偿金等方式激励农地保护行为，使农地保护主体的意愿与社会整体的意愿趋于一致，以更有效地维持农地农用状态下的外部效益，从而达到农地城市流转外部约束与内在激励的结合，实现更好的管制效果。

7.2.3.2　科斯型管制工具——流转权交易

产权制度的基本功能是通过界定产权主体对产权客体的关系以及产权主体之间的关系来引导市场主体行为的外部性内在化，尽量减少资源使用行为的负外部效应。作为一种基于产权的管制，科斯型管制通过明晰产权给资源使用者提供激励与约束。在农地城市流转过程中，管制政策对土地资源利用者的种种约束实际上是通过对土地产权的约束来实现。土地产权明晰是土地市场交易的基本前提，土地产权的配置状况决定产权的实现程度、土地市场的发育和运作状况以及土资源配置的效率高低。

农地城市流转产生负外部性的根本原因在于农地城市流转中存在产权界定的不明晰，由此导致产权执行缺位或不当。因此，要从根本上治理农地城市流转中的负外部效应，必须进一步明晰产权。从负外部性治理的角度出发，农地城市流转的流转权建立的理念基础在于，可通过允许流转权的交易来实现政府对农地城市流转负外部性的控制。首先，由专门的机构对农地城市流转前周边环境质量和社会公众的福利变化进行观察和测度，然后对农地城市流转可能产生的负外部效应设定一个标准额度，如果有城市新增建设用地使用者将农地流转为城市建设用地后产生的负外部效应超过了该标准额度，就必须从其他没有超过这个限度的城市新增建设用地使用者那里够买其手中多余的流转权，否则就不能流转；而未超过这个限度的开发商可以通过拍卖的形式来流转手中多余的流转权，最终由出价最高的城市新增建设用地需求者购得。实质上，实行流转权交易的最终目的并不是为了让城市新增建设用地需求者互相交易手中的额度，而是为了控制农地城市流转数量及其产生的负外部效应，因为他们会发现减少农地城市流转产生的负外部性要比获得流转权的成本更低。

附录

调 查 问 卷

调查问卷I：农地城市流转对毗邻区域土地利用的影响

尊敬的农村居民朋友：

您好！

我们是中南财经政法大学《农地城市流转对毗邻区土地利用的影响》课题组的研究成员。本次调查的内容是仙桃市的农户家庭基本特征、农户非农劳动行为、农户农地经营及权属调整状况等。调查目的在于了解作为武汉市城市圈之一的仙桃市在城镇化进程中由于农地城市流转引起的农地产权稳定性的变化及对农户土地利用行为的影响，并据此进行科学的分析研究。

您的意见对我们进行学术研究非常宝贵，希望能得到您的支持。非常感谢您的真诚合作与协助！

调查时间：____年____月____日　调查员_____

1. 调查地点：湖北省仙桃市_____镇（乡）_____村_____

组，距镇（乡）政府距离为_____公里，距市区距离为_____公里，据周边农地城市流转地区的距离为_____公里，家庭农用地总面积为_____亩（_____平方米/亩），农作物播种总面积_____亩。

2. 农户家庭基本情况：

与户主关系	性别	年龄	婚姻状况	文化程度					职业状况					是否外出务工
				文盲	小学	初中	高中	大专及以上	农业	兼业以农业为主	兼业以非农业为主	非农业	其他	

3. 您家周边农地城市流转的用途是什么？

A. 商业开发（商场、住宅）

B. 公共事业（铁路、公路、学校、公园等）

C. 其他_____

D. 不了解

4. 您觉得您家农地向城市流转的可能性如何？

A. 不可能，原因是_____   B. 可能性小

C. 可能性大   D. 不清楚

5. 随着城镇向郊区扩展，您家是否愿意将自家农地向城市流转？

A. 愿意   B. 不愿意，原因是_____

6. 如果预期半年内您家农地将向城市流转，您家是否会改变农业生产计划？

A. 会   B. 不会，原因是_____

7. 如果上题回答 A，请继续回答（1）~（4）的问题；回答 B，请跳

转第 8 题。

（1）您家农业生产方向会由（　）向（　）变化？

A. 大田农作物（水稻、小麦等）

B. 其他经济作物（油菜，棉花等）

C. 菜地

D. 果园

（2）您家农地的劳动力投入的数量变化方向是什么？

A. 不变　　　　　　B. 增加　　　　　　C. 减少

（3）您家农地的劳动力投入的质量（包括劳动力性别、年龄、受教育程度）的变化方向是什么？

A. 不变　　　　　　B. 提高　　　　　　C. 降低

（4）您家准备增加（＋）或减少（－）或不变（＝）对农地的哪些资本要素的投入？

流动投资	仓库	拖拉机	耕地机	播种插秧机	收割机	水泵
与特定地块相连的投资	农家肥	绿肥	农药	种子	塑料大棚	灌溉水渠
	灌溉用井	平整土地	田间道路			
其他投资	畜力	燃料动力	技术	修理维护费用		

8. 如果您家农地向城市流转出去，您会关心什么要素？（可多选）

A. 征收补偿价格　　　　　　B. 就业

C. 养老保障　　　　　　D. 其他_____

9. 2012 年，您家共有农地数量为_____亩，全年生产费用支出约为_____元或每亩约_____元，扣除生产费用后，每亩纯收益约为_____元。

　　10. 您对农地城市流转价格的心理期望是约_____元/亩·年或一次性补偿_____元/亩，原因是_____。

问卷到此结束，非常感谢您的配合！祝您生活愉快！

调查问卷 II：农地城市流转对农村居民福利的影响

调查时间：_____；受访者年龄_____；受访者受教育程度_____。

调查地点：_____县（市）_____区（乡、镇）_____村（居委会）_____组

第一部分 农户分化情况调查

您认为征地之前您属于哪一类农村居民？

A. 纯农业生产者　　　　　　B. 半工半农者

C. 经商兼农者　　　　　　　D. 其他：

****

注：本调查将农村居民分为纯农业生产者、半工半农者、经商兼农者三类。其中：

纯农业生产者：指单纯依靠耕地或者主要依靠耕地收入作为其主要收入来源的农村居民，他们一般没有除务农之外的其他技能。

半工半农者：基本上就是平时所讲的农民工，他们忙时种地、闲时打工，是工农兼顾的一个群体。一般来说，他们常年外出打工，大部分时间从事第二、第三产业的劳动。但是享受不到城镇居民的各种补贴和待遇，他们的户籍仍然在农村，并且保有土地。

经商兼农者：指具有某项专门技术和技能，或者具有一定经营能力，他们长期经商但却没有放弃土地耕种。一般来说是在农村或者农村周围的城镇从事小本生意，但依然保留农村土地的群体。

****

第二部分 农地城市流转中农户补偿情况调查

1. 农户家庭农地城市流转情况：

征地年份	征地地类及面积（亩）							征地用途	补偿费用（元）				
	水田	菜地	旱地	园地	林地	养殖水面	其他		土地补偿	地上附着物	青苗补偿	安置补助	总补偿

2. 社会保障情况：

保障类型	征地后				满意度
	享有人数	自筹资金（元/月）	保障标准	享有时间	
家庭养老保险					
家庭医疗保险					
工伤保险					
失业保险					
其他					

第三部分 农地城市流转后农户福利变化调查

1. 您认为农地城市流转的发生使得生活：

A. 明显改善   B. 略强于失地前   C. 基本差不多

D. 略差于失地前   E. 明显差于失地前

2. 您认为农村居民是否愿意将农地流转成城市用地：

A. 愿意。原因是（可多选）：

a. 可以获得一笔补偿收入

b. 种地不挣钱，不干农活挣的钱更多

c. 生活标准提高（非生活质量）

d. 不想再当农村居民，可以转为城镇居民户口

e. 改善地方交通、通信、学校、医疗等基础设施和公共服务条件

f. 其他：_____

B. 不愿意。原因是（可多选）：

a. 征地的补偿费太低

b. 没有土地生活无保障

c. 被征地农户的收入减少，生活水平有所下降

d. 很难找到合适的工作

e. 土地还会增值，想留到以后获得更多补偿

f. 政府强行进行农地城市流转，不管村民意见

g. 其他：_____

3. 您对当前的农地城市流转政策满意吗？

A. 满意　　　　　　　B. 不满意　　　　　　　C. 一般

如果不满意，您希望农地城市流转政策在哪些方面进行改进？

a. 鼓励并让村级组织参与土地流转决策，代表村民发表意见

b. 鼓励并促进村民参与农地流转决策，赋予其决策参与权

c. 在村集体及其他村民同意土地流转时，村民可以不把地交出来

d. 农地城市流转后重新调整集体土地使用权，或以地入股，每年分红

e. 明确合理的土地收益分配关系，公开、公平分配农地城市流转补偿费

f. 组织失地村民进行非农就业培训，增强其劳动技能

g. 完善被征地村民的社会保障措施

h. 其他：_____

4. 您现在家庭的经济收入与农地城市流转前比较增加了还是减少了：

A. 增加很多　　　　B. 略有增加　　　　C. 没有变化

D. 略有减少　　　　E. 减少很多

5. 在扣除家庭必须支出外，家庭剩余可自由自配资金与农地城市流转前相比是怎样的？

A. 增加很多　　　　B. 略有增加　　　　C. 没有变化

D. 略有减少　　　　E. 减少很多

6. 农地城市流转后，家庭医疗保险的情况：

A. 基本可以达到区域城镇平均水平

B. 较农地城市流转前略有提高

C. 与农地城市流转前没有什么变化

D. 与农地城市流转前相比有下降

E. 农地城市流转后基本上没有任何家庭医疗保障

7. 农地城市流转后，家庭养老保险的变化情况：

A. 改善很多　　　　B. 略有改善　　　　C. 没有变化

D. 略有恶化　　　　E. 恶化很多

8. 农地城市流转后，失业保险的变化情况：

A. 改善很多，基本可以达到区域城镇平均水平

B. 较农地城市流转前略有改善

C. 与农地城市流转前没有什么变化

D. 不如农地城市流转前有保障

E. 农地城市流转后基本上丧失失业保障

9. 农地城市流转后，工伤保险的变化情况：

A. 改善很多，基本可以达到区域城镇平均水平

B. 较农地城市流转前略有改善

C. 与农地城市流转前没有什么变化

D. 不如农地城市流转前有保障

E. 农地城市流转后基本上丧失保障

10. 对比农地城市流转前的居住水平，您对农地城市流转后家庭居住位置的满意程度：

A. 非常满意　　　　　B. 一般满意　　　　　C. 无差别

D. 不很满意　　　　　E. 失望

11. 对比农地城市流转前，您对农地城市流转后所居住的房屋质量的满意程度：

A. 非常满意　　　　　B. 一般满意　　　　　C. 无差别

D. 不很满意　　　　　E. 失望

12. 对比农地城市流转前，您对农地城市流转后住所厨卫条件的满意程度：

A. 非常满意　　　　　B. 一般满意　　　　　C. 无差别

D. 不很满意　　　　　E. 失望

13. 对比农地城市流转前，您对农地城市流转后住所所在社区交通便捷度的满意度：

A. 非常满意　　　　　B. 一般满意　　　　　C. 无差别

D. 不很满意　　　　　E. 失望

14. 对比农地城市流转前，您对农地城市流转后居住区空气质量的满意程度：

A. 非常满意　　　　　B. 一般满意　　　　　C. 无差别

D. 不很满意　　　　　E. 失望

15. 对比农地城市流转前，农地城市流转后居住区固体垃圾的情况：

A. 非常严重　　　　　B. 严重　　　　　　　C. 一般

D. 良好　　　　　　　E. 非常好

16. 对比农地城市流转前，农地城市流转后居住区噪声情况：

A. 非常严重　　　　　B. 严重　　　　　　　C. 一般

D. 良好　　　　　　　E. 非常好

17. 对比农地城市流转前，农地城市流转后居住区绿化情况：

A. 非常满意　　　　　B. 满意　　　　　　　　C. 无变化

D. 恶化　　　　　　　E. 恶化很多

18. 对比农地城市流转前，您对目前的社区治安的满意程度：

A. 非常满意　　　　　B. 一般满意　　　　　　C. 无差别

D. 不很满意　　　　　E. 失望

19. 对比农地城市流转前，您对目前的社交情况的满意程度：

A. 非常满意　　　　　B. 一般满意　　　　　　C. 无差别

D. 不很满意　　　　　E. 失望

20. 对比农地城市流转前，征地后您的就业安全感如何？

A. 非常好　　　　　　B. 比较好　　　　　　　C. 无差别

D. 不很好　　　　　　E. 失望

21. 农地城市流转后，您对未来生活的期望如何？

A. 非常满意　　　　　B. 一般满意　　　　　　C. 无差别

D. 不很满意　　　　　E. 失望

22. 您认为上述调查的家庭经济收入因素在影响您的福利上的重要
程度是怎样的：

A. 很重要　　　　　　B. 重要　　　　　　　　C. 一般

D. 不重要　　　　　　E. 很不重要

23. 您认为上述调查的社会保障因素在影响您的福利上的重要程度
是怎样的：

A. 很重要　　　　　　B. 重要　　　　　　　　C. 一般

D. 不重要　　　　　　E. 很不重要

24. 您认为上述调查的居住条件因素在影响您的福利上的重要程度
是怎样的：

A. 很重要　　　　　　B. 重要　　　　　　　　C. 一般

D. 不重要　　　　　　E. 很不重要

25. 您认为上述调查的社区生活因素在影响您的福利上的重要程度
是怎样的：

A. 很重要　　　　　　B. 重要　　　　　　　　C. 一般

D. 不重要　　　　　　E. 很不重要

26. 您认为上述调查的环境因素在影响您的福利上的重要程度是怎样的：

A. 很重要　　　　　　B. 重要　　　　　　　　C. 一般

D. 不重要　　　　　　E. 很不重要

27. 您认为上述调查的心理因素在影响您的福利上的重要程度是怎样的：

A. 很重要　　　　　　B. 重要　　　　　　　　C. 一般

D. 不重要　　　　　　E. 很不重要

问卷到此结束，非常感谢您的配合！祝您生活愉快！

调查问卷Ⅲ–1：农地城市流转居民生态补偿研究调查问卷（农村居民类）

尊敬的农村居民朋友：

您好！

我们是中南财经政法大学工商管理学院的研究生，此次调研的目的在于了解农地城市流转给周围居民生活带来了哪些生态负面影响，以及居民对降低当前生态负外部效应的支付意愿，据此进行有关农地城市流转生态福祉损失测算和生态补偿研究，为政府等相关部门制定农地城市流转政策提供依据。问卷填写以不记名方式进行，因此，希望您在填写时不要有任何顾虑。

感谢您真诚的合作与协助。

调查地点：＿＿＿＿市＿＿＿＿区＿＿＿＿街道＿＿＿＿村＿＿＿＿组

问卷编号：＿＿＿＿＿　调查员：＿＿＿＿＿　审核员：＿＿＿＿＿

调研区位：＿＿＿＿＿＿（A. 农村腹地　B. 城中村　C. 郊区）

调查时间：＿＿＿年＿＿＿月＿＿＿日

农地生态系统不仅为人类提供了粮食、水果、蔬菜、木材等农产品，还具有净化空气、美化环境、调节气候、防止水土流失、提供观光旅游、维护生物多样性等许多的生态服务功能。然而近年来，随着经济建设的快速发展，非农用地如道路、城镇住宅用地、工业用地等逐步向外扩张，这直接导致农地原有的生态系统功能丧失，从而影响生态系统的正常运转和生态环境的维持。生态环境一旦遭到破坏，便会以水土流失、土地沙化、雾霾和频繁的自然灾害等多种形式危及国家生态安全；随之而来的空气污染、水源污染、食品安全、景观破碎等一系列问题将会影响我们的生活质量和生活环境。因此，亟须通过建立恰当的生态补偿机制对其流转速度、规模等加以管制，在保证人口不断增长和人民生活质量不断提高的情况下保障人类生态安全。

第一部分　对农地生态系统服务功能的认知程度调查

1. 您认为农地除了能给耕种它的农村居民带来经济收入之外，是否还给国家和其他社会成员带来了提供景观娱乐及历史文化、保护和调节环境、净化空气等生态方面的服务功能？

A. 是　　　　　　　B. 否　　　　　　　C. 不清楚

2. 您认为目前本地农地资源的生态系统服务功能是否在下降？

A. 是；那么，您认为主要原因是什么？（仅选一项）

a. 城市边界不断蔓延、城市建设用地需求旺盛

b. 灾毁、水毁导致农地面积减少

c. 农村集体内部非农建设占用

d. 农村居民种田收入微薄，农地撂荒严重

B. 否

3. 您认为当地目前有必要通过控制农地城市流转规模来防止农地的生态系统服务功能降低吗？

A. 有必要　　　　B. 没必要　　　　C. 不清楚

第二部分　农地城市流转后农村居民生态福祉要素变化调查

1. 您觉得农地城市流转是否与下列气象灾害的爆发频率有关？（请在您认为的选项框中打"√"）

关联程度	洪涝灾害	干旱天气	土地荒漠化	土壤盐渍化	水土流失
有很大的关系					
有较大的关系					

续表

关联程度	洪涝灾害	干旱天气	土地荒漠化	土壤盐渍化	水土流失
有一定的关系					
有一点关系					
没有关系					
不清楚					

2. 农地城市流转前，您家的生活垃圾处理方式是（　　　）。（可多选）

①填埋　②焚烧　③在自家垃圾堆自然堆放　④附近垃圾堆随意堆放

⑤用作农田施肥　⑥出售给废品回收站　⑦用作沼气池生态处理

⑧放置公共回收处集中处理

农地城市流转后，您家的生活垃圾处理方式是（　　　）。（可多选）

①填埋　②焚烧　③在自家垃圾堆自然堆放　④附近垃圾堆随意堆放

⑤用作农田施肥　⑥出售给废品回收站　⑦用作沼气池生态处理

⑧放置公共回收处集中处理

3. 对比农地城市流转前，流转后的生活垃圾处理方式是否存在以下现象？（可多选）

①失去农地或农地减少，没有了填埋场地

②牲畜粪便难以分解

③随意堆放的生活垃圾难以腐烂，产生异味

④公共回收处清理不及时，异味大

⑤难以分解的生活垃圾得到了集中处理

4. 农地城市流转前后基本物质条件的变化。（除最近地块距离外，物质获取方式为多选）

项目	距离最近农地地块的距离：①200米以内②200~500米③500~1000米④1000米以外	日常主食（大米、面粉、豆类等）获取方式：①自家耕种②当地集市购买③商场购买④其他	蔬菜获取方式：①自家菜园②邻居间互赠③当地集市购买④商场购买⑤其他	肉质产品获取方式：①自家养殖②当地集市购买③商场购买④其他
流转前				
流转后				

5. 农地城市流转前后健康福祉要素变化。（满意度请在 1~7 之间进行打分，1 表示很不满意，7 表示很满意）

项目	空气质量满意度	饮水质量满意度	日常主食（大米、面粉、豆类等）消费安全满意度	肉质产品消费安全满意度	蔬菜消费安全满意度
流转前					
流转后					

6. 如果您对当前的空气质量不满意，主要是因为（　　　）。

①附近工业废气排放　②道路灰尘　③汽车尾气　④河流污染

⑤雾霾天气频发　⑥其他_____

如果您对当前的饮水质量不满意，主要是因为（　　　）。

①附近工业废水污染　②污水处理不达标　③河流垃圾堆积

④酸雨污染　⑤其他_____

如果您对当前的食品质量不满意，主要是因为（　　　）。

①存在转基因的隐患　②农药化肥残留　③陈米翻新

④添加剂、激素的隐患　⑤味道不正宗　⑥其他_____

7. 农地城市流转后，您与家人是否因生态环境恶化而导致相关疾病的发生？

A. 否　　B. 是，何种疾病？（　　　）

（①气管炎、支气管炎　②肺炎　③过敏性鼻炎　④皮肤过敏

⑤眼部疾病　⑥肾损伤　⑦心血管疾病　⑧肠胃炎　⑨食物中毒
⑩其他_____)

8. 您是否会怀念儿时田园生活（农田、果园嬉戏，池塘、河流玩耍，虫叫鸟鸣）的乐趣？

　　A. 是的，更怀念原来的生活环境和生活方式

　　B. 有时候会怀念

　　C. 一般，并没有很大的影响

　　D. 不会，周围有类似的绿地公园

　　E. 不会，很适应现在的生活

9. 您身边的孩子现在还有您儿时的乡村体验（农田、果园嬉戏，池塘、河流玩耍，虫叫鸟鸣）吗？

　　A. 失去了农地，完全体验不到当年的乡村生活

　　B. 农地减少了，没有了当年的乐趣

　　C. 一般，周围有绿地公园供孩子玩耍

　　D. 这种乡村体验对孩子而言可有可无

10. 农地城市流转前，您与家人主要通过哪些方式获得收入？（　　）（可多选）

　　A. 在家务农　　　　　　　B. 城市打工　　　C. 在家做些手工活

　　D. 农闲时在乡镇企业打工　E. 个体经营户　　F. 其他_____

农地城市流转后，您与家人主要通过哪些方式获得收入？（　　）（可多选）

　　A. 在家务农　　　　　　　B. 城市打工

　　C. 在家做些手工活　　　　D. 农闲时在乡镇企业打工

　　E. 个体经营户　　　　　　F. 其他_____

第三部分　生态福祉损失的支付意愿调查

　　为了生态环境得到改善，政府出台一系列方案，希望借此了解广大民众的关注热点与倾向。方案 A 为现状，即没有实施任何保护制度到

2025 年时五个属性状态，方案 B 为制度实施后到 2025 年五个属性的状态。请从下面 7 个选择集中，选择出您认为每个选择集中最优的方案。

****

说明：

（1）安全：主要是指获得洁净而安全的生活场所的能力和降低遭受生态冲击与胁迫的攻击能力，如气象灾害（洪涝、干旱、土地荒漠化等）的爆发频率和废弃物的处理方式。

（2）维持高质量生活的基本物质条件：主要是指为挣得收入和获得生计而获取资源的能力，如日常主食、蔬菜及肉质产品的获取方式会影响人们维持高质量生活的基本物质条件。

（3）健康：主要包括获取足够营养的能力、避免遭受可预防疾病侵袭的能力、获取充足而洁净的饮用水的能力和获取清洁空气的能力。如食品消费的安全性、由生态环境恶化引起的相关疾病、饮水质量与空气质量等会影响人类的健康福祉要素。

（4）良好的社会关系：表达与农地生态系统有关的美学与消遣价值的机会。如田园生活的体验及对乡村生活的留恋。

（5）自由与选择：主要是指生计方式的选择，如农地城市流转前农村居民可以选择务农或者外出打工，农地城市流转后农村居民失去务农的生计选择。

****

请从下列选择集中选出您认为最优的方案。

选择集 1

选择集	安全	健康	基本物质条件	良好的社会关系	自由与选择	支付额
方案 A	恶化	恶化	恶化	恶化	恶化	0
方案 B	恶化	恶化	改善	改善	恶化	50
我选择方案 A（　） 我选择方案 B（　） 我都不选（　）						

如果都不选，原因是：_____

选择集 2

选择集	安全	健康	基本物质条件	良好的社会关系	自由与选择	支付额
方案 A	恶化	恶化	恶化	恶化	恶化	0
方案 B	改善	改善	恶化	恶化	恶化	50
我选择方案 A （ ）   我选择方案 B （ ）   我都不选 （ ）

如果都不选，原因是：_____

选择集 3

选择集	安全	健康	基本物质条件	良好的社会关系	自由与选择	支付额
方案 A	恶化	恶化	恶化	恶化	恶化	恶化
方案 B	改善	恶化	改善	恶化	改善	50
我选择方案 A （ ）   我选择方案 B （ ）   我都不选 （ ）

如果都不选，原因是：_____

选择集 4

选择集	安全	健康	基本物质条件	良好的社会关系	自由与选择	支付额
方案 A	恶化	恶化	恶化	恶化	恶化	恶化
方案 B	恶化	改善	恶化	改善	改善	100
我选择方案 A （ ）   我选择方案 B （ ）   我都不选 （ ）

如果都不选，原因是：_____

选择集 5

选择集	安全	健康	基本物质条件	良好的社会关系	自由与选择	支付额
方案 A	恶化	恶化	恶化	恶化	恶化	恶化
方案 B	改善	改善	改善	改善	恶化	100
我选择方案 A（　） 我选择方案 B（　） 我都不选（　）

如果都不选，原因是：＿＿＿＿＿＿＿＿＿＿＿＿＿＿＿＿＿＿＿

选择集 6

选择集	安全	健康	基本物质条件	良好的社会关系	自由与选择	支付额
方案 A	恶化	恶化	恶化	恶化	恶化	恶化
方案 B	改善	改善	改善	恶化	改善	100
我选择方案 A（　） 我选择方案 B（　） 我都不选（　）

如果都不选，原因是：＿＿＿＿＿＿＿＿＿＿＿＿＿＿＿＿＿＿＿

选择集 7

选择集	安全	健康	基本物质条件	良好的社会关系	自由与选择	支付额
方案 A	恶化	恶化	恶化	恶化	恶化	恶化
方案 B	改善	改善	恶化	改善	改善	200
我选择方案 A（　） 我选择方案 B（　） 我都不选（　）

如果都不选，原因是：＿＿＿＿＿＿＿＿＿＿＿＿＿＿＿＿＿＿＿

选择集 8

选择集	安全	健康	基本物质条件	良好的社会关系	自由与选择	支付额
方案 A	恶化	恶化	恶化	恶化	恶化	恶化
方案 B	改善	恶化	改善	改善	改善	200
我选择方案 A（　） 我选择方案 B（　） 我都不选（　）

如果都不选，原因是：_____

选择集 9

选择集	安全	健康	基本物质条件	良好的社会关系	自由与选择	支付额
方案 A	恶化	恶化	恶化	恶化	恶化	恶化
方案 B	恶化	改善	改善	改善	改善	200
我选择方案 A（　　）　　我选择方案 B（　　）　　我都不选（　　）						

如果都不选，原因是：_____

第三部分根据调研情况可作以下调整（难以获取有效信息时）：

1. 您觉得上述问题（生活垃圾、空气污染、水源污染、食品安全等）有必要改善吗？

A. 没有必要，对现状很满意（跳转第三部分）

B. 有必要（下一题）

2. 对当前现状最不满意、最希望得到改善的是（　　　），其次是（　　　）。

A. 气象灾害的爆发频率更少了，社区环境更洁净了

B. 空气质量、饮水质量更好了，日常食品安全更有保证了

C. 日常食用的大米、蔬菜、肉类产品吃得起了，种类更丰富了

D. 绿化环境改善了，更有归属感，更能适应现在的生活了

E. 就业机会更多了，就业问题得到一定的解决

3. 如果上述您关心的问题能够改善，您和您的家庭是否愿意支付一定的费用？（　　　）

A. 不愿意，原因是：_____

B. 有些愿意：（　　　），每项最多能够支付（　　　）元

C. 都愿意，每项最多能够支付（　　　）元

第四部分　个人基本信息

以下需要了解一些您个人及家庭的部分情况，以便我们做进一步综合分析，您所回答的一切资料仅供研究使用。

1. 您的性别是_____，年龄是_____。

2. 您的受教育程度是（　　）：

A. 未受教育　　　　　B. 小学　　　　　　　C. 初中

D. 高中（中专）　　　E. 大专　　　　　　　F. 本科及以上

3. 您家庭的人口数是（　　）人，其中有劳动能力人口数是（　　）人。

4. 目前您家庭年总收入约为（　　　），其中，非农业收入为（　　　）：

A. 1 万元以下　　　　B. 1 万~2 万元　　　C. 2 万~3 万元

D. 3 万~5 万元　　　　E. 5 万~7 万元　　　F. 7 万~9 万元

G. 9 万~12 万元　　　H. 12 万~15 万元　　I. 15 万~18 万元

J. 18 万~25 万元　　　K. 25 万元以上

5. 农地被征年份（　　），农地的流转面积（　　）亩。

农地流转类型：_____（1. 旱地　2. 水田　3. 园地　4. 林地 5. 草地　6. 菜地　7. 鱼塘水面）

6. 您家农地流转的流向是（　　　）。

A. 商业用地　　　　　B. 工业用地　　　　　C. 基础设施用地

D. 居住用地　　　　　E. 交通道路用地

F. 城市生态用地（绿地、公园等）　　　　G. 其他_____

问卷到此结束，非常感谢您的配合！祝您生活愉快！

调查问卷Ⅲ-2：农地城市流转居民生态补偿
研究调查问卷（城镇居民类）

尊敬的城镇居民朋友：

您好！

我们是中南财经政法大学工商管理学院的研究生，此次调研的目的在于了解农地城市流转给周围居民生活带来了哪些生态负面影响，以及居民对降低当前生态负外部效应的支付意愿，据此进行有关农地城市流转生态补偿研究分析，为政府等相关部门制定农地城市流转政策提供依据。问卷填写以不记名方式进行，因此，希望您在填写时不要有任何顾虑。

感谢您真诚的合作与协助。

调查地点：_____市_____区_____街道　　问卷编号：_____

调查员：_____　　　　　　　　审核员：_____

调查时间：____年____月____日

农地生态系统不仅为人类提供了蔬菜、粮食、水果、木材、水产品等农产品，还具有净化空气、美化环境、调节气候、防止水土流失、提供观光旅游、维护生物多样性等许多的生态服务功能。然而近年来，随着经济建设的快速发展，非农用地如道路、城镇住宅用地、工业用地等逐步向外扩张，这直接导致农地原有的生态系统功能丧失，从而影响生态系统的正常运转和生态环境的维持。生态环境一旦遭到破坏，便会以水土流失、土地沙化、雾霾和频繁的自然灾害等多种形式危及国家生态安全；随之而来的空气污染、水源污染、食品安全、景观破碎等一系列问题将会影响我们的生活质量和生活环境。因此，亟须通过建立恰当的生态补偿机制对其流转速度、规模等加以管制，在保证人口不断增长和人民生活质量不断提高的情况下保障人类生态安全。

第一部分　对农地的生态系统服务功能的认知程度调查

1. 您认为农地除了能给耕种它的农村居民带来经济收入之外，是否还给国家和其他社会成员带来了提供景观娱乐及历史文化、保护和调节环境、净化空气等生态方面的服务功能？

A. 是　　　　　　　　B. 否　　　　　　　　C. 不清楚

2. 您认为目前本地农地资源的生态系统服务功能是否在下降？

A. 否　　　　B. 是；那么，您认为主要原因是什么？（仅选一项）

a. 城市边界不断蔓延、城市建设用地需求旺盛

b. 灾毁、水毁导致农地面积减少

c. 农村集体内部非农建设占用

d. 农村居民种田收入微薄，农地撂荒严重

3. 您认为您所在区域的生态环境是否因城市建设占用大量农地而恶化了？

A. 否　　　　B. 是；那么，您认为恶化程度为：

a. 很严重

b. 较为严重

c. 一般，还可以忍受

第二部分　农地城市流转后城镇居民生态福祉要素变化调查

1. 您觉得农地城市流转是否与下列气象灾害的爆发频率有关？（请在您认为的选项框中打"√"）

关联程度	洪涝灾害	干旱天气	土地荒漠化	土壤盐渍化	水土流失
有很大的关系					
有较大的关系					

续表

关联程度	洪涝灾害	干旱天气	土地荒漠化	土壤盐渍化	水土流失
有一定的关系					
有一点关系					
没有关系					
不清楚					

2. 您对当前的空气质量的满意度如何？（　　　）

A. 很满意　　　　　B. 满意　　　　　C. 一般

D. 有点不满意　　　E. 很不满意

如果不满意，您觉得空气质量恶化的主要原因有哪些？（　　　）（可多选）

①工业废气排放　②道路灰尘　③汽车尾气　④河流污染

⑤雾霾天气频发　⑥其他

您觉得上述空气质量问题是否与农地城市流转、农地面积不断减少有关？（　　　）

A. 有很大的关系　　B. 有较大的关系　　C. 有一定的关系

D. 有一点关系　　　E. 没有关系　　　　F. 不清楚

3. 您对当前的饮水质量的满意度如何？（　　　）

A. 很满意　　　　　B. 满意　　　　　C. 一般

D. 有点不满意　　　E. 很不满意

如果不满意，您觉得饮水质量恶化的主要原因有哪些？（　　　）（可多选）

①工业废水污染　②污水处理不达标　③河流垃圾堆积

④酸雨污染　⑤其他

您觉得引起上述水质恶化的原因是否与农地城市流转有关？（　　　）

A. 有很大的关系　　B. 有较大的关系　　C. 有一定的关系

D. 有一点关系　　　　　E. 没有关系　　　　F. 不清楚

4. 您对当前的食品（日常主食、蔬菜、肉质产品等）安全质量的满意度如何？（　　）

A. 很满意　　　　　　B. 满意　　　　　　C. 一般

D. 有点不满意　　　　E. 很不满意

如果不满意，您觉得主要存在的食品消费问题有哪些？（　　）（可多选）

①转基因的隐患　②农药化肥残留　③陈米翻新

④添加剂、激素的隐患　⑤味道不正宗　⑥其他

您觉得上述您所担心的食品安全问题是否与农地城市流转、农地不断减少有关？（　　）

A. 有很大的关系　　　B. 有较大的关系　　C. 有一定的关系

D. 有一点关系　　　　E. 没有关系　　　　F. 不清楚

5. 您及您的家人是否有过因生态环境恶化而引发的相关疾病？（　　）

A. 否　　　　B. 是，何种疾病？（　　）（可多选）

①气管炎、支气管炎　②肺炎　③过敏性鼻炎　④皮肤过敏

⑤眼部疾病　⑥肾损伤　⑦心血管疾病　⑧肠胃炎　⑨食物中毒

⑩其他_____

6. 您是否有过"农家乐"、郊游、踏青等生态式的生活体验？（　　）

A. 经常去　　　　　　B. 偶尔去过　　　　C. 很少去过

D. 从没有去过

您觉得农地城市流转是否会影响"农家乐"、郊游等生态式的美学欣赏和观光旅游？（　　）

A. 有很大的影响　　　B. 有较大的影响　　C. 有一定的影响

D. 有一点影响　　　　E. 没有影响　　　　F. 不清楚

7. 您觉得当前的"就业难"问题是否与农地城市流转、大量农村

居民进城务工有关？（　　）

    A. 有很大的关系   B. 有较大的关系   C. 有一定的关系

    D. 有一点关系   E. 没有关系   F. 不清楚

第三部分　生态福祉损失的支付意愿调查

为了生态环境得到改善，政府出台一系列方案，希望借此了解广大民众的关注热点与倾向。方案 A 为现状，即没有实施任何保护制度到 2025 年时四个属性状态（不断恶化），方案 B 为制度实施后到 2025 年四个属性的状态（部分得到改善），但需要支付一定的成本。

****

说明：

（1）安全：主要是指获得洁净而安全的生活场所的能力和降低遭受生态冲击与胁迫的攻击能力，如气象灾害（洪涝、干旱、土地荒漠化等）的爆发频率。

（2）健康：主要包括取足够营养的能力、避免遭受可预防疾病侵袭的能力、获取充足而洁净的饮水的能力和获取清洁空气的能力。如食品（日常主食、蔬菜、肉类）消费的安全性、由生态环境恶化引起的相关疾病、饮水质量与空气质量等。

（3）良好的社会关系：表达与农地生态系统有关的美学与消遣价值的机会。如郊游、踏青、"农家乐"等生态式的观光旅游。

（4）自由与选择：主要是指生计方式的自由与选择，如就业机会的大小。

****

请从下列选择集中选出您认为最优的方案。

选择集 1

选择集	安全	健康	良好的社会关系	自由与选择	支付额
方案 A	恶化	恶化	恶化	恶化	0
方案 B	恶化	改善	恶化	改善	50

我选择方案 A（ ） 我选择方案 B（ ） 我都不选（ ）

如果都不选，原因是：_____

选择集 2

选择集	安全	健康	良好的社会关系	自由与选择	支付额
方案 A	恶化	恶化	恶化	恶化	0
方案 B	改善	恶化	改善	恶化	50

我选择方案 A（ ） 我选择方案 B（ ） 我都不选（ ）

如果都不选，原因是：_____

选择集 3

选择集	安全	健康	良好的社会关系	自由与选择	支付额
方案 A	恶化	恶化	恶化	恶化	0
方案 B	恶化	恶化	改善	改善	100

我选择方案 A（ ） 我选择方案 B（ ） 我都不选（ ）

如果都不选，原因是：_____

选择集 4

选择集	安全	健康	良好的社会关系	自由与选择	支付额
方案 A	恶化	恶化	恶化	恶化	0
方案 B	改善	改善	恶化	恶化	100

我选择方案 A（ ） 我选择方案 B（ ） 我都不选（ ）

如果都不选，原因是：＿＿＿＿＿＿＿＿＿＿＿＿＿＿＿＿＿

选择集 5

选择集	安全	健康	良好的社会关系	自由与选择	支付额
方案 A	恶化	恶化	恶化	受限	0
方案 B	恶化	改善	改善	恶化	200
我选择方案 A（　）		我选择方案 B（　）		我都不选（　）	

如果都不选，原因是：＿＿＿＿＿＿＿＿＿＿＿＿＿＿＿＿＿

选择集 6

选择集	安全	健康	良好的社会关系	自由与选择	支付额
方案 A	恶化	恶化	恶化	恶化	0
方案 B	改善	恶化	恶化	改善	200
我选择方案 A（　）		我选择方案 B（　）		我都不选（　）	

如果都不选，原因是：＿＿＿＿＿＿＿＿＿＿＿＿＿＿＿＿＿

选择集 7

选择集	安全	健康	良好的社会关系	自由与选择	支付额
方案 A	恶化	恶化	恶化	恶化	0
方案 B	改善	改善	改善	改善	200
我选择方案 A（　）		我选择方案 B（　）		我都不选（　）	

如果都不选，原因是：＿＿＿＿＿＿＿＿＿＿＿＿＿＿＿＿＿

第三部分根据调研情况可作以下调整（难以获取有效信息时）：

1. 您觉得上述问题（卫生环境、空气污染、水源污染、食品安全、生态旅游、就业问题等）有必要改善吗？（　　　）

A. 没有必要，对现状很满意（跳转第四部分）

B. 有必要（下一题）

2. 对当前现状最不满意、最希望得到改善的是（　　　），其次是（　　　）。

A. 生活垃圾和生活环境

B. 空气质量、饮水质量、日常食品安全问题

C. "农家乐"和郊游等生态旅游的去处、生态旅游的质量

D. 就业问题

3. 如果上述您关心的问题能够改善，您和您的家庭每年是否愿意为此捐款（捐物）吗?（　　　）

A. 不愿意，原因是：

a. 农地没有给您带来任何生态环境方面的福利，因此没理由支付

b. 对农地资源所提供的生态效益不感兴趣

c. 经济收入太低，没有多余的钱/物、时间或劳力来支付此类费用

d. 是政府的事情，这些费用应由政府负担

e. 您有权无偿享受农地给您带来生态方面的福利，因此不应该支付

f. 基金会没什么用处，不会像设想的那样发挥作用

g. 其他原因：

B. 有些愿意：（　　　），每项最多能够捐款（捐物）（　　　）元

C. 都愿意，每项最多能够捐款（捐物）（　　　）元

第四部分　个人基本信息

以下需要了解一些您个人及家庭的部分情况，以便我们做进一步综合分析，您所回答的一切资料仅供研究使用。

1. 您的性别是_____，年龄是_____。

2. 您的受教育程度为（　　　）：

A. 未受教育　　B. 小学　　C. 初中　　D. 高中（中专）　　E. 大专

F. 本科及以上

3. 您家庭的人口数是（　　　）人，其中，有劳动能力的人口数是

（　　　）人。

4. 目前您家庭年总收入约为（　　　）：

A. 1 万元以下　　B. 1 万~3 万元　　C. 3 万~5 万元　　D. 5 万~8 万元

E. 8 万~12 万元　　F. 12 万~18 万元　　G. 18 万~25 万元

H. 25 万~35 万元　　I. 35 万~50 万元　　J. 50 万元以上

5. 您所从事的职业类型（　　　）

A. 公务员　　B. 企事业人员　　C. 教师/医务人员　　D. 专业技术人员

E. 农村居民　　F. 学生　　G. 工人/服务员　　H. 军人

I. 离岗/下岗/退休人员　　J. 个体工商户　　K. 自由职业者　　L. 其他

6. 您是否在农村生活过？

A. 否　　B. 是，生活了＿＿＿＿年

问卷到此结束，非常感谢您的配合！祝您生活愉快！

调查问卷Ⅳ：不同流向下农地城市流转负外部效应调查问卷

尊敬的朋友：

您好！

我们是中南财经政法大学工商管理学院的研究生，此次调研的目的是想了解农地城市流转给周围居民生活产生了哪些负面影响以及对改善当前负外部效应的支付意愿，并以此进行研究分析，为政府等相关部门制定相关政策提供依据。

您是我们根据调查要求随机选中的一位受访者，您的意见很重要，希望得到您的支持。填写此问卷是不记名的，因此，希望您在填写时不要有任何顾虑，实事求是地回答。感谢您的支持！

调查地点：＿＿＿＿市＿＿＿＿区＿＿＿＿乡（镇）＿＿＿＿村＿＿＿＿组

调查时间：＿＿年＿＿月＿＿日　　调查员：＿＿＿＿

第一部分

随着城市快速发展，城市边界不断向周围乡村扩展，农地不断流转为其他类型的土地，例如在农地上修建楼房、新建商业区、新修道路以及工厂等。在此背景下，会引起空气质量变差、农地景观被破坏、噪声污染、交通拥堵等情况，我们把这些情况称作负外部性。当前有一种改善项目，此项目可以消除由农地流转引发的负外部性，现调查群众对于该项目的实施，自己愿意出多少钱。问卷为您准备了一系列的备选方案，请您根据自身实际情况在备选方案中进行选择。方案 A 为当前现状，即没有采取任何措施，支付金额为 0。

1. 您周围土地流转的用途为：

A. 居住及商业服务用地

B. 工业与交通运输用地

C. 公共管理与公共服务用地

2. 请从下列选择集中选出您认为最优的方案。

（1）居住及商业服务用地选择集。

选择集 1

选择集	交通情况	噪声	公共设施	治安状况	支付额（元）
方案 A	拥堵	吵闹	不足	变差	0
方案 B	拥堵	吵闹	不足	改善	80

我选择方案 A（　　）　我选择方案 B（　　）　我都不选（　　）

如果都不选，原因是：＿＿＿＿＿＿＿＿＿＿＿＿＿＿

选择集 2

选择集	交通情况	噪声	公共设施	治安状况	支付额（元）
方案 A	拥堵	吵闹	不足	变差	0
方案 B	畅通	吵闹	不足	变差	80

我选择方案 A（　　）　我选择方案 B（　　）　我都不选（　　）

如果都不选，原因是：＿＿＿＿＿＿＿＿＿＿＿＿＿＿

选择集 3

选择集	交通情况	噪声	公共设施	治安状况	支付额（元）
方案 A	拥堵	吵闹	不足	变差	0
方案 B	拥堵	改善	充足	变差	150

我选择方案 A（　　）　我选择方案 B（　　）　我都不选（　　）

如果都不选，原因是：＿＿＿＿＿＿＿＿＿＿＿＿＿＿

选择集 4

选择集	交通情况	噪声	公共设施	治安状况	支付额（元）
方案 A	拥堵	吵闹	不足	变差	0
方案 B	畅通	改善	不足	变差	150

我选择方案 A（　　）　　我选择方案 B（　　）　　我都不选（　　）

如果都不选，原因是：＿＿＿＿＿＿＿＿＿＿＿＿＿＿

选择集 5

选择集	交通情况	噪声	公共设施	治安状况	支付额（元）
方案 A	拥堵	吵闹	不足	变差	0
方案 B	拥堵	吵闹	充足	改善	150

我选择方案 A（　　）　　我选择方案 B（　　）　　我都不选（　　）

如果都不选，原因是：＿＿＿＿＿＿＿＿＿＿＿＿＿＿

选择集 6

选择集	交通情况	噪声	公共设施	治安状况	支付额（元）
方案 A	拥堵	吵闹	不足	变差	0
方案 B	拥堵	改善	充足	改善	220

我选择方案 A（　　）　　我选择方案 B（　　）　　我都不选（　　）

如果都不选，原因是：＿＿＿＿＿＿＿＿＿＿＿＿＿＿

选择集 7

选择集	交通情况	噪声	公共设施	治安状况	支付额（元）
方案 A	拥堵	吵闹	不足	变差	0
方案 B	畅通	改善	不足	改善	220

我选择方案 A（　　）　　我选择方案 B（　　）　　我都不选（　　）

如果都不选，原因是：＿＿＿＿＿＿＿＿＿＿＿＿＿＿＿＿＿＿

选择集 8

选择集	交通情况	噪声	公共设施	治安状况	支付额（元）
方案 A	拥堵	吵闹	不足	变差	0
方案 B	畅通	改善	充足	改善	220
我选择方案 A（　　） 我选择方案 B（　　） 我都不选（　　）					

如果都不选，原因是：＿＿＿＿＿＿＿＿＿＿＿＿＿＿＿＿＿＿

（2）工业与交通运输用地选择集。

选择集 1

选择集	空气质量	噪声状况	自然景观	人身安全	支付额（元）
方案 A	差	吵闹	破坏	危险	0
方案 B	改善	改善	破坏	危险	80
我选择方案 A（　　） 我选择方案 B（　　） 我都不选（　　）					

如果都不选，原因是：＿＿＿＿＿＿＿＿＿＿＿＿＿＿＿＿＿＿

选择集 2

选择集	空气质量	噪声状况	自然景观	人身安全	支付额（元）
方案 A	差	吵闹	破坏	危险	0
方案 B	改善	吵闹	破坏	安全	80
我选择方案 A（　　） 我选择方案 B（　　） 我都不选（　　）					

如果都不选，原因是：＿＿＿＿＿＿＿＿＿＿＿＿＿＿＿＿＿＿

选择集 3

选择集	空气质量	噪声状况	自然景观	人身安全	支付额（元）
方案 A	差	吵闹	破坏	危险	0
方案 B	差	改善	改善	危险	80
我选择方案 A（　　） 我选择方案 B（　　） 我都不选（　　）					

如果都不选，原因是：_____

选择集 4

选择集	空气质量	噪声状况	自然景观	人身安全	支付额（元）
方案 A	差	吵闹	破坏	危险	0
方案 B	改善	改善	破坏	安全	150
我选择方案 A（　　） 我选择方案 B（　　） 我都不选（　　）					

如果都不选，原因是：_____

选择集 5

选择集	空气质量	噪声状况	自然景观	人身安全	支付额（元）
方案 A	差	吵闹	破坏	危险	0
方案 B	改善	吵闹	改善	安全	150
我选择方案 A（　　） 我选择方案 B（　　） 我都不选（　　）					

如果都不选，原因是：_____

选择集 6

选择集	空气质量	噪声状况	自然景观	人身安全	支付额（元）
方案 A	差	吵闹	破坏	危险	0
方案 B	改善	改善	改善	危险	150
我选择方案 A（　　） 我选择方案 B（　　） 我都不选（　　）					

如果都不选，原因是：＿＿＿＿＿＿＿＿＿＿＿＿＿＿＿＿＿＿

选择集 7

选择集	空气质量	噪声状况	自然景观	人身安全	支付额（元）
方案 A	差	吵闹	破坏	危险	0
方案 B	差	改善	改善	安全	220

我选择方案 A（　）　　我选择方案 B（　）　　我都不选（　）

如果都不选，原因是：＿＿＿＿＿＿＿＿＿＿＿＿＿＿＿＿＿＿

选择集 8

选择集	空气质量	噪声状况	自然景观	人身安全	支付额（元）
方案 A	差	吵闹	破坏	危险	0
方案 B	改善	改善	改善	改善	220

我选择方案 A（　）　　我选择方案 B（　）　　我都不选（　）

如果都不选，原因是：＿＿＿＿＿＿＿＿＿＿＿＿＿＿＿＿＿＿

（3）公共管理与公共服务用地选择集。

选择集 1

选择集	交通状况	噪声状况	公共设施	支付额（元）
方案 A	拥堵	吵闹	不足	0
方案 B	拥堵	吵闹	充足	80

我选择方案 A（　）　　我选择方案 B（　）　　我都不选（　）

如果都不选，原因是：＿＿＿＿＿＿＿＿＿＿＿＿＿＿＿＿＿＿

选择集 2

选择集	交通状况	噪声状况	公共设施	支付额（元）
方案 A	拥堵	吵闹	不足	0
方案 B	畅通	改善	不足	80

我选择方案 A（　　） 我选择方案 B（　　） 我都不选（　　）

　　如果都不选，原因是：＿＿＿＿＿＿＿＿＿＿＿＿＿＿＿＿＿

选择集 3

选择集	交通状况	噪声状况	公共设施	支付额（元）
方案 A	拥堵	吵闹	不足	0
方案 B	拥堵	改善	充足	150

我选择方案 A（　　） 我选择方案 B（　　） 我都不选（　　）

　　如果都不选，原因是：＿＿＿＿＿＿＿＿＿＿＿＿＿＿＿＿＿

选择集 4

选择集	交通状况	噪声状况	公共设施	支付额（元）
方案 A	拥堵	吵闹	不足	0
方案 B	畅通	吵闹	不足	150

我选择方案 A（　　） 我选择方案 B（　　） 我都不选（　　）

　　如果都不选，原因是：＿＿＿＿＿＿＿＿＿＿＿＿＿＿＿＿＿

选择集 5

选择集	交通状况	噪声状况	公共设施	支付额（元）
方案 A	拥堵	吵闹	不足	0
方案 B	拥堵	畅通	不足	220

我选择方案 A（　　） 我选择方案 B（　　） 我都不选（　　）

如果都不选，原因是：＿＿＿＿＿＿＿＿＿＿＿＿＿＿＿＿＿

选择集6

选择集	交通状况	噪声状况	公共设施	支付额（元）
方案 A	拥堵	吵闹	不足	0
方案 B	畅通	吵闹	充足	220

我选择方案 A（　　）　　我选择方案 B（　　）　　我都不选（　　）

如果都不选，原因是：＿＿＿＿＿＿＿＿＿＿＿＿＿＿＿＿＿

选择集7

选择集	交通状况	噪声状况	公共设施	支付额（元）
方案 A	拥堵	吵闹	不足	0
方案 B	畅通	改善	充足	220

我选择方案 A（　　）　　我选择方案 B（　　）　　我都不选（　　）

如果都不选，原因是：＿＿＿＿＿＿＿＿＿＿＿＿＿＿＿＿＿

第二部分

以下需要了解一些您个人及家庭的部分情况，以便我们做进一步综合分析。您所回答的一切资料只仅供研究，绝不公开。

1. 您的性别：

A. 男性　　B. 女性

2. 您的年龄：

A. ＜20 岁　　B. 20～29 岁　　C. 30～39 岁　　D. 40～49 岁

E. 50～59 岁　　F. ＞60 岁

3. 您的受教育程度：

A. 未受教育　　B. 小学　　C. 初中　　D. 高中（中专）　　E. 大专

F. 本科及以上

4. 请问目前您家庭年总收入约为（　　　）：（发放问卷数量超过300份，我们不会记得您填写的是哪一份问卷，不必有顾虑，但请填写真实的情况，我们才做得出正确有意义的分析）

A. 1万元以下　　B. 1万~2万元　　C. 2万~3万元　　D. 3万~4万元

E. 4万~5万元　　F. 5万~6万元　　G. 6万~7万元

H. 7万~8万元　　I. 8万~9万元　　J. 9万~10万元

K. 10万~20万元　　L. 20万~30万元　　M. 30万~50万元

N. 50万元以上

问卷到此结束，非常感谢您的配合！祝您生活愉快！

参 考 文 献

［1］安东尼·奥格斯．规制：法律形式与经济学理论［M］．骆梅英译，苏苗罕校．北京：中国人民大学出版社，2008．

［2］蔡银莺，张安录．江汉平原农地保护的外部效益研究［J］．长江流域资源与环境，2008，17（1）：98 - 98．

［3］蔡运龙，霍雅勤．耕地非农化的供给驱动［J］．中国土地，2002（7）：20 - 22．

［4］陈海涛，郭亚军．一般性生产生活用水对水域生态系统价值的损益分析［J］．吉林水利，2012，33（4）：22 - 25．

［5］陈浩，陈雪春，谢勇．城镇化进程中失地农村居民职业分化及其影响因素研究［J］．中国人口·资源与环境，2013（6）：72 - 79．

［6］陈江龙，曲福田．农地非农化效率的空间差异及其对土地利用政策调整的启示［J］．管理世界，2004（8）：37 - 42．

［7］陈娟，南灵．陕西省农地非农化生态系统服务价值损失评价［J］．西南农业学报，2013，26（1）：259 - 263．

［8］陈瑞主，吴佩瑛．市场机制下农地与农地外部效益财产权之界定与保障［J］．经济社会法制论丛（台湾），2005（35）：285 - 317．

［9］陈伟，王喆．中国农地转用的制度框架及其软约束问题［J］．中国人口·资源与环境，2014，24（3）：61 - 68．

［10］陈莹，张安录．农地转用过程中农村居民的认知与福利变化分析——基于武汉市城乡结合部农户与村级问卷调查［J］．中国农村观察，2007（5）：11 - 37．

［11］陈竹，胡伟，黄凌翔．基于概率模型的农地转用外部性测算——以天津市静海区为例［J］．自然资源学报，2017，32（9）：1495－1504.

［12］陈竹，鞠登平，张安录．农地保护的外部效益测算——选择实验法在武汉市的应用［J］．生态学报，2013，33（10）：3213－3221.

［13］陈竹．农地保护的外部效益测算——选择实验法在武汉市的应用［J］．生态学报，2013，33（10）：3213－3221.

［14］陈竹．农地城市流转外部性测度与外部性内化政策——武汉城市圈实证分析［D］．华中农业大学，2012.

［15］陈竹，张安录，张雄，等．农地城市流转的外部成本测算——以仙桃市为例［J］．资源科学，2010，32（6）：1141－1147.

［16］程刚，张晓莉．石河子垦区农业开发与绿洲生态系统服务功能演变［J］．新疆社会科学，2013（2）：48－54.

［17］崔玮，苗建军，邹伟．武汉城市圈土地利用空间关联的碳排放效率及其收敛性分析［J］．长江流域资源与环境，2016（12）：1824－1831.

［18］代光烁，娜日苏，董孝斌，等．内蒙古草原人类福祉与生态系统服务及其动态变化——以锡林郭勒草原为例［J］．生态学报，2014，34（9）：2422－2430.

［19］丹尼尔·F．史普博．管制与市场［M］．余晖，等译．上海人民出版社，2008：583.

［20］邓江波．我国环境保护视角下的政策工具选择研究［D］．武汉：华中师范大学，2009.

［21］董捷，张雪，张安录．武汉城市圈农地城市流转效率测度——基于碳排放的视角［J］．江汉论坛，2015（8）：23－29.

［22］樊辉，赵敏娟．自然资源非市场价值评估的选择实验法：原理及应用分析［J］．资源科学，2013，36（7）：1347－1354.

［23］高进云，乔荣锋．农地城市流转前后农户福利变化差异分析

[J]. 中国人口·资源与环境, 2011, 21 (1): 99 - 105.

[24] 高进云, 乔荣锋, 张安录. 农地城市流转前后农户福利变化的模糊评价——基于森的可行能力理论 [J]. 管理世界, 2007 (6): 45 - 56.

[25] 高魏, 张安录, 付海英, 等. 城乡生态经济交错区农地城市流转价格影响因素分析 [J]. 中国土地科学, 2010 (11): 45 - 49.

[26] 郭玲霞. 农地城市流转对失地农户福利影响及征地补偿研究 [D]. 武汉: 华中农业大学, 2012.

[27] 韩祎, 孙辉, 唐亚. 生态系统服务价值及其评估方法研究进展 [J]. 四川环境, 2005, 24 (1): 20 - 26.

[28] 何·皮特. 谁是中国土地的拥有者 [M]. 林韵然译. 北京: 社会科学文献出版社, 2014.

[29] 胡喜生. 福州土地生态系统服务价值空间异质性及其与城市化耦合的关系 [D]. 福建农林大学博士学位论文, 2012.

[30] 黄珂, 张安录, 张雄. 农地城市流转配置效率的时空差异分析——以武汉城市圈为实证 [J]. 水土保持研究, 2015 (1): 201 - 206.

[31] 黄燕. 株洲市耕地生态系统服务功能价值测算及耕地保护经济补偿研究 [D]. 湖南师范大学, 2015.

[32] 吉登艳, 马贤磊, 石晓平. 土地产权安全对土地投资的影响: 一个文献综述 [J]. 南京农业大学学报 (社会科学版), 2014 (3): 52 - 61.

[33] 江波, 陈媛媛, 饶恩明, 等. 博斯腾湖生态系统最终服务价值评估 [J]. 生态学杂志, 2015, 34 (4): 1113 - 1120.

[34] 江冲, 金建君, 李论. 基于CVM的耕地资源保护非市场价值研究——以浙江省温岭市为例 [J]. 资源科学, 2011, 33 (10): 1955 - 1961.

[35] 金建君, 江冲. 选择试验模型法在耕地资源保护中的应用——

以浙江省温岭市为例 [J]. 自然资源学报, 2011, 26 (10): 1750 - 1757.

[36] 金晶, 曲福田. 中国农地非农化政策调控: 理论分析框架的改良设 [J]. 中国人口·资源与环境, 2010, 20 (11): 96 - 101.

[37] 金书秦, 宋国君, 郭关瑜. 重评外部性: 基于环境保护的视角 [J]. 理论学刊, 2010 (8): 37 - 41.

[38] 靳乐山, 李小云, 左停, 等. 生态环境服务付费的国际经验及其对中国的启示 [J]. 生态经济, 2007 (12): 156 - 163.

[39] 靳相木, 杜茎深. 耕地保护补偿研究: 一个结构性的进展评论 [J]. 中国土地科学, 2013, 27 (3): 47 - 53.

[40] 李春林, 刘淼, 胡远满, 等. 基于增强回归树和 Logistic 回归的城市扩展驱动力分析 [J]. 生态学报, 2014, 34 (3): 727 - 737.

[41] 李菲. 陕西省农地非农化过程中损失农地的生态价值研究 [D]. 西安工业大学, 2012.

[42] 李惠梅, 张安录. 基于福祉视角的生态补偿研究 [J]. 生态学报, 2013, 33 (4): 1065 - 1070.

[43] 李杰, 张光宏. 农村土地制度与城镇化进程: 制度变迁下的历史分析 [J]. 农业技术经济, 2013 (2): 104 - 111.

[44] 李京梅, 陈琦, 姚海燕. 基于选择实验法的胶州湾湿地围垦生态效益损失评估 [J]. 资源科学, 2015, 37 (1): 68 - 75.

[45] 李晶, 张微微. 关中—天水经济区农田生态系统涵养水源价值量时空变化 [J]. 华南农业大学学报, 2013, 33 (3): 746 - 755.

[46] 李路路. 社会转型与社会分层结构变迁: 理论与问题 [J]. 江苏社会科学, 2002 (2): 7 - 12.

[47] 李霜, 张安录. 农地城市流转的外部性与社会损失研究——基于武汉城市圈的实证 [J]. 资源科学, 2014, 36 (2): 303 - 310.

[48] 李涛, 廖和平, 褚远恒, 等. 重庆市农地非农化空间非均衡及形成机理 [J]. 自然资源学报, 2016, 31 (11): 1844 - 1857.

[49] 李晓云. 农地城市流转参与者决策研究 [D]. 华中农业大学,

2007.

[50] 李琰，李双成，高阳，等．连接多层次人类福祉的生态系统服务分类框架 [J]．地理学报，2013，68（8）：1038 - 1047.

[51] 梁曼，杨振．农地非农流转的生态福祉损失与补偿机制研究 [J]．甘肃科学学报，2014（6）：35 - 38.

[52] 林坚，马彦丽．我国农村居民的社会分层结构和特征——一个基于全国 1185 份调查问卷的分析 [J]．湘潭大学学报，2007（1）：15 - 21.

[53] 林乐芬，葛扬．基于福利经济学视角的失地农村居民补偿问题研究 [J]．经济学家，2010（1）：49 - 56.

[54] 刘辰．基于选择试验模型的河网水系价值评估研究 [D]．华东师范大学硕士学位论文，2013.

[55] 刘桂林，张落成，张倩．长三角地区土地利用时空变化对生态系统服务价值的影响 [J]．生态学报，2014，34（12）：3311 - 3319.

[56] 刘合香．模糊数学理论及其应用 [M]．北京：科学出版社，2012.

[57] 刘洪礼，李广学．试论我国现阶段农村居民队伍的构成 [J]．学术月刊，1983（6）：39 - 43.

[58] 刘洪仁．世纪初农村居民分化的实证追踪研究——以山东省为例 [J]．农业经济问题，2009（5）：55 - 63.

[59] 刘纪远，匡文慧等．20 世纪 80 年代末以来中国土地利用变化的基本特征与空间格局 [J]．生态学报，2014，69（1）：3 - 12.

[60] 刘利花．苏南地区稻田保护的激励机制研究 [D]．北京：中国农业科学院，2015：58 - 68.

[61] 刘祥熹，庄淑芳．农地转用之选择价值与外部性效果——从农地释出宜从长计议说起 [J]．农业经济半年刊，1996（58）：1 - 30.

[62] 刘晓宇，张林秀．农村土地产权稳定性决定因素研究 [J]．农业技术经济，2007（4）：11 - 22.

[63] 刘秀丽，张勃，郑庆荣，等．黄土高原土石山区退耕还林对农户福祉的影响研究——以宁武县为例 [J]．资源科学，2014，36 (2)：397 - 405.

[64] 刘应元．我国农业产业生态福利水平测度及提升策略研究——以湖北省为例 [D]．华中农业大学，2014.

[65] 刘正山．海外国民幸福指数编制情况概述 [J]．国外理论动态，2013 (12)：30 - 35.

[66] 陆学艺．当代中国农村和当代中国农村居民 [M]．北京：知识出版社，1991.

[67] 马爱慧，蔡银莺，张安录．基于土地优化配置模型的耕地生态补偿框架 [J]．中国人口·资源与环境，2010，20 (10)：97 - 102.

[68] 马爱慧．耕地生态补偿及空间效益转移研究 [D]．华中农业大学博士学位论文，2011.

[69] 马爱慧，张安录．选择实验法视角的耕地生态补偿意愿实证研究——基于武汉市问卷调查 [J]．资源科学，2013，35 (10)：2061 - 2066.

[70] 马克·安尼尔斯基．建立福祉经济学 [J]．上海师范大学学报，2013，42 (1)：6 - 13.

[71] 马贤磊，仇童伟，钱忠好．农地产权安全性与农地流转市场的农户参与——基于江苏、湖北、广西、黑龙江四省（区）调查数据的实证分析 [J]．中国农村经济，2015 (2)：22 - 31.

[72] 马贤磊．现阶段农地产权制度对农户土壤保护性投资影响的实证分析——以丘陵地区水稻生产为例 [J]．中国农村经济，2009 (10)：31 - 41.

[73] 聂鑫，汪晗，张安录．基于公平思想的失地农村居民福利补偿——以江汉平原4城市为例 [J]．中国土地科学，2010，24 (6)：63 - 67.

[74] 牛海鹏，高汉琦．多情景下耕地生态效益支付和受偿意愿特

征分析 [J]. 水土保持通报, 2015, 35 (2): 205-212.

[75] 牛海鹏, 王坤鹏. 基于单边界二分式 CVM 的不同样本方案下耕地保护外部性测度与分析——以河南省焦作市为例 [J]. 资源科学, 2017, 39 (7): 1227-1237.

[76] 牛海鹏, 王文龙, 张安录. 基于 CVM 的耕地保护外部性估算与检验 [J]. 中国生态农业学报, 2014 (12): 1498-1508.

[77] 牛海鹏, 张安录. 耕地利用生态社会效益测算方法及其应用 [J]. 农业工程学报, 2010 (5): 316-323.

[78] 牛海鹏, 张安录. 耕地利用效益体系重构及其外部性分析 [J]. 中国土地科学, 2009, 23 (9): 25-29.

[79] 潘倩等. 土地产权稳定性对农户土地利用变化的影响——以常熟市、奉贤区、江都市和阜南县为例 [J]. 中国农业大学学报, 2013, 8 (5): 173-180.

[80] 彭开丽, 张鹏, 张安录. 农地城市流转中不同权利主体的福利均衡分析 [J]. 中国人口·资源与环境, 2009, 19 (2): 137-142.

[81] 彭开丽, 朱海莲. 农地城市流转对不同年龄阶段失地农村居民的福利影响研究 [J]. 中国土地科学, 2015, 29 (1): 71-78.

[82] 齐家国, 杨志. 全球气候变化与人类福祉以及适应性 [J]. 学术月刊, 2014, 46 (7): 21-26.

[83] 乔荣锋. 农地城市流转的管理控制系统研究 [D]. 武汉: 华中农业大学, 2008.

[84] 曲福田, 陈江龙, 陈雯. 农地非农化经济驱动机制的理论分析与实证研究 [J]. 自然资源学报. 2005, 20 (2): 231-241.

[85] 曲福田, 卢娜, 冯淑怡. 土地利用变化对碳排放的影响 [J]. 中国人口·资源与环境, 2011, 10 (21): 76-83.

[86] 曲福田, 谭荣. 中国农地非农化的可持续治理 [M]. 北京: 科学出版社, 2010.

[87] 饶恩明, 肖燚, 欧阳志云, 等. 海南岛生态系统土壤保持功

能空间特征及影响因素 [J]. 生态学报, 2013, 33 (3): 746-755.

[88] 任平, 吴涛, 周介铭. 耕地非农化的空间过程与扩散路径研究——以成都市龙泉驿区为例 [J]. 中国土地科学, 2015, 29 (12): 68-73.

[89] 任平, 吴涛, 周介铭. 耕地资源非农化价值损失评价模型与补偿机制 [J]. 中国农业科学, 2014, 47 (4): 786-795.

[90] 史洋洋, 吕晓, 黄贤金, 等. 江苏沿海地区耕地利用转型及其生态系统服务价值变化响应 [J]. 自然资源学报, 2017, 32 (6): 961-976.

[91] 宋敏. 不确定与不可逆条件下农地城市流转的外部性与社会理性决策研究 [M]. 北京: 经济科学出版社, 2013: 137-142.

[92] 宋敏, 韩曼曼. 生态福祉视角下的农地城市流转生态补偿机制: 研究进展与框架构建 [J]. 农业经济问题, 2016 (11): 94-103.

[93] 宋敏. 基于外部性内化的农地城市流转调控政策工具研究进展评述 [J]. 中国人口·资源与环境, 2012, 22 (1): 123-129.

[94] 宋敏, 刘一鸣. 基于负外部性治理的农地城市流转政府管制体系研究——一个分析框架 [J]. 农村经济, 2015 (12): 34-40.

[95] 宋敏. 农地城市流转的外部性与社会理性决策研究 [D]. 华中农业大学, 2009.

[96] 宋敏, 王世新, 张安录. 价值判断对农地城市流转决策的影响分析 [J]. 生态经济, 2006 (2): 15-18.

[97] 宋敏, 张安录. 湖北省农地资源正外部性价值量估算——基于对农地社会与生态之功能和价值分类的分析 [J]. 长江流域资源与环境, 2009, 18 (4): 314-319.

[98] 孙海兵, 张安录. 农地城市流转中的制度环境、治理环境与资源配置研究 [J]. 湖北农业科学, 2013, 52 (17): 4033-4037.

[99] 孙远太. 当前我国环境保护政策述评: 基于政策科学视角的分析 [J]. 中国发展, 2006 (4): 51-54.

［100］谭秋成．度量生态服务价值的选择实验：方法介绍及案例研究［J］．中国人口·资源与环境，2016，26（7）：46－52．

［101］谭荣，曲福田．农地非农化的空间配置效率与农地损失［J］．中国软科学，2006（5）：49－57．

［102］檀学文，吴国宝．福祉测量理论与实践的新进展——"加速城镇化背景下福祉测量及其政策应用"国际论坛综述［J］．中国农村经济，2014（9）：87－95．

［103］唐忠新．贫困分化的社会学研究［M］．天津人民出版社，1998．

［104］田玉忠，石志恒．耕地非农化的供求驱动分析——以陕西省为例［J］．开发研究，2007（3）：25－27．

［105］汪劲．论生态补偿的概念——以《生态补偿条例》草案的立法解释为背景［J］．中国地质大学学报（社会科学版），2014，14（1）：1－8．

［106］王大尚，郑华，欧阳志云．生态系统服务供给、消费与人类福祉的关系［J］．应用生态学报，2013，24（6）：1747－1753．

［107］王尔大，李莉，韦健华．基于选择实验法的国家森林公园资源和管理属性经济价值评价［J］．资源科学，2015，37（1）：193－200．

［108］王女杰，刘建，吴大千，等．基于生态系统服务价值的区域生态补偿——以山东省为例［J］．生态学报，2010，30（23）：6646－6653．

［109］王珊．公益性和非公益性农地城市流转的农户福利效应研究［D］．华中农业大学，2013．

［110］王珊，张安录，张叶生．农地城市流转的农户福利效应测度［J］．中国人口·资源与环境，2014，24（3）：108－115．

［111］王圣云，沈玉芳．从福利地理学到福祉地理学：研究范式重构［J］．世界地理研究，2011，20（2）：162－168．

[112] 王伟，马超. 基于可行能力理论的失地农村居民福利水平研究——以江苏省宜兴市和太仓市为例 [J]. 农业技术经济，2013（6）：20-31.

[113] 王喜刚，王尔大. 基于选择实验法的环境资源属性价值评价及实证研究 [J]. 技术经济，2014，33（12）：80-86.

[114] 王迎春，陈祖海. 环境保护各种政策工具的比较研究 [J]. 生态经济，2007（5）：305-308.

[115] 王昱，丁四保，王荣成. 区域生态补偿的理论与实践需求及其制度障碍 [J]. 中国人口·资源与环境，2010，20（7）：74-80.

[116] 王忠福. 城市居民旅游环境影响与社会文化影响感知问卷量表的开发 [J]. 管理评论，2011，23（8）：36-45.

[117] 魏倩倩，任志远. 半干旱地区典型城市耕地面积变化空间差异及驱动力分析——以西安市为例 [J]. 水土保持研究，2016，23（1）：284-288.

[118] 文贯中. 用途管制要过滤的是市场失灵还是非国有土地的入市权 [J]. 学术月刊，2014，46（8）：5-17.

[119] 吴晓青，洪尚群，段昌群. 区际生态补偿机制是区域间协调发展的关键 [J]. 长江流域资源与环境，2003（1）：13-16.

[120] 吴晓忠，倪志良. 经济增长、农地资源保护与农地非农化最优规模 [J]. 上海财经大学学报，2015，17（1）：52-69.

[121] 武江民，王玉纯，赵军，等. 耕地净初级生产力及生态服务价值时空分异研究——以甘肃省白银区为例 [J]. 中国农学通报，2016，32（35）：65-70.

[122] 肖琳，田光进，乔治. 基于 Agent 的城市扩张占用耕地动态模型及模拟 [J]. 自然资源学报，2014（3）：516-527.

[123] 肖强，肖洋，欧阳志云，等. 重庆市森林生态系统服务功能价值评估 [J]. 生态学报，2014，34（1）：216-223.

[124] 肖兴志. 现代规制经济分析 [M]. 北京：中国社会科学出版

社，2011.

[125] 谢高地，鲁春霞，冷允法，等．青藏高原生态资产的价值评估 [J]．自然资源学报，2003，18（2）：189 - 196.

[126] 谢高地，张彩霞，张雷明，等．基于单位面积价值当量因子的生态系统服务价值化方法改进 [J]．自然资源学报，2015（8）：1243 - 1254.

[127] 谢高地，甄霖，鲁春霞，等．一个基于专家知识的生态系统服务价值化方法 [J]．自然资源学报，2008，23（5）：911 - 919.

[128] 徐美银．农村居民阶层分化、产权偏好差异与土地流转意愿——基于江苏省泰州市 387 户农户的实证分析 [J]．社会科学，2013（1）：56 - 66.

[129] 徐小燕．土地利用变化对生态系统服务价值影响——以安徽省明光市为例 [J]．首都师范大学学报（自然科学版），2014（3）：67 - 73.

[130] 严冰．农地长久确权的现实因应及其可能走向 [J]．改革，2014（8）：90 - 99.

[131] 杨惠，熊晖．农地管制中的财产权保障：从外部效益分享看农地激励性管制 [J]．现代法学，2008，30（3）：70 - 79.

[132] 杨铭，朱烨，郑旭理，等．林地产权稳定性对农户造林投入的影响研究 [J]．林业资源管理，2017（2）：1 - 7.

[133] 杨宁宁，牛海鹏．耕地保护经济补偿标准研究进展及评述 [J]．资源开发与市场，2015，31（1）：64 - 68.

[134] 杨欣，Michael Burton，张安录．基于潜在分类模型的农田生态补偿标准测算——一个离散选择实验模型的实证 [J]．中国人口·资源与环境，2016，7（26）：27 - 36.

[135] 杨志海，王雅鹏，麦尔旦·吐尔孙．农户耕地质量保护性投入行为及其影响因素分析——基于兼业分化视角 [J]．中国人口·资源与环境，2015，25（12）：105 - 112.

[136] 杨志新. 北京郊区农田生态系统正负效应价值的综合评价研究 [D]. 北京：中国农业大学图书馆，2006.

[137] 姚洋. 土地、制度和农业发展 [M]. 北京大学出版社，2004.

[138] 野口悠纪雄. 土地经济学 [M]. 汪斌，译. 北京：商务印书馆，1997.

[139] 叶延琼，章家恩，秦钟，等. 佛山市农田生态系统的生态损益 [J]. 生态学报，2012，32 (14)：4593 - 4604.

[140] 伊淑彪. 产权安全制度与经济增长研究 [D]. 山东大学，2011：12 - 23.

[141] 俞孔坚. 关于防止新农村建设可能带来的破坏、乡土文化景观保护和工业遗产保护的三个建议 [J]. 中国园林，2006 (8)：8 - 12.

[142] 喻燕，卢新海. 意愿评估法在农地非使用价值评估中的改进 [J]. 中国土地科学，2010，24 (1)：15 - 21.

[143] 苑全治，郝晋珉，张玲俐等. 基于外部性理论的区域耕地保护补偿机制研究 [J]. 自然资源学报，2010，25 (4)：529 - 538.

[144] 苑韶峰，杨丽霞，杨桂山，等. 耕地非农化的社会经济驱动因素异质性研究——基于 STIRPAT 和 GWR 模型的实证分析 [J]. 经济地理，2013，33 (5)：137 - 143.

[145] 曾军荣. 政策工具选择与我国公共管理社会化 [J]. 理论探讨，2008 (3)：133 - 136.

[146] 张安录. 城乡生态经济交错区农地城市流转机制与制度创新 [J]. 中国农村经济，1999 (7)：43 - 49.

[147] 张安录. 城乡生态经济交错区农地城市流转与土地价值增值研究 [J]. 华中农业大学学报 (社会科学版)，1999 (4)：4 - 6.

[148] 张安录，杨钢桥，陆红生. 论农地城市流转对农业可持续发展的影响 [J]. 理论月刊，1999，12 (99)：7 - 11.

[149] 张安录，杨钢桥. 美国城市化过程中农地城市流转与农地保

护 [J]. 中国农村经济, 1998 (11): 74-80.

[150] 张进. 美国的城市增长管理 [J]. 国外城市规划, 2002 (2): 37-40.

[151] 张珏, 张慧. 土地利用变化对嘉兴市生态系统服务价值损益的影响 [J]. 浙江农业学报, 2014 (2): 444-450.

[152] 张俊峰, 张安录, 何雄. 土地资源空间异质性及差别化政策研究 [J]. 西北农林科技大学学报 (社会科学版), 2016 (6): 21-28.

[153] 张黎娜, 李晓文, 宋晓龙, 等. 黄淮海湿地生态系统服务与生物多样性保护格局的耦合性 [J]. 生态学报, 2014, 34 (14): 3987-3995.

[154] 张良悦, 师博, 刘东. 城市化进程中农地非农化的政府驱动——基于中国地级以上城市面板数据的分析 [J]. 当代经济科学, 2008, 30 (3): 33-41.

[155] 张录强. 我国农业生态系统营养循环链的断裂与重建 [J]. 生态经济, 2006 (2): 103-109.

[156] 张蔚文, 李学文. 外部性作用下的耕地非农化权配置 [J]. 管理世界, 2011 (6): 47-62.

[157] 张蔚文, 李学文. 外部性作用下的耕地非农化权配置——"浙江模式"的可转让土地发展权真的有效率吗? [J]. 管理世界, 2011 (6): 47-62.

[158] 张孝宇, 赖宗裕, 张安录. 基于地块尺度的耕地非农化驱动力空间异质性研究——以武汉市为例 [J]. 长江流域资源与环境, 2015, 24 (6): 994-1002.

[159] 张孝宇, 谢新朋, 张安录. 武汉市耕地非农化的空间非均衡发展与空间扩散路径分析 [J]. 自然资源学报, 2014 (10): 1649-1659.

[160] 张雄, 张安录, 闵敏. 湖北省农地城市流转效率及其影响因素 [J]. 中国人口·资源与环境, 2013 (3): 146-151.

[161] 张雄, 张安录. 武汉城市圈农地城市流转效率评价 [J]. 中国土地科学, 2013 (10): 69 – 75.

[162] 张修芳, 牛叔文, 冯晓, 等. 天水城市扩张的时空特征及动因分析 [J]. 地理研究, 2013 (12): 2312 – 2323.

[163] 张学刚, 王玉婧. 环境管制政策工具的演变与发展: 基于外部性理论的视角 [J]. 湖北经济学院学报, 2010, 8 (4): 94 – 98.

[164] 张艳, 刘新平. 基于 CVM 的艾比湖流域农地生态价值评价——以博尔塔拉蒙古自治州为例 [J]. 新疆农业科学, 2011, 48 (5): 903 – 908.

[165] 张永民译. 生态系统与人类福祉: 评估框架 [M]. 北京: 中国环境科学出版社, 2007.

[166] 赵海霞, 曲福田, 诸培新, 等. 转型期的资源与环境管理: 基于市场—政府—社会三角制衡的分析 [J]. 长江流域资源与环境, 2009, 18 (3): 211 – 216.

[167] 赵云泰, 黄贤金, 陈志刚, 等. 基于 DEA 的中国农地非农化效率及其变化 [J]. 长江流域资源与环境, 2011, 20 (10): 1228 – 1234.

[168] 郑杭生. 我国社会阶层结构新变化的几个问题 [J]. 华中师范大学学报 (人文社会科学版), 2002, 41 (4): 5 – 9.

[169] 钟海玥. 农地城市流转与经济增长的交互作用及其尺度效应 [D]. 武汉: 华中农业大学, 2014: 1 – 2.

[170] 钟海玥, 张安录. 基于分层线性模型的武汉城市圈农地城市流转经济驱动机制研究 [J]. 经济地理, 2014, 34 (5): 76 – 82.

[171] 周义, 李梦玄. 失地冲击下农村居民福利的改变和分化 [J]. 农业技术经济, 2014 (1): 73 – 80.

[172] 周义, 张莹, 任宏. 城乡交错区被征地农户的福利变迁研究 [J]. 中国人口·资源与环境, 2014, 24 (6): 30 – 36.

[173] Adamowicz, K., Boxall, P., Williams, M., et al. Stated

preference approaches for measuring passive use values: Choice experiments and contingent valuation [J]. American Journal of Agricultural Economics, 1998, 80 (1): 64 – 75.

[174] Amani, O. , Unai, P. , Noel, R. . A theoretical model of agro-biodiversity as a supporting service for sustainable agricultural intensification [J]. Ecological Economics, 2010, 69: 1926 – 1933.

[175] Arrow, K. . Report of the NOAA panel on contingent valuation [J]. Federal Register, 1993, 58 (3): 48 – 56.

[176] Atcham, M. , Patel, K. . Agriculture land conversion and inheritance tax in Japan [J]. Reviews of Urban & Regional Development Studies, 1999, 11 (2): 127 – 140.

[177] Atu, J. E. , Ayama, O. R. , Eni, D. I. , et al. The effects of urban sprawl on peripheral agricultural lands in Calabar, Nigeria [J]. International Review of Social Sciences & Humanities, 2012.

[178] Aviron, S. , Jeanneret, P. , Schüpbach, B. , et al. Effects of agri-environmental measures, site and landscape conditions on butterfly diversity of Swiss grassland [J]. Agriculture, Ecosystems & Environment, 2007, 122 (3): 295 – 304.

[179] Baumol, W. J. . Welfare Economics and the Theory of the State [M]. Boston: Hardard University Press, 1952.

[180] Bennett, J. , Bueren, M. V. , Whitten, S. . Estimating society's willingness to pay to maintain viable rural communities [J]. Australian Journal of Agricultural and Resource Economics, 2004, 48 (3): 487 – 512.

[181] Bergstrom, J. C. , Dillman, B. L. , Stoll, J. R. . Public environmental amenity benefits of private land: The case of prime agricultural land [J]. Southern Journal of Agricultural Economics, 1985, 17: 139 – 149.

[182] Bernues, A. , Rodriguez – Ortega, T. , Ripoll – Bosch, R. , et al. Socio-cultural and economic valuation of ecosystem services provided by

Mediterranean mountain agroecosystems [J]. Plos One, 2014, 9 (7): e102479.

[183] Bernués, A., Rodríguez – Ortega, T., Alfnes, F., et al. Quantifying the multifunctionality of fjord and mountain agriculture by means of sociocultural and economic valuation of ecosystem services [J]. Land Use Policy, 2015, 48: 170 – 178.

[184] Boyd, J. W., Banzhaf, S.. What are ecosystem services? The need for standardized environmental accounting units [J]. Ecological Economics, 2007, 63: 616 – 626.

[185] Bruce, J., Migot – Adholla, S.. Searching for Land Tenure Reform in Africa [M]. Kendall – Hunt Publishers, Boulder, Co, 1994: 13 – 22.

[186] Bunsdon, C., Fotheringham, A. S., Charlton, M. E.. Geographically weighted regression: A method for exploring spatial nonstationarity [J]. Geographical Analysis, 1996, 28 (4): 281 – 298.

[187] Cahill, C.. The multifunctionality of agriculture: What does it mean? [J]. Eurochoices, 2010, 1 (1): 36 – 41.

[188] Chang, J. J., Hen, J. H., Shieh, J. Y., et al. Optimal Tax Policy, Market Imperfections, and Environmental Externalities in a Dynamic Optimizing Macro Model [J]. Journal of Public Economic Theory, 2009, 11 (4): 623 – 651.

[189] Charnes, A., Cooper, W. W., Rhodes, E.. Measuring the efficiency of decision making units [J]. European Journal of Operational Research, 1978, 2 (6): 429 – 444.

[190] Cho, S. H., Roberts, R. K.. Measuring the effects of a land value tax on land development [J]. Applied Spatial Analysis & Policy, 2011, 4 (1): 45 – 64.

[191] Clark, A. E., Frijters, P., Shields, M. A.. Relative income,

happiness and utility: An explanation for the easterlin paradox and other puzzles [J]. Journal of Economic Literature, 2008 (46): 95 – 144.

[192] Clark, D. E.. Externality effects on residential property values: The example of noise disamenities [J]. Growth and Change, 2006, 37 (3): 460 – 488.

[193] Colwell, Peter F.. Tender Mercies: Efficient and Equitable Land Use Change [J]. Real Eastate Economics, 2015, 25 (4): 525 – 537.

[194] Coughlin, R.. Farming on the urban fringe: Where are the farmlands going? [J]. Environment: Science and Policy for Sustainable Development, 1980, 22 (3): 33 – 39.

[195] Cristina, Q. S., Antonio, J. C., Hermelindo, C., et al. Impacts of land use change on ecosystem services and implications for human well-being in Spanish drylands [J]. Land use policy, 2016, 54: 534 – 548.

[196] Dale, V. H., Kline, K. L.. Issues in using landscape indicators to assess land changes [J]. Ecological Indicators, 2013, 28, 91 – 99.

[197] Diener, E.. A value based index for measuring national quality of life [J]. Social Indicators Research, 1995, 36 (2): 107 – 127.

[198] Ding, C.. Policy and praxis of land acquisition in China [J]. Land Use Policy, 2007, 24 (1): 1 – 13.

[199] Duke, J. M., Thomas, W.. A conjoint analysis of public preferences for agricultural Land preservation [J]. Agricultural and Resource Economics Review, 2004, 33 (2): 209 – 219.

[200] Feinerman, J. V.. The give and take of central-local relations [J]. China Business Review, 1998, 25 (1): 16 – 23.

[201] Firman, T.. Rural to urban land conversion in Indonesia during boom and bust periods [J]. Land Use Policy, 2000, 17 (1): 13 – 20.

[202] Fisher, B., Turner, R. K.. Ecosystem services: Classification for valuation [J]. Biology and Conservation, 2008, 141: 1167 – 1169.

[203] Fleischer, A., Tsur, Y. . The amenity value of agricultural landscape and rural-urban land allocation [J]. European Regional Science Association, 2005: 132 – 153.

[204] Fotheringham, A. S., Brunsdon, C., Charlton, M. . Geographically Weighted Regression: The Analysis of Spatially Varying Relationships [M]. New Jersey: John Wiley & Sons, 2003: 53 – 60.

[205] Francesc, B., Ignacio, P., Grazia, Z., et al. Mapping ecosystem service capacity, flow and demand for landscape and urban planning: A case study in the Barcelona metropolitan region [J]. Land Use Policy, 2016, 57: 405 – 417.

[206] Francis, C., Hansen, T., Fox, A., et al. Farmland conversion to non-agricultural uses in the US and Canada: current impacts and concerns for the future [J]. International Journal of Agricultural Sustainability, 2012, 10 (1): 8 – 24.

[207] Garcia, X. . The value of rehabilitating urban rivers: The Yarqon River (Israel) [J]. Journal of environmental economics and policy, 2014, 3 (3): 323 – 339.

[208] Gardner, B. D. . The economics of agricultural land preservation [J]. American Journal of Agricultural Economics, 1977, 59 (12): 1027 – 36.

[209] Gavian, S., Fafchamps, M. . Land tenure and allocative efficiency in Niger [J]. American Journal of Agricultural Economics, 1996, 78 (2): 460 – 471.

[210] Glenk, K., Colombo, S. . Modeling outcome-related risk in choice experiments [J]. Australian journal of agricultural and resource economics, 2013, 57 (4): 559 – 579.

[211] Gowell, R. . Stretching the limits: Environmental compensation, habitat creation and sustainable development [J]. Transactions of the Institute

of British Geographers, 1997, 22 (3): 292 – 306.

[212] Gregory, R.. Valuing environmental resources: A constructive approach [J]. Journal of Risk and Uncertainty, 1993, (7): 177 – 197.

[213] Haaren, C. V. , Reich, M.. The German way to greenways and habitat networks [J]. Landscape and Urban Planning, 2006, 76 (1 – 4): 7 – 22.

[214] Haberl, H.. Competition for land: A sociometabolic perspective [J]. Ecological Economics, 2015, 119: 424 – 431.

[215] Hanley, N. , Wright, R. , Adamowicz, W.. Using choice experiments to value the environment: Design issues, current experience and future prospects [J]. Environmental and Resource Economics, 1998, 11 (3 – 4): 413 – 428.

[216] Hanna, S. , Line, J. G. , Elin, E. K.. Assessment of ecosystem services and benefits in village landscapes: A case study from Burkina Faso [J]. Ecosystem Services, 2016, 21: 141 – 152.

[217] Harrington, W. , Morgenstern, R. D. , Sterner, T.. Choosing Environmental Policy: Comparing Instruments and Outcomes in the United States and Europe [M]. Washington D C: RFF Press, 2004.

[218] Hart, J. F.. Urban encroachment on rural areas [J]. Geography Review, 1976, 66 (1): 1 – 7.

[219] Helmut, H.. Competition for Land: A sociometabolic perspective [J]. Ecological Economics, Available Online 25 October 2014.

[220] Hodge, I.. Uncertainty irreversibility and the loss of agricultural land [J]. Journal of Agricultural Economics, 2010, 35 (2): 191 – 202.

[221] Hoehn, J. P. , Randall, A.. Too many proposals pass the benefit cost test [J]. American Economic Review, 1989, 79 (3): 544 – 551.

[222] Hoehn, J. P.. Valuing the multidimensional impacts of environmental policy: Theory and methods [J]. American Journal of Agricultural Eco-

nomics, 1991, 73 (2): 289 – 299.

[223] Home, R. , Balmer, O. , Jahrl, I. , et al. Motivations for implementation of ecological compensation areas on Swiss lowland farms [J]. Journal of Rural Studies, 2014, 34 (2): 26 – 36.

[224] Hoyos, D. . The state of the art of environmental valuation with discrete choice experiments [J]. Ecological Economics, 2010, 69: 1595 – 1603.

[225] Huang, Y. . Managing Chinese bureaucrats: An institutional economics perspective [J]. Political Studies, 2010, 50 (1): 61 – 79.

[226] Jin, J. , Wang, Z. , Ran, S. . Comparison of contingent valuation and choice experiment in solid waste management programs in Macao [J]. Ecological Economics, 2006, 57 (3): 430 – 441.

[227] José, B. , Laura, N. , Andrea, B. , et al. Valuing cultural ecosystem services: Agricultural heritage in Chiloé Island, southern Chile [J]. Ecosystem Services, 2014, 7: 66 – 75.

[228] Joskow, P. L. , Noll, R. G. . Regulation in theory and practice: An overview. In Studies in Public Regulation [J]. Working Papers, 1978: 1 – 78.

[229] Kahn, A. E. . Recent developments in the regulation of electric utilities [J]. Challenge, 1976, 19 (5): 42 – 43.

[230] Kalacska, M. , Sanchez – Azofeifa, G. A. , Rivard B. , et al. Baseline assessment for environmental services payments from satellite imagery: A case study from Costa Rica and Mexico [J]. Journal of Environmental Management, 2008, 88 (2): 348 – 59.

[231] Kallas, Z. , Gómez – Limón, J. A. , Jesús Barreiro Hurlé. Decomposing the value of agricultural multifunctionality: Combining contingent valuation and the analytical hierarchy process [J]. Journal of Agricultural Economics, 2010, 58 (2): 218 – 241.

[232] Kooten, V. . Land Resources Economics and Sustainable Devel-

opment: Economic Policies and the Common Good [M]. Vancouver: UBC Press, 1993.

[233] Kopmann, A., Rehdanz, K.. A human well-being approach for assessing the value of natural land areas [J]. Ecological Economics, 2013 (93): 20 – 33.

[234] Kroeger, T., Casey, F.. An assessment of market-based approaches to providing ecosystem services on agricultural lands [J]. Ecological Economics, 2007, 64, 321 – 332.

[235] Lancaster, K. J.. A new approach to consumer theory [J]. The Journal of Political Economy, 1966, 74 (2): 132 – 157.

[236] Landis, D. A.. Designing agricultural landscapes for biodiversity-based ecosystem services [J]. Basic and Applied Ecology, 2017, 18 (2): 1 – 12.

[237] Lee, Y. C., Ahern, J., Yeh, C. T.. Ecosystem services in peri-urban landscapes: The effects of agricultural landscape change on ecosystem services in Taiwan's western coastal plain [J]. 2015 (13): 137 – 148.

[238] Leroux, A. D., Creedy, J.. Optimal land conversion and growth with uncertain biodiversity costs [J]. Ecological Economics, 2007, 61 (2): 542 – 549.

[239] Levinson, A.. Valuing public goods using happiness data: The case of air quality [J]. Journal of Public Economics, 2012 (96): 869 – 880.

[240] Li, H., Huang, X., Kwan, M. P., et al. Changes in farmers' welfare from land requisition in the process of rapid urbanization [J]. Land Use Policy, 2015 (42): 635 – 641.

[241] Ling, G. H. T., Ho, C. S., Ali, H. M.. Diverse property-rights structure impacts on urban-rural public open space (POS) governance: Sabah, Malaysia [J]. Procedia – Social and Behavioral Sciences, 2014,

153: 616 - 628.

[242] Liu, Y.. A land-use spatial optimization model based on genetic optimization and game theory [J]. Computers, Environment and Urban Systems, 2015 (49): 1 - 14.

[243] Lokhorst, A. M., Staats, H., Dijk, J. V., et al. What's in it for me? Motivational differences between farmers' subsidised and non-subsidised conservation practices applied psychology [J]. Applied Psychology, 2011, 60 (3): 337 - 353.

[244] Loomis, J. B., Mueller, J. M.. A spatial probit modeling approach to account for spatial spillover effects in dichotomous choice contingent valuation surveys [J]. Journal of Agricultural and Applied Economics, 2013 (45): 53 - 63.

[245] Louviere, J., Hensher, D.. On the design and analysis of simulated choice or allocation experiments in travel choice modeling [J]. Transportation Research Record, 1982, 890: 11 - 17.

[246] Luke, B., Roy, B., Alfred, W.. Economic valuation of regulating services provided by wetlands in agricultural landscapes: A meta-analysis [J]. Ecological Engineering, 2013, 56: 89 - 96.

[247] Lynch, L., Musser, W. N.. A relative efficiency analysis of farmland preservation programs [J]. Land Economics, 2001, 77 (4): 577 - 594.

[248] Madden, P.. A generalization of Hicksian q substitutes and complements with application to demand rationing [J]. Econometrica, 1991, 59 (5): 1497 - 1508.

[249] Manski, C.. The structure of random utility models [J]. Theory and Decision, 1977 (8): 229 - 254.

[250] Martínez, O. G., King, L.. Property Rights Reform and Development: A Critique of the Cross-national Regression Literature [D]. Cam-

bridge: University of Cambridge, 2010: 1 - 32.

[251] Merlo, M. , Briales, E. R. . Public goods and externalities linked to Mediterranean forests: Economic nature and policy [J]. Land Use Policy, 2000, 17 (3): 197 - 208.

[252] Messina, V. , Bosetti, V. . Integrating stochastic programming and decision tree techniques in land conversion problems [J]. Annals of Operations Research, 2006, 142 (1): 243 - 258.

[253] Michael, C. , Yao, Y. . Property Rights, Rental Markets, and Land in China [D]. Wisconsin: University of Wisconsin Madison, 1998: 3 - 9.

[254] Millennium Ecosystem Assessment (MA). Ecosystems and Human Well-being [M]. Washington, DC: Island Press, 2005.

[255] Moro, M. , Brereton, F. , Ferreira, F. , et al. Ranking quality of life Using subjective well-being data [J]. Ecological Economics, 2008 (65): 448 - 460.

[256] Mullinix, K. . Agriculture on the edge: strategies to abate urban encroachment onto agricultural lands by promoting viable human-scale agriculture as an integral element of urbanization [J]. International Journal of Agricultural Sustainability, 2010, 8 (1 - 2): 104 - 115.

[257] Muth, R. F. . The spatial structure of the housing market [J]. Papers in Regional Science, 1961, 7 (1): 207 - 220.

[258] Nguyen, T. H. T. , Tran, V. T. , Bui, Q. T. , et al. Socio-economic effects of agricultural land conversion for urban development: Case study of Hanoi, Vietnam [J]. Land Use Policy, 2016, 54: 583 - 592.

[259] Nick, H. , Robert, E. W. , Vic, A. . Using choice experiments to value the environment [J]. Environmental and Resource Economics, 1998, 11 (3 - 4): 413 - 428.

[260] Novikova, A. , Rocchi, L. , Vitunskienè V. Assessing the bene-

fit of the agroecosystem services: Lithuanian preferences using a latent class approach [J]. Land Use Policy: the International Journal Covering All Aspects of Land Use, 2017, 68: 277 - 286.

[261] Pagiola, S.. Payment for environmental services in Costa Rica [J]. Ecological Economics, 2008, 65 (4): 712 - 724.

[262] Pearce, D. , Turner, K.. Economics of Resources and the Environment [M]. New York: Harvester Wheatsheaf, 1990: 72.

[263] Peterson, J. M. , Boisvert, R. N.. Optimal land conversion on the rural urban fringe with positive and negative agricultural externalities [C]. Annual Meeting of Agricultural and Applied Economics Association, 2000.

[264] Pigou, A. C.. The Economics of Welfare [M]. London: Macmillan, 1920.

[265] Plieninger, T. , Bieling, C (Eds.). Resilience and the cultural landscape: Understanding and managing change in human-shaped environments [J]. Cambridge University Press, Cambridge, UK, 2012.

[266] Poppenborg, P. , Koellner, T.. Do attitudes toward ecosystem services determine agricultural land use practices? An analysis of farmers' decision-making in a South Korean Watershed [J]. Land Use Policy, 2013, 31: 422 - 429.

[267] Prescott - Allen, R.. The Wellbeing of Nations [M]. Washington DC: Island Press, 2001.

[268] Queslati, W. , Salanie, J. , Delaitre, C. , et al. Hedonic estimates of agricultural landscape values in suburban areas [C]. Belgium. European Association of Agricultural Economists, International Congress, August 26 - 29, 2008, Ghent.

[269] Racevskis, L. , Ahearn, M. , Alberini, A. , et al. Improved information in support of a national strategy for open land policies: A review of literature and report on research in progress [C]. Paper Presented on the 24th

International Conference of Agricultural Economists, Berlin, Germany, 2000.

[270] Rajas, C., Pino, J., Basnou, C., et al. Assessing land-use and cover changes in relation to geographic factors and urban planning in the Metropolitan Area of Concepon (Chile) [J]. Applied Geography, 2013 (39): 93 – 103.

[271] Randall, A.. Valuing the outputs of multifunctional agriculture [J]. European Review of Agricultural Economics, 2002, 2 (3): 27 – 39.

[272] Raudsepp – Hearne, C., Peterson, G. D., Tengö, M., et al. Untangling the environmentalist's paradox: Why is human well-being increasing as ecosystem services degrade? [J]. Bioscience, 2012, 60 (8): 576 – 589.

[273] Roe, B., Irwin, E. G., Morrow Jones H. A.. The effects of farmland preservation, and other neighborhood amenities on housing values and residential growth [J]. Land Economics, 2004, 80 (1): 55 – 75.

[274] Romstad, E.. Multifunctional rural land management: Economics and policies [J]. Journal of Agricultural Economics, 2010, 61 (1): 202 – 204.

[275] Ross, S.. The Economic Theory of Agency: The Principal's Problem [J]. American Economics Review, 1973, 63: 134 – 139.

[276] Sachs, J. D., Warner, A. M.. The curse of natural resources [J]. European Economic Review, 2001, 45 (4 – 6): 827 – 838.

[277] Samuelson, P. A.. Economics, An Introductory Analysis [M]. NY: McGraw – Hill Book Company, 1967.

[278] Schneider, A., Logan, K. E., Kucharik, C. J.. Impacts of urbanization on ecosystem goods and services in the US Corn Belt [J]. Ecosystems, 2012, 15 (4): 519 – 541.

[279] Scott, R., Loren, B., Li, G., et al. Land rights in China: Facts, fictions and issues [J]. China Journal, 2002 (47): 67 – 97.

［280］Shah, H., Peck, J.. Well - Being and the Environment: Achieving One Planet Living and Quality of Life ［M］. London, UK: New Economics Foundation, 2005.

［281］Skandrani, Z. Daniel, L., Jacquelin, L., et al. On public influence on people's interactions with ordinary biodiversity ［J］. PLoS One, 2015, 10.

［282］Skog, K. L., Steinnes, M.. How do centrality, population growth and urban sprawl impact farmland conversion in Norway? ［J］. Land Use Policy, 2016, 59: 185 - 196.

［283］Smith, C. L., Clay, P. M.. Measuring subjective and objective well-being: Analyses from five marine commercial Fisheries ［J］. Human Organization, 2010 (6): 158 - 168.

［284］Smith, Helen F., Sullivan, Caroline A.. Ecosystem services within agricultural landscapes-farmers' perceptions ［J］. Ecological Economics, 2014, 98: 72 - 80.

［285］Stigler, G. J.. The theory of economic regulation ［J］. The Bell Journal of Economics and Management Science, 1971, 2 (1): 3 - 21.

［286］Stobbe, T. E., Eagle, A. J., Cotteleer, G., et al. Farmland preservation verdicts—rezoning agricultural land in British Columbia ［J］. Canadian Journal of Agricultural Economics, 2011, 59 (4): 555 - 572.

［287］Su, S., Ma, X., Xiao, R.. Agricultural landscape pattern changes in response to urbanization at eco-regional scale ［J］. Ecological Indicators, 2014 (40): 10 - 18.

［288］Swinton, S. M., Lupi, F., Robertson, G. P., et al. Ecosystem services and agriculture: Cultivating agricultural ecosystems for diverse benefits ［J］. Ecological Economics, 2007, 64: 245 - 252.

［289］Thurstone, L.. A Law of Comparative Judgment ［J］. Psychological Review, 1927, 4: 273 - 286.

[290] Tichá, M.. State or private ownership? A survey of empirical studies [J]. Review of Economic Perspectives, 2012, 12 (2): 120 – 144.

[291] United Nations Environmental Program (UNEP). Human Development Report 1998 [M]. New York: Oxford University Press, 1998.

[292] Uuemaa, E., Mander, U., Marja, R.. Trends in the use of landscape spatial metrics as landscape indicators: A review [J]. Ecological Indicators, 2013, 28: 100 – 106.

[293] Valborg, K., Per, K. R., Arild, V.. Norwegian farmers' perspectives on agriculture and agricultural payments: Between productivism and cultural landscapes [J]. Land Use Policy, 2015, 42: 83 – 92.

[294] van Berkel, Derek B., Verburg, Peter H.. Spatial quantification and valuation of cultural ecosystem services in an agricultural landscape [J]. Ecological Indicators, 2014, 37: 163 – 174.

[295] van Zanten, B. T., Zasada, I., Koetse, M. J., et al. A comparative approach to assess the contribution of landscape features to aesthetic and recreational values in agricultural landscapes [J]. Ecosystem Services, 2016, 17: 87 – 98.

[296] Veisten, K.. Contingent valuation controversies: Philosophic debates about economic theory [J]. Journal of Socio – Economics, 2007, 36 (2): 204 – 232.

[297] Veseth, M.. Alternative policies for preserving farm and open areas: Analysis and evaluation of available options [J]. American Journal of Economics and Sociology, 2010, 38 (1): 97 – 109.

[298] Vlist, M. J. V. D.. Land use planning in the netherlands: Finding a balance between rural development and protection of the environment [J]. Landscape and Urban Planning, 1998, 41 (2): 135 – 144.

[299] Wu, J., Adams, R. M., Plantinga, A. J.. Amenities in an urban equilibrium model: Residential development in portland, Oregon [J].

Land Economics, 2004, 80 (1): 19 – 32.

[300] Xenia, J., Petra, L., Marcel, H., Beatrice S.. Aesthetic preferences of non-farmers and farmers for different land-use types and proportions of ecological compensation areas in the Swiss lowlands [J]. Biological Conservation, 2011, 144: 1430 – 1440.

[301] Young, A.. Increasing returns and Economic Progress [J]. The Economic Journal, 1928, 38: 527 – 542.

[302] Yuki, T., Ross, C., Matthew, W., et al. Using stated preference techniques to value four key ecosystem services on New Zealand arable land [J]. International Journal of Agricultural Sustainability, 2009, 7 (4): 279 – 291.

[303] Zhang, T., Cai, J.. Security of land rights in rural China: Facts and trends [J]. Agricultural Science and Technology, 2012, 13 (3): 678 – 681.

[304] Zhu Chen, Anlu Zhang, Min Song, Zhi Zhang. Measuring external costs of rural-urban land conversion: An empirical study in Wuhan, China [J]. Acta Ecologica Sinica, 2016, 36: 30 – 35.

后　　记

农地城市流转负外部性的客观存在是导致土地资源配置偏离社会福利最优目标的重要原因，相关研究较少从负外部性治理的角度研究土地资源配置的管制问题，这构成了我开展本研究的初衷。本书从揭示农地城市流转的现状、规律出发，对农地城市流转的负外部性进行了系统分类及定量测度，从制度供给与需求的视角探讨了农地城市流转政府管制的理论依据、政府间的博弈关系及其经济效应，最后提出了基于负外部性治理的农地城市流转管制制度框架，力图为抑制我国农地资源的过快和过度流失提供新的思路。

本书的写作是国家自然科学基金项目"基于负外部性治理的农地城市流转管制研究"（71303260）的核心研究成果，是国家自然科学基金"土地利用空间管制下耕地保护差别化生态补偿机制研究"（71774174）的研究起点，也是我近四年来研究工作的一个阶段性总结。感谢我的导师张安录老师，虽然我博士毕业已近十年，但导师仍时常关心我的科研进展，还记得去年在波士顿开会期间与张老师就一篇小论文的题目反复讨论，导师耐心的逐字推敲、细致修改，让我再次感受到导师治学的严谨和对学生的关怀，这篇小论文也成为了本书的组成部分。在本课题研究开展和论文写作的过程中，我和我的研究生赵慧、陈青、雷耀、韩曼曼、王登娜、刘一鸣为之投入了大量的精力和心血，每一次讨论、每一次修改、每一份问卷设计和修订、每一次调研的展开都历历在目，我们付出的汗水如今都转化成了沉沉的书稿。此书的整理和完稿工作始于2017年6月，彼时我正在加州大学伯克利分校做访问学者，感谢父亲甘愿随我去异国他乡求学求知，一年中一力承担家中大小琐事，任劳任怨的悉心照料我和年幼女儿的饮食起居，从而为我解除后顾之忧，让我能够专心投入书稿的写作。感谢丈夫和女儿的一路支持，是你们让我的生活有了更多色彩，有更多的动力投入繁重的科研工作。

经济科学出版社的李雪编辑为本书的出版付出了大量的精力和辛勤的劳动，在此一并表示诚挚的感谢！

2018 年 6 月